臺灣歷史與文化 研究輯刊

十八編

第 6 冊

威權體制下台灣電視競爭型態之研究：
以娛樂節目製播演變為中心（1969～1975）

邱心怡 著

花木蘭文化事業有限公司

國家圖書館出版品預行編目資料

威權體制下台灣電視競爭型態之研究：以娛樂節目製播演變為
中心（1969～1975）／邱心怡 著 -- 初版 -- 新北市：花木蘭
文化事業有限公司，2020〔民 109〕
目 4+216 面；19×26 公分
（臺灣歷史與文化研究輯刊十八編；第 6 冊）
ISBN 978-986-518-186-4（精裝）
1. 電視經營管理 2. 電視節目 3. 臺灣
733.08   109010601

臺灣歷史與文化研究輯刊
十八編　第六冊　　　　　　　ISBN：978-986-518-186-4

威權體制下台灣電視競爭型態之研究：
以娛樂節目製播演變為中心（1969～1975）

作　　者　邱心怡
總 編 輯　杜潔祥
副總編輯　楊嘉樂
編　　輯　許郁翎、張雅淋　美術編輯　陳逸婷
出　　版　花木蘭文化事業有限公司
發 行 人　高小娟
聯絡地址　235　新北市中和區中安街七二號十三樓
　　　　　　電話：02-2923-1455／傳真：02-2923-1452
網　　址　http://www.huamulan.tw 信箱 hml810518@gmail.com
印　　刷　普羅文化出版廣告事業
初　　版　2020 年 9 月
全書字數　181675 字
定　　價　十八編 16 冊（精裝）台幣 40,000 元

威權體制下台灣電視競爭型態之研究：
以娛樂節目製播演變為中心（1969～1975）

邱心怡　著

作者簡介

邱心怡，銘傳女子商業專科學校（銘傳大學前身）三年制大眾傳播科畢；國立中興大學公共行政系學士；國立台北教育大學台灣文化研究所碩士，研究領域及專長為台灣早期電視節目製播的流變與評析。曾任台灣電視公司節目部企劃製作組代主任；中國電視公司節目部企劃中心副理；高點電視台節目部經理等職，亦具有台視文化訓練班剪輯班、主持班；原住民電視人才培訓班基礎班、進階班；廣電基金人才培訓班講師教學經歷。

提　　要

　　自 1969 及 1971 年「中視」和「華視」相繼開播後，台灣商業電視由「台視」一台獨大演至雙雄對峙、再朝三足鼎立發展。惟威權時代三台又具「官控商營」的背景，其擔任國家機器「傳聲筒」的媒體角色，使原自由市場之商業競爭在政府政策、營運方針與市場需求的矛盾和拉扯間顯現異變。職是，本文藉由追索研究時間跨度內三台建構競爭利基的始末，與其娛樂節目策略運用的遷變，進而重新檢視、還原早期電視業者因應黨政當局諸多牽掣的迂迴、抵抗和妥協過程。

　　綜觀本文主要的研究發現：首先，在政策面向部分，由於二台相爭日熾，國民黨當局沿襲戰時體制及「戰鬥文藝運動」之文藝政策歷史脈絡，先於 1970 年 7 月確認對大眾傳播與娛樂事業之輔導，應力求「育」與「樂」均衡發展的方向。隨後在三台鼎足前，再具體提出電視媒體於「節目編製導播」方面應發揮「戰時育樂」的功能使命。而在間接「遏制匪播」方面，即使電視和廣播使用的電波頻率迴異，當局除藉推動建設東部電視轉播站，以儘速結成全台電視轉播網外，亦希冀應用電視接收機的覆蓋率與播送高水準和富吸引力的節目內容，使電視媒體於「工具」及「內容文本」二者被賦予更積極性的政治和社會功能角色。

　　其次，在三台娛樂節目製播的演變脈絡面向部分，源自廣播連續劇和日、美、英等國屢見的電視連續劇類型，及其延伸的「連續性」節目製播概念，充分彰顯於三台業務競爭與節目表排播策略的趨同性上。另，由於台灣人口多為福佬族群，由「真人」演出的閩南語戲劇節目，在「擬態」性質方面，又遠較富有台灣文化藝術色彩的歌仔戲和布袋戲更能傳達「人生」此一戲劇要素，使閩南語戲劇節目的競爭地位提升，與歌仔戲、布袋戲形成台灣電視競爭濫觴時期節目的特色圖景。

謝　辭

嘔心寫下碩士學位論文，就等同經歷了一場結合毅力、耐力、定力的巨大考驗。而在無數回的自我探索與自問自答間雖五味雜陳，甚至有時感到荒涼寂寥，但欣慰的是——我做到了！

感謝親愛的父母和家人，始終給予我最無私的愛，無論我做任何事，總是我生活、精神上最堅強的後盾。感謝三位口試委員的賞識，並提供諸多寶貴的意見，使論文至終的呈現盡可能精益求精。尤其感謝指導教授何義麟老師對我的信任，在研究期間打造了一處寬闊的空間讓我恣意揮灑，並適時地從旁提點與指引，使我於設定重要命題時深獲啟發；今復承蒙其推薦，由花木蘭文化事業公司出版本文，得以廣泛與學界、讀友們共享研究成果，對此實深感榮幸。另也要特別感謝蘇瑞鏘老師屢次在學業評量上的肯定，以及邱家宜老師於其個人學習感知經驗的分享和勉勵。

感謝國中階段吳小明老師的慧眼與扶持，讓我初嘗自信的愉悅及滿足。感謝國立台北教育大學台灣文化研究所師長們的悉心教導，令之前在校三年的學習時光總是如此難捨。感謝「論文向前衝」群組內的學伴，由於有各位的集氣，使我決意向目標衝刺的念頭變得義不反顧。感謝素未謀面的朱心儀同學，其精彩的前行研究，為成就本文預先開啟了一扇窗門。另亦向摯友伯超多年來真誠的撫慰與付出表達衷心之謝意。

此外，得感謝冥冥中一股莫名的力量，總在我腸枯思竭時，引領我覓得關鍵資料，進而召喚出異次元無形繆思的降臨（當然，這或可解釋為對歷史研究的癡心；對「勤」字的報償）。同時感謝在這天地間曾經滋養我、訓育我的一切美好。

最後之最，謹以本籍，向台灣早期電視界的先輩們致敬！

目

次

表目次

第一章　緒　論

　　量及過往電視史研究未針對台灣商業電視自一台增至三台的娛樂節目演變脈絡進行系統式之論述，即台視面臨中視的挑戰後，一台獨大的優勢不在；兩年後華視加入電視市場，三台競逐的態勢底定，形成70年代初期起台灣電視事業的「三國時代」。加上各台成立自有先後，資本結構與擁有的資源不盡相同，亦造成競爭條件不一的實際景況。而威權時期三台的「官控商營」背景，又使寡佔式的商業競爭無法完全擺脫來自國家機器之「干擾」與「涉入」，因此勢必產生「政府政策」、「營運方針」、「市場需求」三方面的矛盾和拉扯。職是，在面對所謂的「友台」搶食廣告大餅之際，三台於不同時空背景環境下所制定的競爭策略為何？其遷變的脈絡又是如何？就筆者蒐集文獻範圍內顯現足以影響節目競爭的因素又有哪些？係本文探討的重點。以下擬就「研究動機與目的」、「文獻回顧與探討」、「研究範疇與方法及資料運用」、「章節大要與研究限制」分節敘明之。

第一節　研究動機與目的

　　廿一世紀的電訊傳播，正處於一個數位科技匯流的時代。而現今的「電視」，透過無線、有線、直播、衛星、MOD、數位網路等傳輸平台的運用，增益了觀眾在資訊與娛樂方面的取得來源。而各傳輸平台的多頻道特性，亦使閱聽人於選擇電視頻道與節目內容上更形多樣化。依據國家通訊傳播委員會（NCC）登錄的資料，目前台灣就有五家無線電視台共廿二個頻道，境內衛星頻道數則高達一百六十七個，屬於境外的衛星頻道亦有一百一十三個之

多。〔註1〕從市場競爭的角度觀之，無論是在廣告收入、閱聽眾、電視節目內容等資源方面，〔註2〕其競逐的激烈程度乃是想當然耳。而此亦為廿世紀90年代起台灣政治開始走向民主開放、媒體政策與法令漸次鬆綁所產生的結果。是故，實難想像威權體制下的台灣曾自1970年代起長達廿六年間僅有三家無線電視台，〔註3〕而筆者的「電視人」生涯又恰逢經歷三台寡佔尾聲至爾後百家爭鳴之歷史嬗變。歷經星移物換，無時不體認到電視生態已有著劇烈的遷變，競爭的模式與過往相比更是不可同日而語。〔註4〕因此，筆者以個人生命史為度，加上具業內的職涯背景，不禁對早期電視環境的競爭實況產生好奇和懷想。

其次，就如吾人所知，「電視」作為廿世紀重要的傳播媒介之一，其普及化係始於二次大戰後，自此伴隨著無數人們一同生活與成長，亦對人類社會造成一定程度的影響。譬如：當筆者接觸到研究近代台灣史的重要史料——《灌園先生日記》時，其中林獻堂先生自述晚年避居日本期間「每午後觀テレビ（按：電視）頗為有趣」，且得知其著迷於電視相撲和摔角節目，〔註5〕

〔註1〕 資料出處：廣播電視事業許可家數，〈108年4月廣播電視事業許可家數〉（來源：國家通訊傳播委員會官網，https://www.ncc.gov.tw/Chinese/news_detail.aspx?site_content_sn=2028&cate=0&keyword=&is_history=0&pages=0&sn_f=41419，2019.06.01瀏覽）。

〔註2〕 依據Dimmick, J. W.的觀點，媒體產業最重要的三種資源為廣告收入、閱聽眾、媒體內容。而「媒體內容」於本文引申釋義為「電視節目內容」。相關議題論述之原文出處：Dimmick, J. W., In Alexamder, I. O., & Carveth, R. (eds.), "Media Economics: Theory and Practice", *Ecology, economics and gratification utilities* (Hillsdale, NJ: Lawrence Erlbaum Associates, Inc., 1993), pp.135~156。本文係轉引自李秀珠，〈市場競爭對無線電視的影響：從節目區位談起〉，《廣播與電視》第12期（1998.07.01），頁149。

〔註3〕 「三台鼎立長達廿六年」係以台視、中視、華視以外第四家無線商業電視台——「民間全民電視股份有限公司」（簡稱「民視」）於1997年6月11日開播為時間斷限依據。

〔註4〕 以現今電視市場而言，已非無線電視或衛星電視頻道間的競爭，早已演變為一種跨平台的競爭。劉幼琍，〈電訊傳播經營管理導論〉，《電訊傳播CEO的經營策略》（新北：威仕曼文化，2013.04），頁5。

〔註5〕 據其祕書林瑞池的憶述，林獻堂愛看電視摔角節目，且每到激烈之處就會忍不住驚叫出聲。林獻堂著，許雪姬主編，〈新一月十六日　舊十二月十二日　土曜日　陰／晴　四十度〉，《灌園先生日記（廿六）一九五四年》（台北：中央研究院台灣史研究所／近代史研究所，2001），頁24。許雪姬撰，台中縣立文化中心編，〈霧峰林家相關人物訪談記錄——頂厝篇、下厝篇〉，《中縣口述歷史（第五輯）》（台中：台中縣立文化中心，1998），頁177。

亦令筆者不禁莞爾。

　　而台灣則是於 1960 年代開始進入電視時代。當時「電視」以器物而言實乃生產的重點；現代化的必備要件；農村電氣化的具體象徵，以及社會富裕的指標，堪稱家國等級的「現代神器」。〔註 6〕其播出內容更成為國民集體記憶的一部分，具社會文化想像的義涵。現今年紀適逢中年以上者，應猶記當時電視機乃價高的奢侈品，常可見舉家圍坐街坊鄰居處觀賞電視節目的情景。尤其當黃俊雄布袋戲颳起收視旋風後，有電視的家戶更成為劇迷聚集所在。

　　再者，台灣出現「電視」後，也改變了當時的傳播媒介與通俗娛樂環境。例如：除造成報紙、雜誌、廣播影響力減弱和人才的流動外，在廣告收入方面，自 1962 年之後更平均下降二至三成。另外，包括電影院、歌廳、夜總會，以及外台歌仔戲、布袋戲、提線戲、皮影戲等劇團的營業狀況與數量亦每下愈況。〔註 7〕緣自上述的社會圖景，不禁引發筆者對微觀台灣電視發展初期相關議題的研究興趣——特別是針對 1962 年 10 月 10 日開播的台灣第一家無線商業電視台「台灣電視公司」（以下簡稱「台視」）於歷經一台獨大達七年後，第二家無線商業電視台「中國電視公司」（以下簡稱「中視」）於 1969 年 10 月 31 日開播，開展了台灣電視史所謂雙雄對峙的局面。而又經兩年後的 1971 年 10 月 31 日，第三家無線商業電視台「中華電視台」（以下簡稱「華視」）正式開播，自此形塑了台灣電視三足鼎立的格局，以及步入爾後節目競爭白熱化的歷史流變與過程。畢竟，中視和華視的先後籌設，即表示在不同時期扭轉了原由台視獨家，甚至僅有二台對抗的情勢。閱聽眾得以參酌各台提供的節目表任意選擇欲觀賞之節目，台灣的電視生態已邁向競爭態勢，無法再走回頭路。然而，若將「競爭」視作一種「現象」，那麼，筆者對台灣電視事業競爭面向的關注，就不單僅是其「氛圍」，而是具體的「事實」。況且本研究時間跨度之電視事業發展極具歷史能動性（historical agency），蘊含豐沛的政治和文化想像。惟此，筆者以一個具參與多年電視節目決策及產製經歷的後進者身分，試圖位於電視台的立場與視角，進而重新檢視、還原威權時代

〔註 6〕柯裕棻，〈電視的政治與論述：一九六〇年代台灣的電視設置過程〉，《台灣社會研究季刊》第 69 期（2008.03），頁 116。

〔註 7〕中國國民黨文化傳播委員會黨史館館藏（1970.07.27），附件（一）：〈大眾傳播與大眾娛樂的輔導方針〉，頁 6～8，《中國國民黨第十屆中央委員會常務委員會第一一五次會議紀錄》，館藏號：會 10.3/1606。

早期電視業者於娛樂節目競爭策略的演變脈絡及其意義。

朱心儀曾在其碩論的結論中揭示：台視在獨家經營期間影響節目製作的主因，係與當時官方態度、娛樂文化發展，以及台視的營運狀況息息相關。〔註8〕又點明在進入無線三台時代後，若與黨政軍開始全面介入電視經營相比，「台視獨家經營時期在節目製作上較有自行發揮的空間」。〔註9〕換言之，當時台視於節目製播上全然無須考量「同業競爭」的因素，自然可於節目類型及內涵方面朝向多元化發展。因此，本文擬試圖延伸探究以下層面的議題，俾形成本文的問題意識：

（一）台視、中視　雙雄對峙時期

台視於「一枝獨秀時期」〔註10〕節目的製播樣態為何？台視迎戰中視前，於娛樂節目資源、製播政策等方面預先進行了哪些強化措施和變革？中視開播前的籌製情形？在面對已積累七年製播經驗的台視時，其擬定的競爭策略、製作方式與特色又是如何？當中視開播後，二台視戰況又分別採取了何種因應對策？雙方決策者的心態考量？以及對爾後台灣的電視生態造成哪些影響？

（二）台視、中視、華視　三足鼎立時期

台灣商營電視於歷經七年一台獨大的局面後，在兩年內即迅速形成三足鼎立的態勢，由於廣告市場的重分配（redistribution），亦左右娛樂節目的排播比重與樣貌。而係台灣第三家無線商業電視台的華視，其開播前的籌備狀況與決策意向為何？擬採取何種策略與方式搶食收視和廣告市場？該台決策者的思維和考量？其節目的特性又是如何？而台視和中視於華視開播前的節目策略調整概況為何？當華視開播後，三台視戰況又分別採取何種攻防對策？所呈現的趨勢及差異？對日後台灣的電視生態又造成哪些影響？

（三）在影響節目競爭之因素方面

台灣電視事業分別處於雙雄對峙及三足鼎立之初，在面臨收視率和廣告的雙重競爭中，足以影響台視、中視、華視節目製播的內部因素究竟為何？

〔註8〕朱心儀，〈台視1962～1969節目內容的演變〉（花蓮：國立花蓮師範學院鄉土文化研究所碩士論文，2005），頁101。

〔註9〕朱心儀，〈台視1962～1969節目內容的演變〉，頁97。

〔註10〕朱文以1965年10月中南部轉播網架設完成為分界點，前期屬「蓽路藍縷時期」。詳見〈台視1962～1969節目內容的演變〉，頁12。

而在外部因素方面，若以國家政策視角論之，當局因應電視競爭日益激烈的情勢，將「電視節目的編製導播」定位在發揮「戰時育樂」〔註11〕功能之大框架下，其緣起與內涵要義？而作為符合官方標準範式的電視節目樣態為何？且「電視」為黨國喉舌，國家機器對三台娛樂節目製播的涉入與干預情形又是如何？當局推行的哪些措施會對電視節目競爭造成實質性的影響？

第二節　文獻回顧與探討

經查前人就台灣電視事業初期發展的相關研究成果，尚未有聚焦自一台寡佔至三台經營並以「競爭」為討論核心的學位和單篇論文。縱使文中敘及「競爭」議題，多為點到為止的結果論，較缺乏針對事件本身來龍去脈的論述。通盤而言，大多係屬播映內容文本，亦即單一節目類型、節目綜效的分析；抑或傳播政策、媒體生態、閱聽人反饋、經營管理、工程技術等面向的電視史研究。茲就以筆者研究題目和時間跨度範圍內之相關著作撮述如后：

若稱得上是本論文的前行研究，可能僅限於上文提到之 2005 年朱心儀的碩論──〈台視 1962～1969 節目內容的演變〉。該文除了說明台視成立的背景、資本來源與過程外，主要係針對 1962 年至 69 年台視獨家經營期間的節目表，探究其內容演變歷程與 1960 年代台灣政經環境、娛樂生態、公司營運等關係，並討論此等因素如何影響節目製作，而觀眾透過當時的電視節目又是接收到何種訊息，進而形塑他們對電視的記憶與印象。其中值得筆者注意的是：朱文提到台視 1969 年於「一枝獨秀時期」後期在播映政策、節目類型、節目表編製上的若干調整，可能為因應中視即將開播緣故。〔註12〕此部分適可作為切入本論文主題時的研究起點與重要參酌的依據。另，恐囿於朱氏未具電視從業背景，〔註13〕爰對台視節目表編製與排檔策略的優劣未予著墨，因此本文擬進行補述性研究。

在專書部分，具影視實務教學經歷的資深媒體人王唯，於 2006 年曾出版

〔註11〕「戰時育樂」一詞出處：中國國民黨文化傳播委員會黨史館館藏（1971.09. 08），《中國國民黨第十屆中央委員會常務委員會第二一四次會議紀錄》，頁 2，館藏號：會 10.3/1615。

〔註12〕朱心儀，〈台視 1962～1969 節目內容的演變〉，頁 66、86、90。

〔註13〕此說係依據該論文第一章第一節「研究動機」。朱心儀，〈台視 1962～1969 節目內容的演變〉，頁 3～9。

《透視臺灣電視史》〔註14〕一書。全書共分六章，其中第二章〈競爭劇烈的無線電視時代〉共四十一頁，相關敘事係自 1968 年至 2003 年。而其中與筆者研究時期重疊者約有廿頁，內容不乏對無線四台〔註15〕節目特色的簡介。然恐因受限於史料廣度、考證功夫及篇幅之故，全文係屬淺觸的通論之作。〔註16〕故有關當時節目策略的演變背景與脈絡，尚待筆者補充、挖掘之處甚夥。

至於其他個別節目類型於時代更迭下的遷變研究，譬如在電視連續劇方面，分別有王韻儀的碩論——〈我國電視連續劇在製作過程中的影響因素分析〉〔註17〕和蔡琰發表的〈台灣無線三台電視劇開播四十年之回顧〉〔註18〕專文。二者係以組織、結構的觀點，探討各種足以影響電視節目文本製作的因素及其影響程度、層面與結果。而後者有關回顧 1962 至 2002 年台灣電視劇的產製歷程，則有利筆者瞭解三台陸續創建後電視劇發展的形貌。唯其中有關影響爾後電視生態甚鉅之連續劇發端的敘述，恐因缺乏史料的佐證而未盡完備，故今隨當事人回憶錄的問世，筆者擬再行補遺之。

其次，由於電視布袋戲及歌仔戲慣用閩南語演出，為台灣多數民眾所熟悉的民間劇種，極具台灣本土文化色彩，因此自然成為從事電視文本研究的重點題材之一。例如：陳龍廷的碩論〈黃俊雄電視布袋戲研究（民國五十九～六十三年）〉〔註19〕和〈電視布袋戲的發展與變遷〉〔註20〕一文；呂理政〈演

〔註14〕王唯，《透視臺灣電視史》（新北：中國戲劇藝術實驗中心，2006）。又，該書為十六開本，含本文及參考書目約二百廿頁。

〔註15〕「無線四台」所指的「第四台」，係為 1997 年 6 月 11 日開播的「民視」。〈關於民視〉（來源：民視官方網站，http://www.ftv.com.tw/about ftv.aspx，2018.04.22瀏覽）。

〔註16〕例如在《透視臺灣電視史》第 84 頁有言：「中視的開播，……，其主要特色是一次完成全省電視播映網路，並全部以彩色播映，將台灣地區電視由黑白帶入彩色時代……」。惟究實而言，中視開播初期因設備與技術未臻完備，播出的節目畫面兼具黑白與彩色者，至 1970 年播映彩色節目的比率為百分之六十。詳見：梅長齡，《中華民國電視事業的回顧與前瞻》（台北：中國電視公司，1981.10.31），頁 33、34。

〔註17〕王韻儀，〈我國電視連續劇在製作過程中的影響因素分析〉（台北：國立政治大學新聞研究所碩士論文，1985）。

〔註18〕蔡琰，〈台灣無線三台電視劇開播四十年之回顧〉，《中華傳播學刊》第 6 期（2004.12），頁 157～192。

〔註19〕陳龍廷，〈黃俊雄電視布袋戲研究（民國五十九～六十三年）〉（台北：中國文化大學藝術研究所碩士論文，1991）。

戲、看戲、寫戲——臺灣布袋戲的回顧與前瞻〉〔註21〕；江武昌的〈台灣布袋戲簡史〉〔註22〕，以及林茂賢所撰之〈台灣的電視歌仔戲〉〔註23〕與王亞維〈電視歌仔戲的形成與式微——以製播技術與商業模式為主的探討〉〔註24〕等單篇論文皆然。況且，前述類型節目於台灣電視節目競爭局面開展之際，受到各台的肯定與重視，以期為自身攻防上的重要籌碼，故筆者係借助前述文本作為歷史考察時的參酌資料。而其中傳播學者王亞維於 2014 年發表於期刊的專文中，特別關注台灣電視版圖自 1969 年中視開播後進入競爭市場佔有率的時代，迄華視於 1971 年 10 月加入戰局對電視歌仔戲發展的影響。其中就當時商業操作模式的若干論述，譬如：戲劇節目排檔策略、電視歌仔戲廣告業務與編導、樂師、藝人之垂直整合方式等，實為與本論文研究議題近似且較為具體的書寫，對筆者於三台歌仔戲節目競爭的研究上頗具啟發性。

　　事實上，台灣電視事業係以「教育電視實驗廣播電台」之創建為開端，洪平峰早在 1971 年所撰的碩論〈我國教育電視之研究〉〔註25〕，即可作為探討當時台灣電視環境生態與華視籌建及其教學節目內容時的參考。又，三台的成立緣由固然有其特定之政治、經濟及社會背景，迨分食電視市場的大勢底定，其所涉當代傳播政策、制度和媒體生態面向等議題，亦不乏前人的相關研究成果。首先，陳美靜所撰之碩論〈國家作為與不作為——1949～2010 台灣公眾視聽政策的發展樣貌與分析〉〔註26〕一文，係以台灣地區公眾視聽事業的國家管制為主軸，試圖從政經結構觀點分析國家機關如何透過政策介入展現管制思維，並與不同勢力拉扯以導引公眾視聽事業的整體發展。其中

〔註20〕陳龍廷，〈電視布袋戲的發展與變遷〉，《民俗曲藝》第 67、68 期（1990.10），頁 68～87。

〔註21〕呂理政，〈演戲、看戲、寫戲——臺灣布袋戲的回顧與前瞻〉，《民俗曲藝》第 67、68 期（1990.10），頁 4～40。

〔註22〕江武昌，〈台灣布袋戲簡史〉，《民俗曲藝》第 67、68 期（1990.10），頁 88～126。

〔註23〕林茂賢，〈台灣的電視歌仔戲〉，《靜宜人文學報》第 8 期（1996.07），頁 33～41。

〔註24〕王亞維，〈電視歌仔戲的形成與式微——以製播技術與商業模式為主的探討〉，《戲劇學刊》第 19 期（2014.01），頁 85～114。

〔註25〕洪平峰，〈我國教育電視之研究〉（台北：國立政治大學新聞研究所碩士論文，1971）。

〔註26〕陳美靜，〈國家作為與不作為——1949～2010 台灣公眾視聽政策的發展樣貌與分析〉（台北：世新大學傳播管理學研究所（含碩專班）碩士論文，2010）。

對無線電視時代閱聽市場的特質為官控商營且消極規管；商營的影視內容富含美國文化內化成分有統整性的分析。而該文所引用的文獻之一——林麗雲之〈威權主義下台灣電視資本的形成〉〔註27〕，乃針對三台成立的不同脈絡，將官方結合特定私人資本，並透過資源分配發展出保護主與侍從的關係進行析論。另，程宗明〈電視政策對制度型塑的回顧與前瞻：四十年的荒原曠野中的呼聲〉〔註28〕，則是自政策分析著手，認為台灣電視重大問題之根源在於管制機構的被動性與被擄性，以及「一元化」的電視政策發展內涵。以上三篇著作就台灣無線電視市場的形成原因提出了結構面的解答，對筆者明瞭當時電視環境的形塑過程頗有助益。

又，傳播學者李秀珠於〈市場競爭對台灣無線電視之影響：從節目區位談起〉〔註29〕一文，提到台灣自1960年代三家無線電視台相繼成立後，台灣電視市場結構始終是國內三台三分天下的寡佔市場。惟因1991年衛視中文台在台灣有線電視法尚未完成立法的狀態下進入收視家戶中，故以該年為台灣電視市場競爭之始。無獨有偶，陳炳宏於〈台灣電視產業組織與經營管理之變遷〉〔註30〕敘及三強鼎立的市場環境，在衛星電視、直播電視、有線電視系統，以及民視、公視陸續出現後，台灣正式進入競爭型的電視服務市場云云。又據張依雯〈解構臺灣地區電視經營生態與收視率之關連〉〔註31〕的碩論研究，更以為台灣地區電視生態於1994年前無線三台壟斷的時期，是收視率「僅供參考」的時代。然筆者咸認上述言論似屬傳播學研究領域的後設觀點，係將三台一律「包裹式」以黨政軍進行政治控制下的市場壟斷視角所作之結構性論述，恐忽視了處於當時的時空環境下，三台亦存有民股資本且需自負盈虧，以及彼此在經營上逐步面臨廣告、閱聽眾、節目素材和演藝資源

〔註27〕林麗雲，〈威權主義下台灣電視資本的形成〉，《中華傳播學刊》第9期（2006.06），頁71～112。

〔註28〕程宗明著，國立政治大學傳播學院編，〈電視政策對制度型塑的回顧與前瞻：四十年的荒原曠野中的呼聲〉，《台灣電視四十年回顧與前瞻研討會論文集》（台北：國立政治大學，2002），頁303～350。

〔註29〕李秀珠，〈市場競爭對無線電視的影響：從節目區位談起〉，《廣播與電視》第12期，頁143～160。

〔註30〕陳炳宏著，國立政治大學傳播學院編，〈台灣電視產業組織與經營管理之變遷〉，《台灣電視四十年回顧與前瞻研討會論文集》，頁351～378。

〔註31〕張依雯，〈解構臺灣地區電視經營生態與收視率之關連〉（台北：國立政治大學廣播電視學系碩士論文，2000）。

遭受瓜分等競爭的實際性問題。例如：台視 1969 年營利達一億一千餘萬，是該台的黃金時代。迨 1971 年 10 月底華視加入競爭行列，1972 年台視營業收益頓時虧損六百餘萬，中視則虧損二千五百多萬元（詳第五章第三節）。是故，筆者係依據蒐集到的文獻資料，重現當時電視節目資源自一台獨大至三強爭雄的歷史嬗變，以確切呼應本文題旨。且筆者進行後續研究時，業酌予援用李文對組織生態學（organizational ecology）和媒體經濟學（media economics）涵義的差異性論述，〔註 32〕俾強化本文在同質性媒體競爭研究上的理論基礎。

第三節　研究範疇與方法及資料運用

　　首先於研究範疇方面，筆者設定 1969 至 1975 年為時間跨度之因，除含括台視一台獨大至中視和華視相繼開台的歷史事實外，以 1975 年為斷限亦有三項空間義涵的考量：其一，自 1975 年 4 月 3 日台視位於花蓮縣壽豐鄉鯉魚山的發射台啟用開播後，三台發射的電視訊號得以完全涵蓋台灣全島。其二，台灣於歷經多年黑白電視轉換以彩色技術製播節目後，該年電視畫面終於達成百分之百彩色化境地。〔註 33〕其三，台灣的電視事業長期缺乏立法規管，「廣播電視法」遲至 1975 年 12 月始於立法院三讀通過，翌年 1 月 8 日正式實施，〔註 34〕1976 年 12 月 30 日再公布「廣播電視法施行細則」，亦即在廣電法制定前，台灣電視度過了近十四年「無法有天」〔註 35〕的日子，且當該法實施後，黨國政府機構過往對廣電媒體的諸多箝制始正式法制

〔註 32〕李文提到：「就媒體經濟學而言，市場競爭是組織間直接、面對面之競爭。而且競爭的產生乃是組織間在有意識的情況下而開始，組織亦可經由策略之運用，及市場之結合而取得競爭之優勢。就生態學而言，競爭並非直接、面對面之競爭，而且許多時候是在組織毫無意識的情況下，競爭即已存在。組織生態家乃是以資源之使用來解釋市場競爭對組織產生之影響。組織生態學家相信，環境對組織之影響遠大於組織本身之運作，因此，決定組織是否能繼續存活的最大因素，並非來自於組織本身有效率之運作，而是決定於組織是否合適於它所處之環境」。李秀珠，〈市場競爭對無線電視的影響：從節目區位談起〉，頁 4。

〔註 33〕梅長齡，《中華民國電視事業的回顧與前瞻》，頁 34、43～44。

〔註 34〕最初廣電法共五十一條條文，其特色分析可參見：洪瓊娟，〈廣播電視法的演變及其發展趨勢〉，《廣播與電視》第 1 卷第 2 期（1993.01），頁 78～80。

〔註 35〕「無法有天」係引用資深媒體人兼文化人張繼高的說法。張繼高，〈臺灣電視有哪些問題？〉，《必須贏的人》（台北：九歌出版社，1995.05），頁 389。

化。〔註36〕是故，綜上三點實具備前後環境對照與時代更迭的意義，對本文的論述分析提供了部分背景緣由。

另，由於本文題旨所論及的三台競爭係以娛樂性質節目為對象，故應予釐清「娛樂節目」的定義。自法規而言，「廣播電視法」正式實施前，台灣廣電事業的輔導與管理係依據 1964 年 1 月 1 日由行政院公布施行的「廣播及電視無線電台節目輔導準則」。該準則針對第二類（民營）電台的節目分類為：「新聞節目」、「教學節目」、「服務節目」、「文藝娛樂節目」與「廣告節目」，其中第十二條指稱的「文藝娛樂節目」乃就文本「內容」為準，即泛指「各種歌唱、音樂、戲劇、小說、故事、笑話、猜謎、舞蹈、體育、及技藝之表演等」。〔註37〕而根據一般電視專著對節目的分類，若自節目製作主要的旨趣、性質，並預期對觀眾能產生的效果及反應論之，「娛樂性節目」是指「在刺激視聽人的感官和情慾，滿足消閒的需要或打發時間」；「能令觀眾的視覺、聽覺或心靈上有所歡樂、愉快感受的節目，如音樂、歌舞、戲劇、雜耍、競賽等節目」。〔註38〕職是，無論於法規或專書，所謂「娛樂節目」的呈現方式五花八門、範圍廣泛。惟本論文的時間跨度係以「電視競爭」為考察核心，故於蒐集史料的過程中，即企圖自「娛樂節目」項下，梳理出當時三台競爭濫觴真正具有收視和廣告價值的節目類別，俾使本研究範圍得以直指標靶。

其次在研究方法方面，緣本論文屬傳播史的研究，故採行「歷史文獻研究法」。經爬梳相關資料，對處於威權時期發揮「戰時育樂」功能框架下的商

〔註36〕鄭瑞城等合著，《解構廣電媒體：建立廣電新秩序》（台北：澄社，1993），頁 87。

〔註37〕台灣省政府新聞處編印，《新聞業務手冊》（台中：台灣省政府新聞處，1968），頁 213～219。又，「廣播電視法」第十六條將廣電節目分為「新聞及政令宣導節目」、「教育文化節目」、「公共服務節目」、「大眾娛樂節目」四大類，第十七條雖部分明文規定「各類節目內容標準及時間分配，由新聞局定之」，但又特別就「大眾娛樂節目」條列「應以發揚中華文化，闡揚倫理、民主、科學及富有教育意義之內容為準」的原則性宣示。《總統府公報》第二九八八號，（台北：1976.01.09），頁 1～5。

〔註38〕以相同標準，按李元凱的看法可細分為「教育性節目」、「報導性節目」、「娛樂性節目」、「趣味性節目」及「明快性節目」等五類；何貽謀則分為「教育性節目」、「報導性節目」和「娛樂性節目」，且二者對「娛樂性節目」的定義近乎一致。蔡駿康著作，梅長齡主編，《電視的原理與製作》（台北：黎明文化事業，1992.11），頁 318～319。何貽謀，〈電視節目的安排〉，《廣播‧電視‧電影》（台北：台北市新聞記者公會，1964.09），頁 128～129。何貽謀，《廣播與電視》（台北：三民書局，1983.03），頁 81。

業電視娛樂節目競爭，無論是雙雄並起或三強爭鋒，電視台間的競爭所形塑
之節目製播策略，係為政府政策、營運方針、市場需求彼此交互影響下的結
果。試以下列模型表示：

圖一：「戰時育樂」框架下娛樂節目製播策略的影響來源

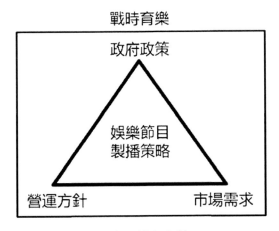

出處：筆者自製

　　而承此框架下的研究步驟係採三線併行方式。其一，因本論文著重於史
事與趨勢的相關討論，故以「年」為單位整理出無線三台節目表，俾瞭解並
比較不同時空下各台的節目架構。其二，以「台視」、「中視」、「華視」為關
鍵字查閱研究時間跨度出版的報紙新聞，以篩選出涉及廣電議題和三台娛樂
節目因應競爭所採行作為的報導，再依其演變佐以史料文獻與節目表，以綜
理出節目排檔及其策略的發展脈絡。其三，親赴國民黨黨史館調閱本論文研
究時期中常會歷次會議紀錄，企從中查找傳播媒體相關決策內容，以瞭解政
府政策足以影響電視競爭的關鍵因素。然而，拘囿於論文題旨、研究時間、
寫作篇幅，以及電視台內部早期資料佚失等問題，本論文排除就節目文本內
容進行廣泛而全面的分析和討論。

　　再者，為能還原當時台灣電視事業漸次步入競爭的過程，本文係以早期
電視相關文獻資料作為回溯研究時期史事演變脈絡的重要依據。舉凡電視事
業單位出版的刊物、節目表；個人回憶錄、訪談錄和紀念集；全國版報紙、
學術與一般性期刊、圖書著作、黨政機構文書檔案等皆涵蓋在內。且筆者為
凸顯本文特色，特側重事件當事者及時人的回憶錄、訪談錄、著述等文本，
以嘗試納入主事者其決策考量與意識層面，俾適度補遺過往相關之電視史研

究較少自時人視角進行切入的缺憾，期能梳理事件的緣起與真相，增益歷史記憶的重建。

又，為能彰顯在「以黨領政」的威權時代，政府政策對商業電視台營運策略及市場需求形成的「違逆性」，本論文於政策面向引用的原始資料大多為國民黨中央常務委員會之實體會議紀錄及其附件，且多數係甫自 2016 年 8 月開放閱覽的「新史料」，〔註 39〕故藉資料內容的「面世」，以作為相應闡釋的有力佐證。

關於本文論述主要參酌的核心史料文獻計有四大類，茲舉隅說明如后：

（一）全國版報紙新聞與報紙評論文集

由於本論文題旨牽涉史事屬性多為娛樂影視報導，故報紙新聞資料檢索係以聯合報系建立的「全文報紙資料庫」為主（包括《聯合報》、《經濟日報》和《民生報》），另酌以「中央日報五十年全文影像資料庫」為輔。而兼具廣電媒體人與文化、音樂人等多重身分的中視首任新聞部經理張繼高，其《必須贏的人》、《從精緻到完美》〔註 40〕，係收錄部分原始刊登於報章的評論文集，亦頗具參考價值。

（二）回憶錄、訪談錄、傳記、紀念文集

筆者為凸顯處於當時歷史現場者的發言權，以標舉本論文具備「內在消息」（inside information）及「親近性知識」（intimate knowledge）的特色，期更貼近歷史事件發生的因果與真相，故回憶錄、訪談錄、傳記、紀念文集的採用亦未偏廢。惟此性質之文獻恐具備有意或無意的錯誤、掩飾、誇大等問題，因此應用時已盡可能進行比對與考證。

首先，台視創台後首任節目部主任〔註 41〕何貽謀的個人回憶錄——《台灣電視風雲錄》〔註 42〕，其價值就如〈自序〉中所言：「為我國的電視歷史作了補遺」。的確，該書自出版後，亦成為近年若干專書、論文有利援用的

〔註39〕〈史料開放〉（來源：中國國民黨文化傳播委員會黨史館館藏檔案目錄檢索系統，http://www.archives.kmt.org.tw/cgi-bin/gs32/gsweb.cgi/ccd=qTSa2m/newsres-ult?search=1&qs0=id=%22N00000023%22&qf0=_hist_，2018.01.10 瀏覽）。

〔註40〕張繼高，《從精緻到完美》（台北：九歌出版社，1995）。

〔註41〕1972 年 10 月，台視第四屆第九次董事會決議通過節目部、新聞部、工程部主任暨副主任改稱經理、副經理。石永貴，《台視二十年》（台北：台灣電視公司，1982.04），頁 221。

〔註42〕何貽謀，《台灣電視風雲錄》（台北：臺灣商務印書館，2002.01）。

參考資料。

　　其次在中視部分，曾任職該台首任節目部經理的資深媒體人翁炳榮，於2014 年九十一歲高齡甫出版個人回憶錄──《我與廣播電視：兩岸三地廣電推手翁炳榮回憶錄》〔註43〕，為其畢生從事廣播與電視工作留下了歷史記錄，可謂彌足珍貴。且其回憶錄出版迄今，所涉電視之篇章應為學位和單篇論文類別首次引用，故稱得上為新史料。又，包括首任總經理黎世芬於《中廣五十年紀念集》〈酒、咖啡、冰淇淋和黎世芬〉〔註44〕一文；為紀念中視首位新聞部經理張繼高所出版的文集──《追求完美：張繼高》〔註 45〕，以及歷任副總經理與第二任總經理的董彭年所編著之《電視與傳播》〔註46〕部分專文，皆可適時用以應證中視若干作為的背景與緣由。

　　而在華視部分，國史館曾於 1995 年出版《劉先雲先生訪談錄》〔註47〕的口述史專著，主因劉氏曾任台灣省政府委員兼教育廳廳長、教育部社教司司長兼國立教育資料館館長，先後創設教育廣播電台及教育電視實驗台，隨後升任教育部常務次長，1969 年負責籌辦華視且擔任籌備處主任，並於 1970 年8 月轉任總經理，〔註48〕故該口述記錄極具參考價值。另，華視首位副總經理蕭政之，為該台創台營運前期的重要舵手和操盤者，在其編著之《電視掃黑大審》〔註 49〕第九章〈認識蕭政之〉一文中，可略窺其行事作風，以及如何具體實踐該台節目的策略方針。至於其他參酌之資料尚含括華視節目部首任經理李明的《長憶尼洛：李明先生紀念文集》〔註 50〕；節目部首任副經理之一趙崎彬的《劇人──趙琦彬紀念文集》〔註 51〕；該台籌備委員會主任委員

〔註43〕翁炳榮，〈自序〉，《我與廣播電視：兩岸三地廣電推手翁炳榮回憶錄》（台北：就業情報資訊公司；財團法人劉羅柳氏文教基金會，2014.01）。

〔註44〕空中雜誌，〈酒、咖啡、冰淇淋和黎世芬〉，《中廣五十年紀念集》（台北：中國廣播公司，1978.08）。

〔註45〕張廷抒主編，《追求完美：張繼高》（台北：躍昇文化出版，1996）。

〔註46〕董彭年，《電視與傳播》（台北：臺灣商務印書館，1979.08）。

〔註47〕劉先雲口述，遲景德、陳進金訪問，陳進金記錄整理，《劉先雲先生訪談錄》（新北：國史館，1995）。

〔註48〕劉先雲簡歷參見〈關於華視〉（來源：華視官方網站，http://www.cts.com.tw/about/cts/about_a03.htm。瀏覽日期：2018.04.10）。

〔註49〕蕭政之編著，《電視掃黑大審》（台北：大村文化出版，1997）。

〔註50〕王昇等作，《長憶尼洛：李明先生紀念文集》（台北：現代化研究社，2000）。

〔註51〕趙琦彬紀念文集編輯委員會編，《劇人──趙琦彬紀念文集》（出版地不詳：趙琦彬紀念文集編輯委員會，1992）。

王昇的傳記──《王昇：險夷原不滯胸中》〔註 52〕和《王昇的一生》〔註 53〕
等著作。

（三）電子媒體事業團體出版刊物

包含由台視、中視、華視每週個別出版的節目指南性質刊物《電視周刊》
〔註 54〕第三二九至六九○期；《中國電視週刊》第一至三二三期；《中華電視
週刊》第一至二一八期，連同各台自行編印的週年特集如《台視二十年》、《台
視三十年》、《台視四十年》；《中視十年》；《華視一年》、《華視二年》、《華視
三年》、《華視四年》、《華視五年》、《華視十年》、《華視十五年》、《華視二十
年》等。另由「中華民國電視學會」出版的《中華民國電視年鑑 1961～1975》、
《中華民國電視年鑑 1976～1977》；「中國廣播事業協會」發行之《廣播與電
視》季刊 1966 年創刊號至 1976 年期間共 29 期的相關著述；「中華民國廣播
年鑑編輯委員會」編印的《中華民國廣播年鑑》1969 和 1979 年版；因應建國
七十週年編製的《中華民國電視事業的回顧與前瞻》，以及中國廣播公司編印
的《中廣四十年》、《中廣五十年紀念集》、《中國廣播公司大事記》等刊物，
皆係筆者借助考察當時史事的基礎文本。

（四）黨政機構檔案及刊物

主要包括「中國國民黨文化傳播委員會黨史館」館藏文獻，尤其是與本
論文研究相關的中央常務委員會部分會議紀錄及其附件文書；「臺灣省議會史
料總庫」之議事錄與公報，與教育部文化局編印的成立週年紀念特刊──《文
化局的第一年》、《文化局的第二年》、《文化局的第三年》、《文化局的第四年》、
《文化局的第五年暨第六年的上半年》等珍貴史料。

第四節　章節大要與研究限制

在章節大要方面，本文共分為六章。第一章：緒論。第二章：「官控商營」
的電視事業環境。第三章：「戰時育樂」框限下的金鐘獎獲獎節目樣態。第四
章：雙雄對峙局面下娛樂節目競爭的演變。第五章：三足鼎立態勢下娛樂節
目競爭的演變。第六章：結論。以下擬概述如后：

〔註 52〕尼洛，《王昇：險夷原不滯胸中》（台北：世界文物出版社，1995）。
〔註 53〕陳祖耀，《王昇的一生》（台北：三民書局，2008.08）。
〔註 54〕《電視周刊》於 1970 年 5 月 01 日發行量突破十萬本。石永貴，《台視二十年》，
　　　　頁 249。

第一章　緒論

本章共分為四節。第一節「研究動機與目的」在陳述本論文的研究動機、目的及問題意識。第二節「文獻回顧與探討」則回觀和探究前人的研究成果，俾闡釋本文的發揮空間與研究價值。第三節「研究範疇與方法及資料運用」即在解說本文設定的研究範疇與框架，以及擬使用的史料文獻和方法、步驟等議題。第四節「章節大要與研究限制」，係就本論文章節架構的鋪排緣由和研究侷限進行概要式說明。

第二章　「官控商營」的電視事業環境

本章依筆者所蒐集到的文獻資料與過往之研究成果，論述 1960 年代初期至 70 年代中期，台灣電視事業生態環境與發展的流變，俾作為支撐本論文主要的背景研究。第一節「教育電視與商業電視並存」在說明於華視開播前，台灣電視事業曾經歷非商業與商營雙軌並存的時期。即自 1960 年代教育電視台與台視並存，再至中視開台、教視轉型成華視而陸續進入台灣電視市場後，包括電視訊號涵蓋範圍與收視區域；黑白與彩色電視機數量；商業電視廣告市場等方面的變化情形。第二、三節則分別敘及中視和華視成立的背景和籌建情況，並嘗試加入相關人物的「內在」觀點和經歷，以作為鳥瞰其後節目策略制定緣由的一項參考點。

第三章　「戰時育樂」框限下的金鐘獎獲獎節目樣態

「發揮戰時育樂功能」係國民黨中央就電視媒體出現競爭現象後於「節目編製導播」冀望達成的具體要求。職是，本章首節「戰時育樂功能的論述基礎」在析論「戰時育樂」因襲的時代背景與內涵。次節「1975 年之前電視金鐘獎獲獎節目的編播定位」，則以歷年政府舉辦的「金鐘獎」[註55] 徵選要點和電視類獲獎節目與當時政局、政策之聯屬為論述核心，俾盱衡當時官方屬意的電視節目「標準範式」，以作為導引後續章節的序篇。

第四章　雙雄對峙局面下娛樂節目競爭的演變

在本章第一節「二台交鋒前攻防策略的擬定」擬釐清的重點有三：一為

〔註55〕「金鐘獎」為台灣廣播電視產業的榮耀盛事，係於 1965 年創辦。初始以「廣播」為獎勵對象，至 1971 年將「電視」納入其間。梅長齡，《中華民國電視事業的回顧與前瞻》，頁 296～301。「金鐘獎歷屆得獎入圍名單」，（來源：文化部影視及流行音樂產業局，https://www.bamid.gov.tw/informationlist_164.html，2018.06.17 瀏覽）。

結合前人與筆者的研究，先大致瞭解台視「一枝獨秀時期」製播節目的型態，俾呈顯台視因應其後雙雄相爭情勢，自身節目政策的變化與差異。二為關注中視欲瓜分台視收視觀眾所擬定的策略藍圖，尤其於「縱向承繼」自廣播節目，另又「橫向植移」外國電視「連續性」節目樣態的緣由。〔註56〕其三，則是重現雙方於演藝資源開拓與耕耘的相關作為。

第二節「二台娛樂節目競爭演變的脈絡」則藉由文獻資料的梳理，揭示台視和中視於連續劇、歌仔戲、布袋戲、綜藝節目、影片節目製播策略的遷變過程，以還原當時二台競爭攻防的歷史樣貌。而在第三節「影響節目競爭之因素分析」，係依據前兩節內容，將論述場域拉回現今，俾綜理足以影響節目競爭之可能性因素：即政策法規針對娛樂類型節目播送比率的限制，特別是「方言」節目連帶歌仔戲與布袋戲節目受到的制約情形，以及節目排播方式與黨意、民意的扞格；官控商營下的節目經營難題等進行析論。

第五章　三足鼎立態勢下娛樂節目競爭的演變

1971 年 10 月華視的開播，為台灣電視事業發展走向三足鼎立形勢的發軔。而華視乃國防部、教育部、民間資本三方合作下興辦的企業體，除具備軍中教化、學校和社會教育的企業服務宗旨外，其經營目標與性格亦帶有濃厚的商業氣息。是故，秉承第四章的研究向度，本章第一節「華視節目的特性與其開播初期競爭策略之擬定」，係自文獻中考察華視為能於先前二台建構之競爭局勢中開闢自身的藍海，特於節目樣態、資源層面顯現的攻防策略，特別是關注其「新創」與他台的合縱方案；「植移」前人的連續性製播概念；並適切「承繼」以常民文化構築優勢節目的作為。

其次，由於電視的競爭就等同節目、收視與廣告資源的競逐，因此，在第二節「三台娛樂節目競爭演變的脈絡」部分，擬專美聚焦於三台連續劇、布袋戲和歌仔戲節目策略的遷變過程。最後，隨著黨政當局強化對三台節目的制約力道，第三節「影響節目競爭之因素分析」乃依據前兩節敘及的史事

〔註56〕如所周知，廣播事業的興起乃在第一次世界大戰結束後，電視的普及則晚於廣播，係二戰後始發軔。而本文所指「廣播節目」對「電視節目」表現形式的影響性，係源自指導教授何義麟老師的提點。又，有關「縱向承繼」及「橫向植移」一詞的運用，緣筆者閱讀本所蘇瑞鏘老師於 2004 年撰寫之〈戰後臺灣歷史發展「動因」與「脈絡」的再思考——以「中國民主黨」組黨運動為中心〉一文在「縱向繼承」和「橫向移植」概念的啟發。蘇瑞鏘，〈戰後臺灣組黨運動的濫觴——「中國民主黨」組黨運動〉（台北：稻鄉出版社，2005.04）。

發展與變化，以現今為視角探討該時間跨度得以影響節目競爭之因素所在，諸如：企業文化與決策者作風；當局「方言」節目政策的封閉性；能源危機導致播映時數的縮減；「國喪」事件對爾後節目題材與播映規格的箝制等命題之論證。

第六章　結論

本章則是就本論文題旨的核心意識，再予以強化論述與整理，並提出研究創見及感想。

另在研究限制方面，首先，惜滄海桑田、人事全非，本文引證上較缺乏一手口述訪談資料為憑，然幸主要當事者及時人已留下若干回憶錄、訪談錄、著述等出版品，何況部分文本作者皆是本文研究時間跨度內的感知者，或電視台負責節目策略規劃的主管，足以對若干史事的來龍去脈提供「證詞」。

此外，亦有若干因由未利事件動機的掌握，導致影響史事的重建。譬如當時三台為維護其競爭優勢，對公布節目更新及異動資訊的態度愈形保守，且部分原始史料描述過度簡略，或有時序相異及錯誤情事，相關事例不一而足，然筆者已盡量就掌握的資料進行多方比對與考證，以期諸多問題意識的答案更趨近於史實，俾將研究成果提供予學界及後繼者參考。

總之，有鑑於商業體制下，電視節目競爭策略無論是製播條件的設定；抑或排檔方式的規劃，皆會對閱聽眾日常作息具一定程度的影響。因此藉由本論文的研究，企圖追索出台灣電視競爭濫觴娛樂節目製播策略運用的流變，以察知後人於節目製播慣用策略手法之嚆矢。尤其，早年三台黨政軍色彩鮮明，為威權時代下的產物，再加上隨著電視訊號涵蓋範圍的擴大，電視機銷售量的提升，以及台灣經濟起飛造就電視廣告量的逐漸成長，亦形成三台三分天下的寡佔市場。惟前人較缺乏自「歷史能動」的面向，重新考察台灣商業電視自一台獨佔至二台爭雄，再至三足鼎立後，各台面臨廣告收入、閱聽眾、節目資源的重分配，其商業經營性格必定凸顯在其娛樂節目競爭策略的呈顯實況。且三台又具官控背景，「政策」有時又與商業競爭的思維衝突，而造成節目製播可能的「變形」與「扭曲」現象，故筆者適可神入文獻之中，與此階段的歷史境遇開啟對話，以重行探索與檢視本文研究題旨內所蘊藏的「變」與「不變」。

第二章 「官控商營」的電視事業環境

　　1960 年代，台灣進入電視產業發展之林。自教育電視台創立再至台視開播獨佔商業市場，此種景況歷經七年之久。伴隨 1969、1971 年中視和華視的相繼創設；教視又為華視合併，台灣商業電視於兩年間漸次自「雙雄對峙」邁向「三足鼎立」的局勢，此一歷史轉折亦為黨政軍全面介入電視事業經營的發端。是故，本章共劃分三節，概述 1975 年之前，台灣電視事業的環境與發展流變，俾作為支撐本文主要的背景研究。第一節即說明於華視開播前，台灣電視事業曾經歷非商業與商營雙軌並存的時期，以及當時電視訊號涵蓋範圍與有效收視區域的拓展；台灣電視黑白與彩色電視機的成長實況；商業電視廣告於總體市場的變化等。在第二、三節部分，緣前人探討台灣無線電視創建過程之外部觀點，咸認其資本結構的「官商合資」色彩濃厚，而台視「官控商營」的本質，嗣後亦影響中視、華視在經營上需受國家機器管控的事實。〔註1〕是故，本節擬自內部觀點——即實際參與二台創辦過程人物的感知經驗及證言，依序陳述中視和華視的成立背景與籌設概況，俾呈顯不同視角的歷史面向。

第一節　教育與商業電視並存

　　事實上，在 1962 年「台視」開播前，隸屬教育部的「國立教育資料館」即於同年 2 月 14 日率先創辦了台灣首家電視台——「教育電視實驗廣播電台」。其發展共歷經兩個時期：首先，自開播起係為實施社會教育，並開拓電

〔註 1〕前人研究如吳萬萊，〈台灣電視節目製作業之政治經濟分析〉（新北：輔仁大學大眾傳播研究所碩士論文，1997），頁 32。

視事業發展的環境，因此實驗性的教學節目僅佔百分之卅；而播出時數初期為每晚二小時，同年 7 月至 1963 年 11 月增至三小時。第二個發展時期則從 1963 年 12 月 1 日改稱「教育電視廣播電台」開始，播出內容比重調整為學校教育和社會教育各半。〔註2〕總之，教育電視台經費全部來自教育部，在未播出廣告的情況下，擔負起改善學校教學、推廣社會教育與宣揚中華文化的功能。同時，亦在發展空中教學、建立空中學制，以擴大學校空間，推廣在職進修。〔註3〕惟其發射涵蓋範圍因受限於經費與設備，僅侷限於鄰近大台北地區的台北市、新店、木柵、陽明山、汐止、淡水及鶯歌、新竹等地區。〔註4〕後因教視經費拮据、〔註5〕設備老舊，有無法達成先前建台目標和使命之虞，且國防部擬強化軍中政治教育，故兩部於 1969 年 2 月開始接觸商討重建計畫。經協商以合作方式擴充教育電視台規模，於 1971 年另行籌建「華視」，並設立台視與中視皆未有的教學部，以期妥善運用電視的傳播與視聽功能，提升空中教育效能。〔註6〕

　　教育電視台乃台灣首家電視台，而台視則是我國第一家民營的商業電視台。1961 年 2 月，「台灣電視事業籌備委員會」正式成立，議定尋求外資投資與技術提供；節目自主及以民營方式經營，惟主要股份由台灣省政府持有。〔註7〕於是台視自創立起即為「公私合營」、「純商業方式」、「中日合作」經營

〔註2〕中華民國電視學會，《中華民國電視年鑑——民國五十年至六十四年》（台北：中華民國電視學會，1976.05.30），頁 9。

〔註3〕梅長齡，《中華民國電視事業的回顧與前瞻》，頁 11。

〔註4〕劉家駿，〈四年來的國立教育資料館教育電視台〉，《教育文摘》第 11 卷第 4 期（1966.04.30），頁 14。

〔註5〕教視 1971 年度的預算為二百卅萬零八元（約美金五萬七千七百元，概為台視四天的廣告收入），較 1962 年建台之初的二百零一萬餘元僅增加近廿九萬元。洪平峰，〈我國教育電視之研究〉，頁 65。又，1971 年國民平均所得為一萬六千四百零七元（約美金四百一十元）。行政院主計處編，《中華民國臺灣地區國民所得統計摘要》（台北：行政院主計處，1981.12），頁 1。

〔註6〕劉先雲口述，遲景德、陳進金訪問，陳進金記錄整理，《劉先雲先生訪談錄》，頁 415～416、449～450。

〔註7〕台視初期資本結構略為：我方佔百分之六十，其中百分之十一屬民間資金。日方則出資百分之四十，由日本富士電氣會社、日立電氣製作所、日本電氣會社、東京芝浦電氣會社共同承擔。迄 1964 年，日資降為百分之廿，我方民股增至百分之卅一點○六，餘為省府和省屬行庫資本。王震邦撰，簡榮聰、謝嘉梁主修，《臺灣近代史　文化篇》（南投：臺灣省文獻委員會，1997.06），頁 344、345。按：依據最初「中日合作經營電視廣播事業綱要草案」即確定日方係以電視設備與接收機及零件折價投資的原則。中國國民黨文化傳播委

的電視事業。〔註8〕又因具有官方資本，1963 年 11 月亦應教育部委託播映純教育性節目一年。〔註9〕再者，台視開播初期僅在台北市近郊的竹子山設有發射台，訊號涵蓋範圍受限北部，且黑白電視接收機尚處推廣階段，截至 1964年全台登記戶數〔註10〕約三萬六千零廿六戶，〔註11〕再加上廣告主對電視廣告的效能缺乏認知，影響前兩年的營收甚鉅。唯其後業務漸入佳境，直至 1965年 10 月 10 日完成中南部轉播站系統設置，電視訊號傳送範圍擴大，除東部部分地區外，全台皆可收視，營收狀況始大幅改善，〔註12〕亦自經營初期所謂的「篳路藍縷時期」（1962 年 10 月～1965 年 10 月）進入「一枝獨秀時期」（1965 年 10 月～1969 年 10 月）。〔註13〕

　　誠如前述，若以教視及台視開播初期為例，電視訊號發射的涵蓋範圍對台內的經營十分重要。除卻教視因先天受限經費、設備與人力的不足，加上節目本身的興味無法與商業台競爭外，〔註14〕對早期台灣商業電視的發展

員會黨史館館藏（1959.12.30），〈台（49）央秘字第 001 號陶希聖呈〉，《蔣中正總裁批簽檔案》，檔案號：總裁批簽 49/0001。

〔註 8〕 李瞻，《電視制度》（台北：三民書局，1988.08），頁 184。

〔註 9〕 依據何貽謀的憶述，其目的除推廣社會教育外，亦作為公部門對台視迫於民意代表壓力，而取消股東之一日本富士電視供播節目和廣告損失的補償。詳見何貽謀，《台灣電視風雲錄》，頁 11～13、56。

〔註10〕 依據立法院於 1961 年 10 月 17 日正式三讀通過之《電視廣播接收機登記規則》第二條的規定：「凡為接受電視廣播而裝設接收機者，應向當地交通部電信局聲請登記，領取執照……」；第七條「電視接收機執照每紙徵收執照費銀元二十元，由各地電信局按當地通用幣制折合解部會繳國庫……」。緣此，電視機係按年徵收使用執照費，每年每台新台幣六十元。惟自 1970 年 1 月起，政府為便民與減輕民眾負擔，執照費改為購置時一次性徵收新台幣八十元，繳清後不用再行繳納，且現役軍職人員可依半價收費。本報訊，〈收音機電視執照費明年改為一次徵收〉，《經濟日報》，1969.11.23，2 版。〈收音機、電視機執照費徵收辦法變更〉，《廣播與電視季刊》第 13 期（1970.01.20），頁 87。

〔註11〕 〈亞太地區第一屆電視會議報告——中華民國電視事業的過去、現在與未來〉，《廣播與電視季刊》第 28 期（1975.09.01），頁 18。

〔註12〕 石永貴，《台視二十年》，頁 206、211。梅長齡，《中華民國電視事業的回顧與前瞻》，頁 36。

〔註13〕 分期係源自朱心儀的碩論研究。詳見朱心儀，〈台視 1962～1969 節目內容的演變〉，頁 12。

〔註14〕 洪平峰，〈我國教育電視之研究〉，頁 64。原文係轉引自石永貴論文：Yung-Kewei Shih, "*The Problem of Developing ETV in a Developing Country: Educational Television in Taiwan*" (Unpublished Paper, School of Journalism and Mass Communication University of Minnesota, 1966), p.52.

而言，電視訊號涵蓋範圍不僅攸關電視接收機的銷售與裝設，更影響電視廣告量的良窳，且廣告收益又維繫著電視台的營運。再者，藉由自黑白至彩色，改進節目製作方式和更新設備，則有利於促進電視機的普及，進而提高收視率。〔註 15〕因此，中視於開播未及四個月內即完成北、中、南區聯播系統，華視西部播映系統則在台、中二台的經驗基礎與軍方協助下得以同時啟用。〔註 16〕惜以區域開發及收視權益的角度觀之，東部民眾「看電視」的現代化進程顯然晚於西部甚久，未受政府和電視台積極重視。即當台灣出現電視的五年後，1967 年台灣省議會第三屆第九次定期大會開始出現為東部民眾請命之聲。〔註 17〕遲至 1969 年，交通部台灣電信管理局為配合政府開發東部地區政策，始耗資四億三千萬元建設東部微波系統，另又花費約一億三千萬元架設電視電路設備，以供各台設立東部各地轉播站租用。然問題尚未完全解決：由於當時各台自忖無法負擔每月四十三萬餘元的租金，故並無立即建置東部轉播系統的規畫。其後係因華視建台目標之一實具有空中教學與國軍政治教育的目的，經教育部和國防部轉洽交通部，再會同台視、中視商請國民黨中央黨部文化工作會主持協調會，交通部最終決議調降電路及微波機房設備租金，〔註 18〕使三台東部轉播站延宕至 1974、1975 年間始分別完成。屆 1975 年 4 月 3 日台視位於花蓮縣壽豐鄉鯉魚山的發射台啟用開播後，三家無線商業電視台發射的電視訊號得以完全涵蓋台灣全島（如表 2-1）。

〔註 15〕顏伯勤，《二十年來臺灣廣告量研究》（台北：台北市廣告代理業公會，1982），頁 22。

〔註 16〕梅長齡，《中華民國電視事業的回顧與前瞻》，頁 40。

〔註 17〕係由省議員洪掛、劉金豹、章博隆提案。詳見臺灣省議會史料總庫（1967.05.15），《臺灣省議會第三屆第九次定期大會公報》第 17 卷第 16 期，頁 709，典藏號：003-03-09OA-17-6-6-01-01002。臺灣省議會史料總庫（1967.05.15），《臺灣省議會第三屆第九次定期大會公報》第 17 卷第 24 期，頁 1215，典藏號：003-03-09OA-17-5-3-05-01740～01741。

〔註 18〕交通部同意前三年採減價方式，每台每月租金減為五分之一，計八萬六千四百四十五元，另付附加費一成。迄 1971 年 12 月三台終於同意租用。中華民國電視學會，《中華民國電視年鑑——民國五十年至六十四年》，頁 164。中華電視臺編，《華視三年》（台北：中華電視臺，1974），頁 101。另，東部轉播站的建置亦負載當局欲「遏制匪播」的間接性任務（詳後章）。

表 2-1：1962～1975 年台灣地區電視訊號發射涵蓋進度一覽表

啟用日期	台　　別	區　　域	發射台位置
1962.02.14	教視	台北市區	台北市國立教育資料館
1962.10.10	台視	北部	台北市陽明山竹子山
1963.12.01	教視	大台北地區至鶯歌	台北市圓山
1965 年初起	教視	大台北地區至新竹	台北市圓山
1965.10.10	台視	中部	彰化縣芬園鄉大竹村
		南部	高雄縣旗山鎮中寮里
1969.10.31	中視	北部	台北市陽明山竹子山
1970.02.16	中視	中部	南投縣南投鎮鳳鳴里
		南部	高雄縣旗山鎮中寮里
1971.10.31	華視	北部	台北市陽明山竹子山
		中部	南投縣南投鎮鳳鳴里
		南部	高雄縣旗山鎮中寮里
1974.08.01	華視	宜蘭	宜蘭縣蘇澳鎮七星嶺
1974.08.26	華視	花蓮	花蓮縣壽豐鄉鯉魚山
1974.09.28	台視、中視、華視	台東	台東縣太麻里鄉西川山
1975.01.12	台視	宜蘭	宜蘭縣蘇澳鎮七星嶺
1975.01.15	中視	宜蘭	宜蘭縣蘇澳鎮七星嶺
1975.03.08	中視	花蓮	花蓮縣壽豐鄉鯉魚山
1975.04.03	台視	花蓮	花蓮縣壽豐鄉鯉魚山

出處：由筆者彙整製作
資料來源：劉家駿，〈四年來的國立教育資料館教育電視台〉，《教育文摘》第 11 卷第
　　　　　4 期，頁 14。梅長齡，《中華民國電視事業的回顧與前瞻》，頁 36～44。

　　另在電視機的數量與普及方面，1962 年國內的生產量僅四千四百架。
〔註 19〕其後隨著有效收視區域的擴增，國民平均所得的提高，電視機銷售市

────────────

〔註19〕中華民國電視學會，《中華民國電視年鑑──民國五十年至六十四年》，頁
　　　　190。又，在台灣電視事業發展之初，一架十四吋規格螢幕的電視接收機定價

場更形擴大，普及率明顯上升。又因政府於 1964 年開放對電視機裝配生產的
政策導引下，本地及外國電器廠商陸續投入設廠製造，致電視機供給量明顯
上升，售價得以降低。〔註 20〕尤其部分電氣化產品業者如「大同」、「聲寶」
先後推出「家電分期付款」的行銷策略，不僅帶動商品銷量，更促使包括
電視機在內的電氣化產品大量進入家庭生活中。〔註 21〕再加上 1969 年中視開
播時以「全面彩色化」為口號；〔註 22〕台視為不落人後，更「搶先」於同年
9 月 7 日首度試播彩色電視節目，台灣自此跨入彩色電視時代，亦大幅開拓
了電視機市場。〔註 23〕而彩視的效果，據曾歷經黑白到彩色的電視烹飪節
目主持人傅培梅表示：「此後我的烹飪節目播出來的菜色，艷麗可愛引人食
慾，更有吸引力」，〔註 24〕得見彩視對節目製播的影響。而彩色電視機亦自
1969 年的一百餘台逐年增加，截至 1975 年止，國內黑白和彩色電視機數量
合計已達二百五十三萬六千餘架，後者更佔約四分之一強（如表 2-2）。觀眾

為四千六百元，係產出自「台灣電視公司製配廠」。該廠主責電視接收機的裝
配生產事宜，下設生產管制組、裝配組、修護組，自 1962 年 9 月開工迄 1971
年 4 月結束業務。《電視周刊》第 1 期（1962.10.10），頁 39。石永貴，《台視
二十年》，頁 200～201。

〔註 20〕鄭自隆著，國立政治大學傳播學院編，〈台灣電視廣告四十年：經營、管理與
表現〉，《台灣電視四十年回顧與前瞻研討會論文集》，頁 110。又，經查當時
大同牌黑白電視機平面廣告，同樣以新台幣八千元價格，於 1968 年可購得十
九吋規格；1971 年則為廿吋，且附贈天線饋線並免費安裝，以及「大同健兒」
立偶一座。《廣播與電視季刊》第 8 期（1968.10.10），頁 11。《廣播與電視季
刊》第 17、18 期合刊（1971.03.26），封底內頁。

〔註 21〕該分期付款政策，係讓消費者透過一至三年的攤付方式提前享用家電帶來的
便利。商訊文化、工商時報著，《林挺生傳》（台北：大同公司，2008.11），頁
157。

〔註 22〕梅長齡，《中視十年》（台北：中國電視公司出版部，1979.10），頁 36。惟據
何貽謀的說法，台視「否定中視對台視黑白化的否定」，即對中視以此為宣傳
重心頗不以為然。畢竟彩色電視技術於當時並非一種突破或專利，且以台視
於其時的財力和人力，可早中視一步播出彩視，因此辦彩視並非能力的問題。
何貽謀，《台灣電視風雲錄》，頁 102、103。

〔註 23〕石永貴，《台視二十年》，頁 204。又，陳清河教授於其論文指出：當時的電視
事業正處於黑白電視未消失而彩色電視已興起的時代。中視積極投入彩色節
目的製播，使台灣開辦彩色電視的腳步加速，亦迫使台視跟進。陳清河著，
國立政治大學傳播學院編，〈從科技流變論述電視與社會的對話〉，《台灣電視
四十年回顧與前瞻研討會論文集》，頁 260。

〔註 24〕傅培梅（1931～2004）於台視開播未久應邀上電視示範，自此展開四十一年
的電視烹飪教學生涯，共教授四千餘道食譜。傅培梅，《五味八珍的歲月》（台
北：四塊玉文創，2014.09），封裡頁、頁 158。

亦自早期的萬餘人增至一千四百餘萬人以上，平均每六人即擁有一架電視機，〔註25〕奠定後續電視事業發展的基礎。

表 2-2：1962～1975 年台灣地區電視機數量統計表

項目 年度	黑白電視機	彩色電視機	合　計	年增量
1962	4,400	0	4,400	————
1963	12,000	0	12,000	7,600
1964	43,035	0	43,035	31,035
1965	92,559	0	92,559	49,524
1966	157,700	0	157,700	65,141
1967	181,980	0	181,980	24,280
1968	363,980	0	363,980	182,000
1969	606,880	113	606,993	243,013
1970	971,580	5,813	977,393	370,400
1971	1,290,525	37,113	1,327,638	350,245
1972	1,516,985	97,113	1,614,098	286,460
1973	1,774,739	160,588	1,935,327	321,229
1974	2,028,436	293,255	2,321,691	386,364
1975	2,053,750	482,556	2,536,306	214,615

出處：由筆者彙整製作

資料來源：中華民國電視學會，《中華民國電視年鑑——民國五十年至六十四年》，
　　　　　頁 194。1975 年數量源自中華民國電器商業同業公會全國聯合會。

此外，當時廣告收益近乎成為各媒體生存發展的要素，亦刺激媒體之間的相互競爭。〔註26〕在電視產業方面，除教育電視台本身不能接受與播映商業廣告，致財源受到限制外，台灣商業電視事業於廣告營收方面迭有成長，甚至已有後來居上的氣勢。茲將 1962 至 1975 年台灣地區電視、報紙、廣播、雜誌媒體廣告佔比列舉如下表：

〔註25〕中華民國電視學會，《中華民國電視年鑑——民國五十年至六十四年》，頁 19。
〔註26〕顏伯勤，《二十年來臺灣廣告量研究》，頁 1。

表 2-3：1962～1975 年台灣地區電視、報紙、廣播、雜誌媒體廣告佔比
一覽表（單位：新台幣萬元／百分比）

年別	廣告總額	電視金額	電視成長率	電視佔比	報紙佔比	廣播佔比	雜誌佔比
1962	27,200	136	—	0.50	54.00	19.00	2.00
1963	30,700	706	419.12	2.30	51.00	18.00	2.20
1964	38,850	2,400	239.94	6.16	49.90	16.97	2.00
1965	45,200	4,200	75.00	9.29	46.68	16.15	1.77
1966	56,030	7,400	76.90	13.26	41.14	14.81	2.14
1967	68,000	11,200	50.74	16.47	41.18	12.50	2.21
1968	86,000	14,000	25.00	16.22	42.29	10.66	2.43
1969	109,700	20,500	46.43	18.69	40.02	10.21	2.28
1970	144,880	42,600	107.80	29.40	35.26	7.62	2.42
1971	149,944	44,210	3.78	29.50	35.80	7.20	3.30
1972	168,150	54,500	23.28	32.40	35.70	8.00	3.60
1973	230,690	72,450	32.94	31.41	36.61	9.75	4.76
1974	288,815	90,600	25.05	31.37	37.59	10.49	4.94
1975	334,400	100,700	11.15	30.11	40.45	9.36	5.34

出處：由筆者彙整製作
資料來源：中華民國電視學會，《中華民國電視年鑑——民國六十五年至六十六
年》，頁 108～109。顏伯勤，《二十年來臺灣廣告量研究》，頁 133、164、
216。

　　吾人可自電視、報紙、廣播、雜誌四大媒體廣告量的統計數字觀察到：
就在電視媒體問世的第二年，其在廣告總量的比重就超越雜誌，於第六年的
1967 年再勝過廣播。而 1968 年全台灣共有卅九家民營廣播電台（軍公營卅六
家；一家試播，合計七十六家），〔註27〕亦無法與「一台」電視台匹敵。另於
報紙部分，從電視出現前一年的百分之六十二，經五年後的 1966 年下滑約廿
個百分點。〔註28〕反觀電視媒體，自 60 年代初興的百分之零點五，於 70 年
代迅速躍升至百分之卅左右，不僅成為台灣第二大媒體，更與報紙形成並駕

〔註27〕王洪鈞，〈廣播的法律與廣播的自律〉，《廣播與電視季刊》第 11 期（1969.07.
01），頁 6。
〔註28〕顏伯勤，《二十年來臺灣廣告量研究》，頁 363。

齊驅的態勢。〔註29〕除此之外，電視廣告金額於台視獨佔時期已呈逐年上升的景況。1968 年台視獨家時期的廣告營收即達一億四千萬元，直至 1969 年底，加計中視的電視廣告營業額已高達兩億餘元，佔該年整體廣告營業總額的百分之十八點六九，迄 1971 年華視開播後，更翻倍提高至四億四千餘萬元，又經四年後，1975 年三台廣告營業額更衝破十億大關。現今頗難想像台視 1962 年 10 月開播當月收入僅新台幣廿二萬元。〔註30〕足見電視媒體家數增加、〔註31〕電視訊號涵蓋範圍的擴增、電視機數量的大幅上升，實與廣告量的總體表現呈正比。況且自 1962 年起，電視台對廣告業務採取代理商制度〔註32〕，電視廣告幾乎全係由廣告代理商開發，因此工商界在其銷售計畫大多編列有電視廣告預算，進而促進廣告量明顯成長。〔註33〕

第二節　中視的籌建歷程

　　中視是繼台視之後開播的第二家無線商業電視台，成立於 1968 年 9 月 3 日，亦為首家由國人自力創建的電視台。〔註34〕係由當時身兼總統與中國國民黨總裁的蔣介石親自下達指示，以中國廣播公司（以下稱「中廣」）為籌備核心，結合其他國民黨黨營文化事業如中央日報、中央電影公司、正中書局和各民營廣播電台及部分工商文化界人士共同集資創辦而成。〔註35〕惟此次並非國民黨首度投資電視媒體，早在台視成立前，對岸的中共政權已於 1958 年開展電視事業，蔣氏似不甘落後，指示時任中央日報社董事長陶希聖、中廣總經理魏景蒙〔註36〕負責籌備。然魏氏因中廣尚處虧損狀態，因此心生猶

〔註29〕顏伯勤，《廣告》（台北：允晨文化實業，1984.03.10），頁 34。

〔註30〕石永貴，《台視二十年》，頁 211。另，有關台視的廣告營收良窳，可參較 1962 年的國民平均所得：新台幣六千零五十六元（約美金一百五十一元）。行政院主計處編，《中華民國臺灣地區國民所得統計摘要》，頁 1。

〔註31〕顏伯勤，《廣告》，頁 36。

〔註32〕「廣告代理商制度」又稱「廣告佣金代理制度」，係仿照美、日等電視先進國家樹立的前例，可避免負擔因節目成本高昂、廣告製作繁複和廣告費收取上可能遭遇的風險。石永貴，《台視二十年》，頁 211。

〔註33〕顏伯勤，《二十年來臺灣廣告量研究》，頁 2、17。

〔註34〕中華民國電視學會，《中華民國電視年鑑——民國五十年至六十四年》，頁 11。

〔註35〕梅長齡，《中視十年》，頁 8。

〔註36〕魏景蒙（1906～1982），浙江杭州人，燕京大學畢業，南韓漢陽大學榮譽哲學博士。曾任職於中央宣傳部，1948 年擔任路透社特派員，翌年轉入中央通訊社服務兼《英文中國日報（China News）》發行人。其後擔任中廣總經理，1966

豫，態度未甚積極，「經過兩年猶未交卷」，故蔣介石將籌辦電視的「大任」
轉予台灣省政府主席周至柔。〔註37〕之後，省府下設的「台灣電視事業籌備
委員會」於 1961 年成立，黨中央亦決議自「加強廣播及教育電影工作基金」
中撥付一百萬元作為投資台視的股款，並經由中廣轉繳，〔註38〕以作為插足
電視的前哨。而數年後中廣態度轉趨積極，主要乃因高層人事異動、想法殊
異所致。

　　事實上，中廣曾在 1947 年中國大陸時期就已擬定電視計畫，準備於南
京、上海、杭州三地利用短波開辦電視台，惟因國共內戰，計畫未克實現。
〔註39〕迄多年後的 60 年代中期，中廣對籌辦電視的態度產生轉變，此或可從
中視首任節目部經理翁炳榮〔註40〕先前擔任中廣駐日代表期間的憶述拼湊出
若干實情。即至少於 1965 年 10 月底以前，包括中廣，甚至是國民黨中央似
未有開辦電視台的意願與跡象。緣 1963 年翁炳榮離開美軍工作後，〔註41〕即
醉心於在台灣開辦第二家電視台的計畫。他認為「有了競爭，電視節目會改
進，能吸引觀眾購買電視機，進而刺激生產與社會經濟活動，對台灣的經濟
發展，可能有很好的效果」。〔註42〕況且翁氏於 1963、1964 年曾有機會以面
見和信函方式詢及時任中廣總經理的魏景蒙，但魏氏表示辦電視「投資大，

年升任行政院新聞局局長，1972 年轉任中央通訊社社長。行政院新聞局局史，
〈魏景蒙──政通人和〉（來源：行政院新聞局，http://www.ex-gio.org/index.
php/gio-history/visit-exboss/90-boss-06，2017.09.07 瀏覽）。

〔註37〕張繼高，〈臺灣電視有哪些問題？〉，《必須贏的人》，頁 390。

〔註38〕中國國民黨文化傳播委員會黨史館館藏（1962.05.15），〈台（51）央秘字第 068
號唐縱、徐柏園呈〉，《蔣中正總裁批簽檔案》，檔案號：總裁批簽 51/0041。

〔註39〕張慈涵，《廣播電視廣告》（台北：新聞記者公會，1967），頁 57。

〔註40〕翁氏於戰後進入中廣，擔任台灣廣播電台節目科長、中廣駐日代表，並於 1969
年 7 月返台任職中視首任節目部經理；1975 年赴香港協助「佳藝電視」的創
建；1989 年擔任「正大綜藝公司」董事長，製作綜藝節目於中國的電視台播
出。直至 2006 年正式退休，告別廣電生涯。〈關於作者〉，《我與廣播電視：
兩岸三地廣電推手翁炳榮回憶錄》，封裡頁、頁 60、71、290。

〔註41〕據前註回憶錄頁 60、71，當時隸屬中廣公司台灣廣播電台節目部副總編導的
翁炳榮曾因韓戰之故，於 1951 年奉派至日本參與聯合國軍總部心理作戰部
「聯合國軍之聲廣播電台」，擔任針對參戰之中國與北韓軍隊進行廣播和傳單
在內的心理戰工作。1954 年底，翁氏升任中國語廣播部門副主任。由於工作
的關係，與日本公共媒體機構「日本放送協會」（簡稱 NHK）時有聯繫，因
而認識許多製作和國際局的人員，此對翁氏爾後於中視任職前後的工作推動
上頗有助益。

〔註42〕翁炳榮，《我與廣播電視：兩岸三地廣電推手翁炳榮回憶錄》，頁 92～93。

困難也多」;「在台灣申請辦電視的人很多,中廣如果申請也只算是申請者之一,沒有我(指翁)所想的特權,所以中廣只好不採取申請行動」。對此,翁炳榮感到相當失望。〔註43〕直至 1965 年 7 月 1 日黎世芬〔註44〕取代魏景蒙擔任中廣總經理後,〔註45〕翁炳榮趁黎氏赴東京差旅的機會,又當面建議由中廣興辦電視。〔註46〕嗣後,台灣開辦第二家商業電視台之事始於翌年露出曙光。

其實,有關闢建中視的緣起,據前段魏景蒙所言,業已點出民間的腳程係早於黨政界。依據筆者爬梳相關資料,認為應可以「脈絡殊途,終又同歸」形容,即一線是以國民黨中央為主要發動者;另一線則是由民間工商文化界人士組成的「舉辦電視申請人聯合會」〔註47〕,以及各民營廣播電台主動表達其高度的申辦意願。關於前者,依據黎世芬於《中廣五十年紀念集》的憶述,主要是受到兩項「刺激」:其一,於 1966 年 10 月 24 日迄該月底,由中廣主辦的「亞洲廣播公會」〔註48〕第三屆年會在台北舉行,黎世芬曾陪同該公會理事長前田義德會見蔣介石。蔣氏提及台視為台灣省政府的省營公司,「不好代表國家」,並向前田表示「中廣公司也會辦電視的」;「將來還要有代

〔註43〕翁炳榮,《我與廣播電視:兩岸三地廣電推手翁炳榮回憶錄》,頁 93~96。

〔註44〕黎世芬(1914~1984),江西宜春人,畢業於國立政治大學新聞系的前身——中央政治學校新聞系。曾先後擔任中央日報社主任秘書、總經理;國民黨中央黨部第六組副主任;中央廣播電台主任;中國廣播公司總經理;中視首任總經理,1984 年於中央電影公司董事長任內退休。梅長齡,《中視十年》,頁 127。台北訊,〈黎世芬病逝〉,《聯合報》1984.05.14,2 版。

〔註45〕中央社台北一日電,〈黎世芬就任中廣總經理〉,《聯合報》,1965.07.02,2 版。

〔註46〕吳麗婉,〈中視的今天與明天——訪中視總經理黎世芬〉,《中國電視週刊》第 1 期(1969.10.24),頁 8。

〔註47〕該組織名稱可見於中國國民黨文化傳播委員會黨史館館藏(1967.08.14),《中國國民黨第九屆中央委員會常務委員會第三一五次會議紀錄》,頁 3~4,館藏號:會 9.3/480。

〔註48〕亞洲廣播公會(Asia Broadcasting Union,簡稱 ABU)之前身為「亞洲廣播會議」,係由 NHK 於 1957 年發起,目的為加強亞洲各國間的文化合作,交換廣播工程與節目智識。1964 年亞洲廣播公會正式成立,初期會員國含我國在內共十四國。1972 年因台、日斷交,會籍由中國取代,我國媒體會員一本「漢賊不兩立」原則退出該組織。翁炳榮,《我與廣播電視:兩岸三地廣電推手翁炳榮回憶錄》,頁 97。吳道一,《中廣四十年》(台北:中國廣播公司,1968.08),頁 472、474。鄭貞銘,《百年報人 3 一代新聞宗師》(台北:遠流出版,2001),頁 42。梅長齡,《中視十年》,頁 10。

表國家的電視台」。〔註49〕此說法除反映國民黨高層經營電視事業的思維儼然成形，亦顯現當時於反攻大陸國策下，台灣係屬中華民國地方省級位階的政治現勢。其二，由於每年廣播公會皆援例在開會期間頒發若干電視獎項，故主辦方需提供設備便於評審委員審視參選影帶。然台視卻因不明原因拒絕和中廣合作，此舉頗令黎世芬不悅，認為台視「不顧大體拒絕合作，幾乎使得我們國家蒙羞」，更何況「要建立代表國家的廣播事業必須要有電視」。就在上述「刺激」下，黎氏於同年 10 月 26 日藉由列席國民黨中央常會報告「全面廣播作戰檢討」的機會，建議黨中央授權中廣開辦彩色電視，並獲得裁可和支持。〔註50〕

　　另外，於民間的發展脈絡方面，就如前所言，台視在苦撐兩年後，營收狀況逐漸好轉，導致民間具財力者眼見有利可圖，紛紛向政府請求開放申請第二家商業電視台。〔註51〕且早在 1966 年春，台灣各民營廣播電台負責人曾組團前往日本、韓國和香港等地考察當地電子媒體經營狀況，強化了對廣播與電視聯合經營的觀念和認識，亦孕育了民營電台共同投資籌辦電視台的共識及想法。〔註52〕

　　如前述，雖中視的開辦緣起具官（黨國體制）、民兩線脈絡，然中廣欲開辦電視公司之事漸為各方得悉，除了台視自認「電視應當是獨營事業」，故似曾遊說當局切勿批准該案外，〔註53〕各民營電台則是陸續向政府與國民黨中央要求辦理電視，並提出第二家電視台應由所有廣播電台共同經營，而非獨

〔註49〕空中雜誌，〈酒、咖啡、冰淇淋和黎世芬〉，《中廣五十年紀念集》，頁 358。唯內文提及於台北舉辦的亞洲廣播公會會議之屆次、日期與《我與廣播電視：兩岸三地廣電推手翁炳榮回憶錄》大約一致（翁氏係根據前者的記載，如頁100），但又和《中廣四十年》及《中國廣播公司大事記》不同。經筆者查證當時報紙記載，確定為 1966 年 10 月 24 日至 10 月 31 日。本報訊，〈中加兩廣播公司分獲廣播電視獎〉，《聯合報》，1966.10.25，2 版。

〔註50〕空中雜誌，〈酒、咖啡、冰淇淋和黎世芬〉，《中廣五十年紀念集》，頁 359～360。黎世芬，《中國廣播公司大事記》（台北：中國廣播公司，1978.08），頁 132。唯內文敘及黎世芬報告「全面廣播作戰檢討」的年份係依據後者史料。

〔註51〕陳世慶，〈新興的電視事業〉，《臺北文獻》第 13、14 期合刊（1970.12.31），頁 30。

〔註52〕梅長齡，《中視十年》，頁 14。

〔註53〕空中雜誌，〈酒、咖啡、冰淇淋和黎世芬〉，《中廣五十年紀念集》，頁 361。此說乃源自黎世芬。筆者自忖：倘若黎氏的憶述屬實，以「競爭」角度觀之，台視在中視公司正式成立前的舉措，似已為爾後二台的對壘拉開序幕，甚至稱得上是醞釀台灣電視競爭的開端。

厚中廣的意見。〔註 54〕況且,當時交通部祇有一個頻道可供開放,由於「僧多粥少」,一度形成僵持的局面。〔註 55〕蔣介石基於若有利可圖,中廣應和同業共享;若無利,則中廣亦毋須自承風險的立場,決定以中廣為中心,結合各民營廣播電台及部分有志於經營電視事業者共同集資籌辦。〔註 56〕雖幾經折衝下民間投資方同意與中廣共同合作,然對各自持股比例相持不下。前者當然基於利益希冀獲得更多股權;後者則認為自身雖是當時規模最大的廣播公司,然台視成立後,對其業務產生莫大影響,故中廣若未能持有新電視台(中視)多數股份,在業務上與其密切配合,未來於經營上恐落入險境。且當初係由該公司負責人向國民黨中央提案獲准,因此理應掌握半數以上股權。惟此議引發民間投資方極度不滿,黨中央為協調此事,特指派時任行政院副院長的黃少谷組成八人小組負責處理。〔註 57〕最終,國民黨基於「能對新電視公司之宣傳政策與營運為有效之掌握」,〔註 58〕1967 年 8 月 29 日在蔣介石親批「本黨股份佔百分之五十亦可,因必有其他本黨同志股份在內亦可掌握,故不必要百分之五十一之名可也」〔註 59〕的指示下,由中廣出面投資百分之五十;國內各民營廣播電台聯合投資百分之廿八;其他工商文化界人士負擔百分之廿二,並於 1967 年 10 月 17 日正式成立籌備委員會。且公司資本額訂為新台幣一億元,分成十萬股,每股一千元,由中廣認購五萬股,餘由廿八家民營廣播電台及志願投資人士認購。經近一年後,1968 年 9 月 3 日正式成立公司。〔註 60〕自此,國民黨開始正式跨足經營無線電視事業,將中視納入其喉舌之列。

〔註 54〕 空中雜誌,〈酒、咖啡、冰淇淋和黎世芬〉,《中廣五十年紀念集》,頁 361。

〔註 55〕 本報記者維剛,〈今日專欄:主教、立委、電視台〉,《經濟日報》,1967.10.27,5 版。

〔註 56〕 空中雜誌,〈酒、咖啡、冰淇淋和黎世芬〉,《中廣五十年紀念集》,頁 361～362。

〔註 57〕 本報記者維剛,〈今日專欄:主教、立委、電視台〉,《經濟日報》,1967.10.27,5 版。

〔註 58〕 中國國民黨文化傳播委員會黨史館館藏(1967.08.14),《中國國民黨第九屆中央委員會常務委員會第三一五次會議紀錄》,頁 4,館藏號:會 9.3/480。

〔註 59〕 中國國民黨文化傳播委員會黨史館館藏(1967.08.23),〈台(56)中秘字第 168 號谷鳳翔、陳裕清呈〉,《蔣中正總裁批簽檔案》,檔案號:總裁批簽 56/0089。為便閱讀,引號內標點符號為筆者所加。

〔註 60〕 梅長齡,《中視十年》,頁 8。張慈涵,〈中國電視公司籌備的過程〉,《廣播與電視季刊》第 10 期(1969.03.26),頁 122。又,據《中視十年》,頁 137,中視後因國民黨投資股份增多,自 1973 年 7 月起納入黨營文化事業系統。

　　中視於籌辦初期，即決定將全台灣的電視播映網一次建設完成，並以發展彩色電視與衛星轉播為目標。〔註 61〕惟實際上，以當時的工程技術而言，若建立全台播映網則需兩個頻道始足敷使用。由於另一頻道取得困難，在黨國不分的年代，商營的中視甚至有和教育電視台合併之計畫，惟遭教育部及教視連袂反對。〔註 62〕

　　另外，中視在開播前於資金募集、人才網羅、設備器材的購置上皆不甚順遂。首先，籌集資金的過程參雜了觀望成分，初期僅約二千五百萬元到位，〔註 63〕距一億元目標尚差四分之三，且起步階段完全由中廣帶頭繳股，待全部工程、設備均訂購完成後，投資的股份方逐漸增多，〔註 64〕截至開播前夕的 1969 年 10 月初始收足六千二百五十萬，〔註 65〕迄 1970 年底尚留有「股本尚未繳足，資本結構有欠健全，仍待改善」的檔案記錄。〔註 66〕

　　其次，在人才訓練方面，黎世芬雖欲派員赴日參與亞洲廣播公會及日本海外協力局〔註 67〕所應允的百人訓練計畫。然根據時任中廣駐日代表翁炳榮的記述，他確曾受黎氏之命負責敲定該計畫，惟瞭解到亞洲廣播公會屬民間的國際組織，實無法滿足中廣高達百人的訓練需求。於是翁氏決定改弦易轍，擬援用日本政府原有協助各國之計畫內例行訓練廣電人員的方案，並請

〔註 61〕梅長齡，《中視十年》，頁 14。

〔註 62〕本報記者維剛，〈今日專欄：主教、立委、電視台〉，《經濟日報》，1967.10.27，5 版。

〔註 63〕梅長齡，《中視十年》，頁 14。唯翁炳榮和黎世芬皆直指初期僅徵集到一千二百五十萬，係原定資本額的八分之一。詳見翁炳榮，《我與廣播電視：兩岸三地廣電推手翁炳榮回憶錄》，頁 120。空中雜誌，〈酒、咖啡、冰淇淋和黎世芬〉，《中廣五十年紀念集》，頁 362。本文係採中視官方出版物的說法。

〔註 64〕空中雜誌，〈酒、咖啡、冰淇淋和黎世芬〉，《中廣五十年紀念集》，頁 362。

〔註 65〕中國國民黨文化傳播委員會黨史館館藏（1969.10.04），附件（一）：〈中國電視公司籌辦經過及今後努力方針〉，頁 1，《中國國民黨第十屆中央委員會常務委員第卅九次談話會紀錄》，館藏號：10.3/1599。

〔註 66〕中國國民黨文化傳播委員會黨史館館藏（1971.09.06），附件（二）：〈本黨經營事業五十九年度決算審核報告〉，頁 23，《中國國民黨第十屆中央委員會常務委員會第二一三次會議紀錄》，館藏號：10.3/1615。

〔註 67〕當時日本政府在協助各國之計畫中列有訓練廣電人員的預算，且係由郵電省電波管理局負責執行。透過外交途徑，由每一接受訓練人員計畫的國家選定人員赴日受訓，每一國每年可派兩名（節目與工程各一）至 NHK 接受為期三個月的訓練。而台灣亦是接受該計畫的國家之一，且已有多人完訓，包括中廣人員在內。翁炳榮，《我與廣播電視：兩岸三地廣電推手翁炳榮回憶錄》，頁 106。

NHK（日本放送協會）引薦，得以認識郵政省電波管理局主責該項業務的主管。經翁氏向對方解釋中廣需要訓練大批人才俾開辦電視，對方亦瞭解當時中廣是代表「國家」的廣播公司，因此拍板決定對台灣（即中廣）電視事業予以人才的特別訓練。經交涉後日方同意中廣派遣十二名人員赴日受訓，但已與原先期望的百人頗有差距。〔註68〕

　　而在設備器材購置等問題方面，回顧中視於籌備期間，除向日本、美國和歐洲訂購器材外，亦由中廣規劃於當時台北市仁愛路三段該公司西側興建一座樓高八層的廣播電視大廈。除四層自用、另四層租予中視公司外，所闢建三層高的播映室亦全數由中視承租。〔註69〕惟新廈建設進度緩慢，因此於1969年10月開播前乃商借中廣三間發音室改裝成攝影棚。〔註70〕惟一方面錄影帶數量太少，節目僅能作有限度的錄製備播；〔註71〕二來現有的攝影棚面積太小且數量不足，為了克服此一問題，特擬定一套生產節目的方式以維持製作水準，同時兼顧節省攝影棚的使用時間。〔註72〕同年9月，再騰空中廣一間約七十坪的倉庫改裝為臨時攝影棚應急。且為節約起見，除基本需用設備外，盡量不採購附屬機件，〔註73〕更遑論添購彩色電視規格的戶外轉播車。對此，反倒是NHK將原列在其報廢機件清單的黑白轉播車提供予中視運用。對於前敘種種，翁炳榮以當事人的立場慨歎「中視是一個先天不足的公司」。〔註74〕

〔註68〕翁炳榮，《我與廣播電視：兩岸三地廣電推手翁炳榮回憶錄》，頁105～106。

〔註69〕中國國民黨文化傳播委員會黨史館館藏（1968.12.23），〈台（57）中秘字第248號張寶樹、徐柏園呈〉，《蔣中正總裁批簽檔案》，檔案號：總裁批簽57/0142。

〔註70〕中國國民黨文化傳播委員會黨史館館藏（1969.10.04），附件（一）：〈中國電視公司籌辦經過及今後努力方針〉，頁3，《中國國民黨第十屆中央委員會常務委員第卅九次談話會紀錄》，館藏號：10.3/1599。又，據黎世芬的追憶，中廣是將原有的音樂廳和兩個大發音室進行改裝。空中雜誌，〈酒、咖啡、冰淇淋和黎世芬〉，《中廣五十年紀念集》，頁362。另外，即便曾任台視副總經理、首任節目部經理的何貽謀亦認為中視「節目生產線的延伸空間受到限制」。詳見何貽謀，《台灣電視風雲錄》，頁100。

〔註71〕翁炳榮，《我與廣播電視：兩岸三地廣電推手翁炳榮回憶錄》，頁181。

〔註72〕翁炳榮，《我與廣播電視：兩岸三地廣電推手翁炳榮回憶錄》，頁124～125。

〔註73〕翁炳榮，《我與廣播電視：兩岸三地廣電推手翁炳榮回憶錄》，頁120、179～180。

〔註74〕翁炳榮，《我與廣播電視：兩岸三地廣電推手翁炳榮回憶錄》，頁119、122～123。

有趣的是，曾任台視副總經理兼節目部經理的何貽謀〔註75〕卻非如此設想，他反倒認為「中視繼承了一些現成的成果」，而此乃是奠基在台視於電視事業七年多披荊斬棘的歷程。簡言之，主要係三方面：第一，乃電視接收機市場的拓展。〔註76〕就如前文「表2-2」所示：1962年台灣約有四千四百餘架電視機，屆1969年中視開播後已近六十一萬架，成長超過一百卅餘倍。第二，係為廣告營收所建立的業務制度，即前述之「佣金代理制度」。第三，多年來訂定的法令規章，以及與黨、政、警、民意機關等相關單位建立的聯絡管道，中視皆可援例辦理，省卻了奔波之勞。亦無怪何貽謀記敘中視「從我個人的手中接收的好處說不盡」，〔註77〕顯露「前人種樹，後人乘涼」的感懷。

第三節　華視的籌建歷程

華視是繼台視、中視之後所成立的第三家無線電視台。其創建乃因國防部和教育部為強化軍中教育與社會教育，經雙方協商合作擴建教育電視廣播電台，因此，華視的成立主要涉及兩部的業務動機與目的。惟設台又是以教視為基礎，故在述及華視的籌設之前，首先擬回顧教育電視廣播電台的設立概況。

早在1956年，時任教育部長的張其昀即開始規劃。1961年黃季陸繼任部長後，當局衡鑑當時兩岸局勢，為使年輕學子於台海一旦展開軍事行動後得以學業不輟，且考量當時財政狀況恐無法應付設校增班的龐大需求，故擬興辦空中學制，開展大眾傳播教育政策，並於是年八月之「陽明山文教會談」確立設置教育電視的結論，後經行政院會核准實施。對此，教育部特擬定三

〔註75〕何貽謀，美國紐約州雪萊克斯（雪城）大學廣播電視學碩士，為台灣留學國外正式取得與廣電相關學位的第一人。曾任職於中央日報、美國紐約市華文美洲日報、台視節目部經理及副總經理等職。在1986年六十二歲時自台視退休後，以其在電視界服務近廿五年的資歷為政治大學、輔仁大學延攬授課，再應聘為中國文化大學新聞系專任副教授。之後於1995年獲邀出任民視預定總經理以協助建台，待公司申設完成後即功成身退，正式揮別電視生涯。何貽謀，《廣播與電視》（台北：三民書局，1983.03），內頁〈作者簡介〉。何貽謀，《台灣電視風雲錄》，封底頁。本報訊，〈何貽謀退休〉，《民生報》，1986.06.17，11版。
〔註76〕何貽謀，《台灣電視風雲錄》，頁99。
〔註77〕何貽謀，《台灣電視風雲錄》，頁100。

期發展計畫，責成國立教育資料館負責籌備。〔註78〕

首先，發展計畫的第一期目標為設立「教育電視實驗廣播電台」。然而在1950、60年代的台灣，一般人在「電視究為何物的時代」，對其理解尚處於襁褓階段，〔註79〕因此教視於實驗電台時期的發射設備僅能因陋就簡。1962年2月14日開播首日起係使用國立交通大學電子研究所自製的一百瓦發射機，由位於台北市南海路的國立教育資料館頂樓播送訊號，涵蓋範圍約達十公里。然在此時期播出的節目總時數達一千五百小時，奠定了日後該台的風格與基礎。〔註80〕第二期則是以1963年12月1日正式成立的「教育電視廣播電台」為始，發射機組續由交大電子所進行改善與強化，除增大功率為一千瓦外，電視訊號發射台亦改設於台北圓山，使有效收視範圍遠達五十公里。其後又分別在1964、1968、1970年購置二千瓦發射機或更新器材及發射天線，雖收視範圍擴及新竹地區，然畫面清晰度依然未臻理想。而第三期發展計畫原擬完成全台教育電視網的設置，惜受限經費而終未實現。〔註81〕

在播出節目方面，教視運作初期的教學內容偏重於國民小學生活倫理與自然科學，1964年起再陸續開設藝文、國語文和數理相關課程。迄1968年1月，當時省立台北商業職業學校開辦「空中高級商業實驗學校」後，開始播出高商課程內容，並於同年9月經行政院核准定名為「台灣省立台北商業職業學校附設高級商業職業廣播補習實驗學校」。此外，為利發展社會教育，教視亦製播有關語言教學、家庭生活、新聞報導、工商技藝、科學新知、政令宣導和社會服務等性質的節目。〔註82〕

教視成立近七年後，政府當局開始有將其改組之議。1968年12月，時任國防部長的蔣經國出面與教育部長閻振興商談，針對合作擴充教育電視台之

〔註78〕中華電視台編，《華視一年》（台北：中華電視台，1972），頁17～18。

〔註79〕王唯，《透視臺灣電視史》，頁17。

〔註80〕劉家駿，〈四年來的國立教育資料館教育電視台〉，《教育文摘》第11卷第4期，頁14。

〔註81〕中華電視台編，《華視一年》，頁18～19。第三期計畫原定自龜山起由北至南設立八個中繼站，直播台北總台的節目；東部則另設分台採錄影設備播送方式。劉家駿，〈四年來的國立教育資料館教育電視台〉，《教育文摘》第11卷第4期，頁14。

〔註82〕中華民國電視學會，《中華民國電視年鑑──民國五十年至六十四年》，頁9。王小涵，〈我國電視教學的現況與未來〉，《廣播與電視季刊》第5期（1967.12.25），頁103。

事取得共識，教育部遂於 1969 年 2 月正式函請建議國防部共同籌劃，並組成專案小組負責研議，〔註 83〕此亦為華視籌辦起源。然而，就在近兩年前的 1967 年 2 月，國民黨中常會第二七〇次會議在討論增設第二家商業電視台（即「中視」）時，蔣介石曾指示：「目前無論就國防安全或社會需要而言皆不宜有其他電視台之成立」，〔註 84〕頗有斷絕後人欲持續申辦電視台之意，且其接班人蔣經國似對電視媒體未具好感，甚至在中視籌備期間曾私下不諱言向黎世芬和首任新聞部經理張繼高表示「電視就是社會的梅毒」；「然後大罵這東西在腐化人心」。〔註 85〕然台灣第三家商營電視台華視卻緊接中視於兩年後開播，其確切原因與動機頗耐人尋味。

　　而有關該台的創設，經綜理相關文獻資料殆可分為「政策面」與「個人政治考量」兩線脈絡。就前者而言，事涉教育部和國防部的業務推動；以後者觀之，則似與蔣經國的權力接班有關。

　　首先，在「政策面」上，位於教育部立場，考量教育電視台擁有的是全國性頻道，惟因經費短缺、設備不足，所發送的訊號無法涵蓋全台，致影響節目的普及性，〔註 86〕況且又不時整修發射設備，導致節目播映停擺，〔註 87〕故需謀求解決之道。再者，當時已實施九年國民義務教育（自 1968 年起），國中畢業生未升學而就業者為數甚夥，且學校供給量不足，開始衍生國中升高中的升學競爭問題。且在提高國民教育水準的考量下，為使未升學者在不脫生產的情況下得以持續進修，達成「處處是教室，人人有書讀」的目標，俾適應未來國家發展需要，故擬擴建教育電視台辦理空中學校以彌補青年學子失學的可能。

　　另就軍方立場，除擬藉電視教學推展軍中隨營補習教育，輔導退除役官兵養成就業能力外，為確保軍隊士氣，有益精神武裝、戰備動員、心戰心防

〔註 83〕中華電視台編，《華視一年》，頁 19。華視出版社編，《華視十年》（台北：中華電視台，1981.10），頁 8。

〔註 84〕中國國民黨文化傳播委員會黨史館館藏（1967.08.23），〈台（56）中秘字第 168 號谷鳳翔、陳裕清呈〉，《蔣中正總裁批簽檔案》，檔案號：總裁批簽 56/0089。

〔註 85〕郭冠英，張廷抒主編，〈一個不屑贏的人〉，《追求完美：張繼高》，頁 104。此係郭冠英轉述自張繼高的說法。

〔註 86〕劉先雲口述，遲景德、陳進金訪問，陳進金記錄整理，《劉先雲先生訪談錄》，頁 467。

〔註 87〕本報訊，〈教育電視　停播一週〉，《聯合報》，1970.07.13，8 版。

及文康活動，認為擁有電視頻道乃是貫徹官兵思想教育的利器。〔註88〕尤其時任國防部總政治作戰部副主任兼執行官的王昇〔註89〕極重視思想教育，且視之為「一切政戰工作的起點，也是一切政戰工作的總和」。〔註90〕因此為貫徹思想教育並擴大其效果，軍方進一步將 1970 年定為「思想教育年」，統一每週四為「莒光日」，自國防部以下所有軍事機關、部隊、學校、工廠、醫院等皆由各級主官領導，以精神講話、課堂講授、分組討論、輔教活動等方式實施思想教育。惟因各軍種部隊駐地分散，單位大小、人員多寡各有不同，故籌建電視台始能徹底解決莒光日的師資問題。〔註91〕然而向交通部申請頻道有困難，因此改弦易轍轉向與教育部合作，俾擴充教育電視台。〔註92〕是故，在《國防部　教育部合作擴建教育電視台計劃》的結論有言：「擴建『教育電視台』並非新增電視台，而係將第一家設立之電視台予以加強擴建改組經營，使之成為宣揚國策，推行社教，強化軍中思想教育之電視台」，〔註93〕此說彷彿予蔣介石下台階以杜悠悠之口。又，另據出身軍旅之華視首任副總經理蕭政之〔註94〕的憶述：中視成立時，教育部和國防部皆曾協調該台挪勻

〔註88〕 中國國民黨文化傳播委員會黨史館館藏（1970.02.16）。附件（一）：〈國防部　教育部合作擴建教育電視台計劃〉，頁 1～2，《中國國民黨第十屆中央委員會常務委員會第七十六次會議紀錄》，館藏號：會 10.3/1603。

〔註89〕 王昇（1915～2006），一生追隨蔣經國。國民黨政府遷台後，為蔣政權於軍中推行政戰制度的重要推手，有「政戰教父」之稱。1951 年創辦政工幹部學校，1955 年擔任該校校長。1960 年調任國防部總政治部（1964 年改稱總政治作戰部）副主任兼執行官，1975 年升任主任。1983 年轉任駐巴拉圭大使。2000 年政黨輪替，王氏獲聘為總統府國策顧問。陳祖耀，《王昇的一生》，「前言」頁、頁 158～159、184～225。

〔註90〕 引著作者強調王昇重視思想教育的緣由，係因中國共產黨在建政後，曾編印了三本書──《怎樣搞亂了國民黨的思想》、《怎樣拖垮了國民黨的經濟》、《怎樣破壞了國民黨的軍隊》，內容明指「這是三個戰場」。而且「……它的主戰場不是軍隊，也不是經濟，而是思想。」因此「中共在把思想『搞亂』之後，它才進一步『拖垮』經濟、『破壞』軍隊。……這是非常值得警惕的一個血的教訓。」詳見陳祖耀，《王昇的一生》，頁 185～186。

〔註91〕 陳祖耀，《王昇的一生》，頁 189。

〔註92〕 劉先雲口述，遲景德、陳進金訪問，陳進金記錄整理，《劉先雲先生訪談錄》，頁 467。

〔註93〕 中國國民黨文化傳播委員會黨史館館藏（1970.02.16），附件（一）：〈國防部　教育部合作擴建教育電視台計劃〉，頁 4，《中國國民黨第十屆中央委員會常務委員會第七十六次會議紀錄》，館藏號：會 10.3/1603。劃線處為筆者註記。

〔註94〕 蕭氏畢生服務軍旅，曾參與華視籌建過程，並出任華視首任副總經理。退役後歷任理想工業、國華廣告公司董事長、太平洋日報社長；1989 年在美國洛

部分時段播映空中教學及軍中政治教育節目，然為中視拒絕，所以亦成為教育、國防二部以教視為合作標的的原因。〔註95〕

其次，在「個人政治考量」脈絡方面，則似與蔣經國的接班有關。眾所周知，蔣介石向來信任其子蔣經國，又在美國政府的默許下，刻意培養蔣經國為其「繼承人」。〔註96〕1960 年，蔣經國於國家安全會議副秘書長任內晉階為陸軍二級上將，乃蔣介石為其子未來擔任國防部副部長鋪路。而當 1965 年蔣經國升任國防部長後，已徹底掌握軍權。〔註97〕1969 年，復被任命為行政院副院長。〔註98〕是故，亦亟需媒體助其建立形象，〔註99〕俾營造未來「承繼大位」的聲望。此或能解釋華視得以藉擴建教育電視台而成立，並接續中視迅速於兩年後開播的另一因由。

緣前述脈絡下，1970 年 2 月國民黨中常會通過擴建計畫准予備案，同年5 月 14 日行政院第一一七次院會基於學校教育、軍事教育、社會教育的發展予以核定通過。〔註100〕又承蔣經國希冀於一年內完成之命，迅於 1970 年 8月正式成立籌備委員會作為決策機構，並由王昇出任主任委員；教育部常務次長劉先雲〔註101〕為副主任委員兼籌備處主任；代表國防部的蕭政之為籌備處副主任，且在一年餘的時間籌建完成。迄 1971 年 10 月 10 日試播成功，10 月 31 日正式開播，進程之迅速，就連劉先雲亦有感「可算是一項『奇蹟』吧」。〔註102〕

杉磯創辦北美衛星電視公司。蕭政之編著，《電視掃黑大審》，封面內頁。
〔註95〕江永亮，蕭政之編著，〈認識蕭政之先生〉，《電視掃黑大審》，頁 312。尼洛（本名李明）於《王昇：險夷原不滯胸中》頁 269 亦有類似表述。
〔註96〕漆高儒，《蔣經國評傳——我是台灣人》（台北：正中書局，1998），頁 65。
〔註97〕江南，《蔣經國傳》（台北：前衛出版社，1997），頁 408～409、426。
〔註98〕本報訊，〈行政院副院長　蔣經國今就職〉，《聯合報》，1969.07.01，1 版。
〔註99〕林麗雲，〈威權主義下台灣電視資本的形成〉，《中華傳播學刊》第 9 期，頁 94。
〔註100〕中國國民黨文化傳播委員會黨史館館藏（1970.02.16），《中國國民黨第十屆中央委員會常務委員會第七十六次會議紀錄》，頁 4，館藏號：會 10.3/1603。本報訊，〈政院院會昨通過　擴建教育電視台〉，《中央日報》，1970.05.15，6 版。華視出版社編，《華視十年》，頁 9。
〔註101〕劉氏曾任台灣省政府委員兼教育廳廳長、教育部社教司司長兼國立教育資料館館長、教育部常務次長。先後創設教育廣播電台及教育電視台。1969 年負責籌辦華視並擔任籌備處主任，並於 1970 年 8 月轉任總經理，1966 年調任考試院考選部政務次長、院秘書長，1984 年退休獲聘為國策顧問。劉先雲口述，遲景德、陳進金訪問，陳進金記錄整理，《劉先雲先生訪談錄》，封裡頁。
〔註102〕劉先雲口述，遲景德、陳進金訪問，陳進金記錄整理，《劉先雲先生訪談錄》，頁 418～419。

　　身為競爭對手的台視何貽謀於回憶錄提到：「華視是以教育部和國防部為兩大支柱而建構成立的，比起老大（台視）的生於陋室，華視真可以說是含著銀湯匙出生的。」〔註103〕此話雖未脫自嘲兼挖苦之意，惟華視籌建期間得以吸納過往台灣電視發展的經驗基礎，又在「政壇的明日之星」蔣經國與「政戰教父」王昇的「加持」下，「友台」台視和中視經理人需參加由王昇親自主持的座談會以「交換經驗」；〔註104〕台視另又派出顧問姚善輝加入籌備處協助建台工作；而實際負責執行的籌備處秉承蔣氏指示組織考察團，帶領節目、工程及有關人員遠赴日本、美國、歐洲國家主要電視台觀摩，並採購當時最新的設備；〔註105〕甚至連最困難的頻道取得問題，除沿用原教育電視台的頻道外，最終交通部同意開放增配一條，〔註106〕使華視開播時即可北、中、南部同時聯播亦為不爭的事實。

　　另論及華視建台的資本結構，其決策過程頗為周折。首先，在1968年10月，教育部和國防部會商係以公營方式經營。〔註107〕惟翌年11月，擴建計畫研擬改採財團法人組織型態、企業方式經營，所需經費新台幣一億元執意不由國庫支出，而改自國防部外圍組織──軍人之友社〔註108〕的「軍中文康藝宣活動勞軍款」（非國防部部內預算）作為半數籌資；教育部則以經費困難為由，改以教育電視台現有設備抵償，並規劃向世界銀行申請貸款。〔註109〕直至1970年5月行政院院會核定通過教視擴建為「中華文化電視公司」，然對華視究竟採財團法人或民營方式並無定論。〔註110〕

〔註103〕何貽謀，《台灣電視風雲錄》，頁183。括號文字為筆者加註。

〔註104〕華視出版社編，《華視十年》，頁8。

〔註105〕劉先雲口述，遲景德、陳進金訪問，陳進金記錄整理，《劉先雲先生訪談錄》，頁418、419、424～428。本報訊，〈劉先雲赴國外 考察電視事業〉，《聯合報》，1971.02.05，3版。

〔註106〕華視出版社編，《華視十年》，頁9。

〔註107〕劉先雲口述，遲景德、陳進金訪問，陳進金記錄整理，《劉先雲先生訪談錄》，頁415～416。

〔註108〕「軍人之友社」為人民團體，成立於1951年10月31日，以號召社會各界推行敬軍勞軍運動及國軍官兵有關之社會公益活動，促進軍民合作和情感，協助國防部推展全民國防，並增進軍人及眷屬福利，加強精神戰力為宗旨。中華民國軍人之友社，〈關於我們──使命願景〉（來源：中華民國軍人之友社官網，http://www.fafaroc.org.tw/about.asp?menuid=23，瀏覽日期：2018.08.07）。

〔註109〕中華電視台編，《華視一年》，頁20。劉先雲口述，遲景德、陳進金訪問，陳進金記錄整理，《劉先雲先生訪談錄》，頁416、468。

〔註110〕緣1966年政府推行中華文化復興運動，故華視的定名具有擴大推廣的含

　　而向世銀申貸部分，據當時報載：世銀已允准貸款約六千萬新台幣，分廿年還清，六年後開始付息。〔註111〕然據劉先雲的說法：「後因世界銀行限制頗多」而作罷，祇得另改弦易轍。1970年9月，王昇和劉先雲議定放棄向世銀貸款，不足的款項由國防部負責籌措。〔註112〕惟屆1971年5月，蔣經國「主張採取民營方式，至於民股的籌募可採遊說方式，且以本省人居多數為宜」。〔註113〕至此，招募民股以自籌五千萬元不足款項的燙手山芋，反落入來自教育系統的劉先雲手中。之後，在說服林挺生、王永慶、陳茂榜、鮑朝橒、吳輝生等資本家各出資一千萬後始告解決。〔註114〕1971年10月10日試播前華視改組為公司組織，並正式定名為「中華文化事業公司電視台」。〔註115〕

　　其實，在華視正式開播前三個多月，「教育部對華視改為民營仍堅持反對立場」。〔註116〕就連國民黨中常會在華視試播前約一個月還作出「關於華視台究為公營抑為公民合營及應否徵收收視費問題？送請行政院從政主管同志從速研定」的決議，〔註117〕足見會中「從政同志們」的意見尚未取得共識。然若逕自揣度教育部的意向，可察知畢竟教育電視台本為公營，且蔣經國曾向劉先雲作出「應該以教育部為重點，而不是由國防部主導」，以及「應以教育為主」的指示。〔註118〕鑑此，教育部持反對立場似有跡可循。且依據 1969

義。中華民國電視學會，《中華民國電視年鑑──民國五十年至六十四年》，頁12、229。

〔註111〕本報訊，〈政院通過擴建教育電視台〉，《經濟日報》，1970.05.15，1版。

〔註112〕劉先雲口述，遲景德、陳進金訪問，陳進金記錄整理，《劉先雲先生訪談錄》，頁424。

〔註113〕劉先雲口述，遲景德、陳進金訪問，陳進金記錄整理，《劉先雲先生訪談錄》，頁430。

〔註114〕劉先雲口述，遲景德、陳進金訪問，陳進金記錄整理，《劉先雲先生訪談錄》，頁424。投資金額係源自蕭政之的憶述。蕭政之編著，《電視掃黑大審》，頁313。

〔註115〕本報訊，〈華視正名〉，《聯合報》，1971.10.13，7版。又，1972年1月31日，中華電視台改組為華視文化事業股份有限公司。1988年10月27日經股東臨時會通過修改公司章程，改稱「中華電視股份有限公司」。中華電視台編，〈華視的企業管理〉，《華視二年》（台北：中華電視台，1973.10），無頁碼。蔣孝武，《廣播與電視年鑑》（台北：廣播與電視雜誌社，1990.05），頁83。

〔註116〕劉先雲口述，遲景德、陳進金訪問，陳進金記錄整理，《劉先雲先生訪談錄》，頁430。

〔註117〕中國國民黨文化傳播委員會黨史館館藏（1971.09.08），《中國國民黨第十屆中央委員會常務委員會第二一四次會議紀錄》，頁2，館藏號：會10.3/1615。

〔註118〕劉先雲口述，遲景德、陳進金訪問，陳進金記錄整理，《劉先雲先生訪談

年 11 月華視建台計畫綱要第三點:「節目內容本寓教於樂之主旨,由國教兩部合作提供」。〔註 119〕是故,若華視改為民營型態,恐與教育部原始擴建教視的美意背道而馳。況且,台視副總經理何貽謀在電視學會舉辦的一場電視節目研究審議委員會議上,曾當面向國民黨中央黨部主管宣傳的第四組主任陳裕清和主管廣電業務的教育部文化局局長王洪鈞言道:教育與娛樂本是相互矛盾,商業電視台的目標是透過娛樂達到教育的目的,因此政府應大力支持教育電視台的建議。〔註 120〕

再者,當時台視與中視從事商業競爭現象的「前車之鑑」,業已引發若干輿論批評與討論。〔註 121〕未久,王洪鈞於國民黨中常會慨言道:「我國電視娛樂節目,年來不斷受到公共之批評……。尤其兩家電視公司為廣告收入而展開激烈競爭後,更使娛樂節目發生偏差」。〔註 122〕其後,陳裕清為慶賀廣播節的發文亦有「商業電視以營利為著眼點,而公營電視則以公利為依歸」;「商業與公營電視制度所表現的節目內容,並不相同。前者注重娛樂化而後者則注重教育化」之表述,〔註 123〕然政府高層最終依舊置若罔聞。即便劉先雲曾於華視開播近十個月後表示:該台由公營至財團法人再改為民營,主因擔負教學任務開支浩繁,以及外界認為財團法人可享優待不盡公平,故而一改再

錄》,頁 430、450。
〔註 119〕華視出版社編,《華視十年》,頁 9。
〔註 120〕本報訊,〈電視學會商討 有關節目問題〉,《聯合報》,1970.06.07,5 版。
〔註 121〕譬如在 1970 年 6 月 4、11、20 日立法院教育委員會中,立委趙文藝批評「自從有了兩家電視台之後,逐漸演變成為惡性競爭」;立委穆超、溫士源、王大任、王純碧、楊寶琳認為台視、中視應設法提高節目水準,主管當局亦應督促之。教育部次長孫宕越則在答覆質詢時表示:「這幾個問題事實上與電視之為公營或民營有密切關係。如果電視為公營,……問題或可解決,至少可解決一部分」。學者李瞻則為文提到:「我國在建立電視時,未經正式立法,也未經公開討論,即貿然採用美國商業電視制度,所以現在之電視節目與商業廣告,都發生了很多問題」。本報訊,〈立委檢討電視內容〉,《聯合報》,1970.06.05,2 版。本報訊,〈電視如何提高節目水準 立委昨續提出改進意見〉,《聯合報》,1970.06.12,2 版。本報訊,〈電視節目內容 教部決予改進〉,《聯合報》,1970.06.21,2 版。李瞻,〈我國電視制度之商榷〉,《廣播與電視季刊》第 16 期(1970.10.31),頁 12。
〔註 122〕中國國民黨文化傳播委員會黨史館館藏(1970.07.27),附件(一):〈大眾傳播與大眾娛樂的輔導方針〉,頁 4,《中國國民黨第十屆中央委員會常務委員會第一一五次會議紀錄》,館藏號:會 10.3/1606。
〔註 123〕係出自 1971 年廣播節祝賀文。陳裕清,〈電視事業發展之平衡性〉,《廣播與電視季刊》第 17、18 期(1971.03.26),頁 10。

改。〔註124〕雖此說解釋了華視轉為商營的原因，惟反而凸顯政府身負教育使命，卻不願動用國家資本逕予支持的悖論。其確切因素或有可能如學者林麗雲的研究：華視之創建，除便利蔣經國塑造個人形象外，先前台視成立即屬「官商合資」的經營形態，使華視亦不脫此一模式。〔註125〕何況如前述蔣經國交代劉先雲「民股的籌募可採遊說方式，且以本省人居多數為宜」，此法不但能省卻公帑（按：例如打消向世銀貸款），藉由「侍從關係」攏絡本地資本家，又可循著「吹台青」政策培植劉闊才代表民股出任首任董事長。〔註126〕此番酬庸籠絡以換取對其統治地位的支持，相當程度複製了國民黨政府早先欲透過電視收攏民間的目的（台視亦然），此舉不僅成為國民黨政府管理無線電視的重要法則，亦為爾後無線電視台內容無法滿足觀眾埋下遠因。〔註127〕且就國防部而言，既可推展軍中政治教學工作，箝制官兵思想，亦可將其觸角堂而皇之深入電視媒體，以擴張其傳媒版圖及影響力。〔註128〕總之，即使如前述論及教育電視台曾排拒與國民黨主控的中視「合併」，惟旋踵間在多種「政治需求」下，還是難逃以「擴建」為名，在 1971 年 6 月 30 日正式結束播映，並移交改組為華視，〔註129〕繼而步向民營化商業競爭的命運。而前述

〔註124〕本報訊，〈三電視台立院訴苦　對廣播法提三建議〉，《聯合報》，1972.08.17，8 版。
〔註125〕林麗雲，〈威權主義下台灣電視資本的形成〉《中華傳播學刊》第 9 期，頁 94、95。
〔註126〕蔡錦堂編著，《立法院院長劉闊才傳記》（台中：立法院議政博物館，2015.12），頁 74～75。
〔註127〕陳美靜，〈國家作為與不作為──1949～2010 台灣公眾視聽政策的發展樣貌與分析〉，頁 37。
〔註128〕林麗雲，〈威權主義下台灣電視資本的形成〉《中華傳播學刊》第 9 期，頁 94。又，筆者需補充的是：長期追隨王昇的學生兼部屬李明（即作家「尼洛」；華視首任節目部經理），曾於王氏生前為其撰寫傳記。除口述訪談記錄外，另獲授權閱讀私人日記作為引用素材。書中提及「人們對教育部發展空中教學都能夠認同，而國防部也要『插手』於電視？僅僅在國防部之內，在觀念上就不容易溝通」；「由於王昇在這媒體上的竭盡心智，因而人們就將華視看成是王昇個人的『政治資本』，卻不知道王昇只是將它作於思想戰中與海峽彼岸周旋的一個部份而已」。筆者認為：可見王氏當時對外界「華視＝國防部＝王昇」的質疑早已了然於胸，故極可能為王氏其後推辭進入華視董事會任職的原因。尼洛，《王昇：險夷原不滯胸中》，頁 269。劉先雲口述，遲景德、陳進金訪問，陳進金記錄整理，《劉先雲先生訪談錄》，頁 461～462。
〔註129〕〈中華民國電視發展大事紀要（自四十二年至六十年）〉，《廣播與電視季刊》第 23 期（1973.03.26），頁 124。

1969 年 11 月華視早先的建台計畫綱要第三點：「節目內容本寓教於樂之主旨，由國教兩部合作提供」的構想，儼然成為空中樓閣。

第三章 「戰時育樂」框限下的金鐘獎獲獎節目樣態

　　台灣自電視事業興起後，對其他傳播媒體和民間通俗娛樂造成了不同程度的影響，加上台視、中視競爭的濫觴，亦有賴提高娛樂節目比例以獲取營收。對此，國民黨當局先於 1970 年 7 月的中常會確認爾後對大眾傳播與娛樂事業之輔導，應力求「育」與「樂」兩方面正常均衡發展的方向。〔註1〕1971年 9 月，又在聽取中央第四組提出當時電視節目的檢討與改進報告後，針對電視媒體於「節目編製導播」方面決議應達成「發揮戰時育樂功能」的具體使命。〔註2〕換言之，威權時期電視台的節目製播樣態，實難完全脫離黨國機器的掌控。是故，本章擬劃分為兩節，首節擬先析論電視媒體「戰時育樂」功能所因襲的時代背景與內涵；次節再以行政院新聞局、教育部文化局主辦的「金鐘獎」評選標準及獲獎節目樣態為焦點，企盼衡本研究時期官方版本所謂的電視節目「標準範式」，俾利對照後續章節有關三台攻防和競爭策略的演變脈絡。

第一節　戰時育樂功能的論述基礎

　　「發揮戰時育樂功能」係國民黨中央針對雙雄相爭後，冀望電視媒體於「節目編製導播」方面應達成的任務要義。茲將相關原文羅列如后：

〔註 1〕中國國民黨文化傳播委員會黨史館館藏（1970.07.27），《中國國民黨第十屆中央委員會常務委員會第一一五次會議紀錄》，頁 1，館藏號：會 10.3/1606。同註附件（一），頁 4～8。

〔註 2〕中國國民黨文化傳播委員會黨史館館藏（1971.09.08），《中國國民黨第十屆中央委員會常務委員會第二一四次會議紀錄》，頁 2，館藏號：會 10.3/1615。

電視為現代進步之大眾傳播工具，今已成為青少年與兒童最普遍之教育與娛樂，影響力至為迅速，廣大而深遠，其<u>節目之編製導播</u>，務必恪遵總裁迭次對廣播、電視之指示：「不要迎合一般群眾之低級趣味，傳佈頹廢墮落的音樂和歌曲，損害國民的心理健康。」俾符合國家政策與青年教育之要求，並發揚莊敬自強，蔚為中興復國之氣象。其廣告內容之淨化與歌曲、戲劇水準之提高，尤其仇匪恨匪教育之加強，應特別注意，務使其具有建設性與戰鬥性，以充分<u>發揮戰時育樂功能</u>。〔註 3〕

試究其義，殆有其歷史脈絡與論述基礎。

首先，廣播、電視皆屬廿世紀電化的新興事業。以廣播論之，1950 年代的台灣廣播媒體環境，係承繼三套戰爭時期的法規制度，分別是日本殖民統治後期的總力戰體制、中國的對日抗戰體制，以及針對中共而進行的動員戡亂體制。〔註 4〕惟就電視而言，台灣於 1960 年代始開展電視事業，故台灣電視媒體環境承續了針對中共而施行的動員戡亂體制，亦即蔣介石父子為能操控政權，係以中華民國政府合法代表中國為由制定《動員戡亂時期臨時條款》凍結憲法俾延續「戰時體制」〔註 5〕狀態。然而，戰後台灣威權統治體制形成或轉型的關鍵因子乃「強人意志」。〔註 6〕在此「強人威權體制」下，蔣氏父

〔註 3〕 中國國民黨文化傳播委員會黨史館館藏（1971.09.08），《中國國民黨第十屆中央委員會常務委員會第二一四次會議紀錄》，頁 2，館藏號：會 10.3/1615。劃線處為筆者強調。

〔註 4〕 林果顯，〈日常生活中的反共知識建構——以《廣播雜誌》為中心（1952～1956）〉，《國史館學術集刊》第 14 期（2007.03），頁 186。

〔註 5〕 此「戰時」作為的具體實踐，譬如：1960 年前後，中共治下的中國經濟陷入困頓，蔣介石認為是反攻大陸的大好時機，因此 1961 年曾指示蔣經國策畫突襲大陸的方案。又，在 1965 年越戰期間，蔣介石亦曾促請美國護送國民黨部隊登陸華南俾切斷北京對北越的補給線，並擬同時反攻大陸。詎料，當時皆未獲美國支持。詳見茅家琦，《蔣經國的一生與他的思想轉變》（台北：台灣商務印書館，2003），頁 293～299。

〔註 6〕 依照學者薛化元、楊秀菁的見解：至少在 1970 年代前，強人一直都是主導台灣政治發展的關鍵所在。如同掌控情治大權的國防會議、國家安全會議、深入校園推行黨化教育的救國團系統，甚至是九年國民義務教育，皆是在強人的意志下推動。而影響強人意志或鬆或緊俾操控台灣政治的主要因素有下列兩項：首先，中華民國政府是中國合法代表，並以此為理由延續「戰時體制」並限制中央層級的選舉，以維持國民黨當局不至於受到挑戰的統治體制。其次，當中華人民共和國代表中國的主張逐漸居於上風，甚至中華民國在國際場合被中華人民共和國「繼承」，為了強固統治基礎，強化內部正當性便成為

子的意志透過「黨國體制」，即黨政關係的運作，透過民意代表立法和從政黨員，將黨通過的決策，落實於國家體制之中，甚至凌駕正規或以非常體制運作。〔註7〕使國民黨政府在反攻大陸的需求下，將戡亂時期所頒布的相關法規、行政命令、規範等，得以繼廣播後運用更具強勢性的電視媒體〔註8〕進行宣傳與教化。且為維繫統治正當性，當局更加需要持續宣傳反共抗俄信念，以鞏固人民擁護政府的向心力。是故，國民黨政府對電視媒體除了商業營利的考量外，亦如廣播般賦予若干「任務」，〔註9〕包括「加強具有<u>教育性及戰鬥意義</u>節目之播映，以發揮電視傳播之教育宣傳功能」外，〔註10〕在「遏制匪播」方面，亦冀望「因電視機普遍分布，收聽共匪廣播之機會減少，間接達到遮蓋共匪廣播之功能」，〔註11〕並以「加強輔導廣播電視節目內容之改進，……以高水準之節目吸引民眾之收視（聽）」；「儘速建立東部電視轉播站，使東部民眾可收看清晰之電視節目，俾結成全面電視轉播網，以之抵制匪播」。〔註12〕換言之，即使廣播和電視媒體使用的電波頻率不同，然當兩岸

首要工作。自五〇年代起，在蔣氏父子的控制下，藉由國民黨的改造建立黨國體制，同時整頓情治系統以及軍中和學校教化工作的推動；反對勢力的剷除；萬年國會的形成；總統三連任；整肅雷震並壓制組織反對黨等舉措，確立強人無可挑戰的權威。詳見薛化元、楊秀菁著，〈強人威權體制的建構與轉變（1949～1992）〉，《人權理論與歷史論文集》（新北：國史館，2003），頁274～295。

〔註7〕 薛化元、楊秀菁著，〈強人威權體制的建構與轉變（1949～1992）〉，《人權理論與歷史論文集》，頁282。

〔註8〕 有學者直指：二十世紀大眾媒介中最「紅」、普及率最高的當屬電視。彭芸，《「後」電視時代：串流、競和、政策》（新北市：風雲論壇，2015.08），頁40。

〔註9〕 國民黨政府賦予廣播的任務包括對匪宣傳、心理作戰、防止匪波蓋台，對內宣導政令，以及提供教育與娛樂。林果顯，〈日常生活中的反共知識建構——以《廣播雜誌》為中心（1952～1956）〉，《國史館學術集刊》第14期，頁184～185。

〔註10〕 中國國民黨文化傳播委員會黨史館館藏（1970.11.16），《中國國民黨第十屆中央委員會常務委員會第一四〇次會議紀錄》，頁9，館藏號：會10.3/1608。劃線處為筆者加註。

〔註11〕 中國國民黨文化傳播委員會黨史館館藏（1972.05.01），附件（二）:〈電視事業現況與今後發展方向〉，頁2，《中國國民黨第十屆中央委員會常務委員會第二六六次會議紀錄》，館藏號：會10.3/1621。

〔註12〕 中國國民黨文化傳播委員會黨史館館藏（1973.09.12），《中國國民黨第十屆中央委員會常務委員會第三四四次會議紀錄》，頁5，館藏號：會10.3/1629。經查文化工作會報告的案由為「共匪對外加緊和平攻勢以來，我在電波作戰上因應加強措施情形」。

敵對情勢尚未和緩的情況下，國民黨政府亦擬運用電視此一新興媒體之覆蓋率和節目內容文本對觀眾的吸引力，作為防範中共以廣播播送統戰台灣民眾的屏障。

再者，自 1950 年代起，國民黨政府極重視對文藝領域的掌控。1952 年元旦，蔣介石書告全國軍民以「反共抗俄總動員運動綱領」進行經濟、社會、文化、政治的改造運動，不僅強烈引導當代文藝走向，在「反共第一、建國第一」之大纛下，1952 年 10 月發表「反共抗俄基本論」；1953 年續發表經詮釋、增訂孫中山三民主義的〈民生主義育樂兩篇補述〉，其造成的影響更甚。1956 年元月正式揭櫫「戰鬥文藝」運動，奠定國民黨政權文藝政策的基調。〔註13〕而就〈育樂兩篇補述〉部分，國民黨中央亦曾於 1970 年 7 月的中常會中作出「<u>政府對大眾傳播與大眾娛樂事業之輔導，應恪遵總裁『民生主義育樂兩篇補述』之指示，力求其在育與樂兩方面正常均衡發展</u>」的決定。〔註14〕且該補述相關內容，似對「戰時育樂」的內涵奠定論述基礎。緣有學者指出蔣介石在〈育樂兩篇補述〉中曾一再提到娛樂問題、廣播問題、以及國家與廣播（電視）事業的關係，〔註15〕況且國民黨中央對所謂「三民主義在文化建設的政策」上，肯認蔣氏於教育及文藝、武藝、音樂（歌曲）、美術（書畫雕刻）、電影、廣播、戲劇等各項活動方針「都有明確指示」。〔註16〕若依其原文〔註17〕要點進行考察，首先於各種文化宣傳工具的配合上：

> 所以我們要建設新的社會，一定要以學校教育為中心，<u>把現代的文化宣傳工具，配合起來，成為整個教育計畫，達成教導一般國民特別是一般青少年</u>，使其適於民生主義的社會生活，成為革命建國器

〔註13〕黃玉蘭，〈反共文學〉，《臺灣大百科全書》（來源：文化部，http://nrch.culture.tw/twpedia.aspx?id=4588，2018.09.02 瀏覽）。

〔註14〕中國國民黨文化傳播委員會黨史館館藏（1970.07.27），《中國國民黨第十屆中央委員會常務委員會第一一五次會議紀錄》，頁 1，館藏號：會 10.3/1606。劃線處為筆者加註。

〔註15〕李瞻，〈國父與總統蔣公之傳播思想〉，《新聞學研究》第 37 期（1986），頁 25。又，依李瞻之見，考量 1953 年台灣尚無電視，因此蔣介石對孫中山民生主義育樂兩篇補述自當包括電視。因任何國家所稱的廣播（broadcasting）實指無線電廣播（radio）與電視廣播（television）。同本註頁 27。

〔註16〕詳見：中國國民黨中央文化工作會主編，《三民主義建設成果專輯》（台北：正中書局，1984），頁 6～9。

〔註17〕原文詳見：〈民生主義育樂兩篇補述〉，《三民主義》（台北：文化圖書公司，1981.10 再版），頁 30、46、49。劃線處為筆者加註。

材的目的。

其次，蔣氏認為在音樂與歌曲方面：

> 所以我們在這反共抗俄戰爭與革命建國事業中，一定要培養民族的
> 正氣，鼓舞戰鬥的精神，以發揚蹈厲的氣概，篤實光明的氣度，貫
> 注到音樂與歌曲，來糾正頹廢的音樂，和淫靡的歌曲，更不能讓商
> 業化的戲劇電影來降低音樂和歌曲的水準。

而在電影與廣播（電視）部分：

> 所以我們在革命建國過程中，電化教育事業必須先要由國家經營，
> 更要特別重視電影的內容與廣播的節目，充實其內容，提高其品
> 質，以達成保持與增進國民心理康樂的目的。

蓋以上與前述國民黨中央針對電視媒體於「節目編製導播」方面「發揮戰時
育樂功能」之決策涵義殆乎一致。

　　又，本論文立論基礎在於呈顯研究時期「戰時育樂」框架下，台灣商業
電視在政府政策、公司營運方針和廣告收視市場需求三者下的相互競爭狀
態。然在此需指出的是：台灣與世界其他電視先進國家相較，並非先制訂
法案、確立制度後再設立電視台，〔註18〕意即在 1976 年之前，台灣電視事業
缺乏立法規管。爰有學者表明：於當時威權時代的時空環境下，電子媒體僅
是強人用作政治統御的工具，惟此國民黨政府對廣播電視的管理欠缺規劃。
〔註19〕就當台灣電視發展幾近十四年後，電視事業已呈三足鼎立的氣候，在
立法落後於現實的狀態下，「廣播電視法」終在千呼萬喚中於 1975 年 12 月經
立法院三讀通過，翌年 1 月 8 日正式實施；1976 年 12 月 30 日再公布「廣播
電視法施行細則」，使國內廣電事業邁入法治境地。雖當時廣電法部分條文的
訂定多有依從或遷就現實的情形，涵蓋範圍與內容亦不盡完備，但已暫行限
制節目之製播和安排須配合、實踐立法的目標與政策推行，且避免全面引進
外國製作的節目，以確保維持國人的節目自製能力，並將廣告播映納入管理
之列。〔註20〕

　　然回顧過往，交通部於 1959 年 3 月 31 日公布「電視廣播電臺設置暫行

〔註18〕意指有別於英、法、德、義、俄、美、加、日等國。李瞻，《電視制度》，頁
　　　　31～183、253。

〔註19〕彭芸，《各國廣電政策初探》（台北：廣電基金，1994.11），頁 203～204。

〔註20〕詳見洪瓊娟，〈廣播電視法的演變及其發展趨勢〉，《廣播與電視》第 1 卷第 2
　　　　期（1993.01），頁 77～85。

規則」、「電視廣播接收機登記規則」和「黑白電視廣播技術標準規範」；1963
年 7 月 1 日再公布「廣播及電視無線電台設置及管理規則」與「廣播收音機
及電視接收機登記規則」，〔註21〕惟以上皆屬電視電台組織設立或硬體技術、
持有方面的「規範」。接續，1961 年 6 月至 1967 年 11 月期間係由行政院新聞
局主管廣電業務，迄 1962 年 10 月台視開播，遲至 1964 年 1 月 1 日行政院始
公布執行「廣播及電視無線電台節目輔導準則」，然亦僅止於行政法規，「不
得」的規定多於「得」，對台視的節目「全無指引作用」。〔註22〕1967 年 11 月
廣電業務轉由教育部文化局主責，其後，台視首任總經理周天翔以親身經驗
不禁有感而發為文表示：

> 有關電視事業的法令，有的還是暫時性的，有的也還是權宜性的行
> 政命令。教育部文化局雖繼行政院新聞局接管輔導電視事業的業
> 務，但執行有關電視事業法令的政府單位，仍然保持多元化，彼此
> 權責不清，使從業者有無所適從之感。〔註23〕

教育部文化局長王洪鈞亦承認「（廣電）法令及職權方面，有關機關之權責尚
未明確劃分，對廣播節目需要更有效之管理」，且政府對輔導大眾傳播及大眾
娛樂的方針，應「發揮廣播電視均衡性之娛樂功能，透過廣電法及有關法令，
明白訂定節目之性質及比例，並嚴格防止廣告客戶對電台作不當之影響」。
〔註24〕是故，早在 1968 年底文化局即依據〈民生主義育樂兩篇補述〉為立法
精神著手研擬「廣播法草案」；〔註25〕1972 年 5 月行政院通過修正案並送立法
院審議，〔註26〕惜屆 1973 年文化局裁撤前始終未獲立法院三讀通過，廣電輔
導業務復歸行政院新聞局掌理，並根據先前「廣播法草案」一再修訂，至終
於 1975 年 12 月 26 日完成立法程序，次年 1 月 8 日公布施行。〔註27〕

〔註21〕中華民國電視學會，《中華民國電視年鑑——民國五十年至六十四年》，頁7。
〈中華民國電視發展大事紀要（自四十二年至六十年）〉，《廣播與電視季刊》
第 23 期，頁 122。
〔註22〕張繼高，〈臺灣電視有哪些問題？〉，《必須贏的人》，頁 388～389。
〔註23〕周天翔，〈臺灣電視公司的回顧與前瞻〉，《廣播與電視季刊》第 8 期（1968.10.10），
頁 20。
〔註24〕中國國民黨文化傳播委員會黨史館館藏（1970.07.27），附件（一）：〈大眾傳
播與大眾娛樂的輔導方針〉，頁 8，《中國國民黨第十屆中央委員會常務委員會
第一一五次會議紀錄》，館藏號：會 10.3/1606。
〔註25〕王洪鈞，〈廣播的法律與廣播的自律〉，《廣播與電視季刊》第 11 期，頁 7。
〔註26〕李瞻，《電視制度》，頁 406。
〔註27〕何貽謀，《廣播與電視》，頁 28。

　　況且，台灣於威權體制時代，警備總司令部依據戒嚴法常設「廣播安全會報」，負責電子媒體節目內容的監聽、方言節目審查及對廣播電視電台的考核。〔註28〕迄後 1969、1971 年中視、華視相繼開播，節目製播在政府長期缺乏立法規管的消極性態度下，反而是愈來愈受到「積極」的管制（詳見後章）。此外，由於官辦之獎勵活動本具有政策鼓勵及制約特定節目內容的性質，職是，在廣電法未頒布施行前，本研究時期電視節目樣態的標準範式，或可自官方舉辦之「優良廣播電視節目金鐘獎」的獎勵標準變革中一窺堂奧。

第二節　1975 年之前電視金鐘獎獲獎節目的編播定位

　　1960 年代起，由於廣播電視建構之電化傳播事業乃當時現代工業社會的象徵之一，除發訊與接收的器具端賴科學技術外，因其本身的傳播特性，得以直接提供閱聽眾多種類型的娛樂與教育內容，故輿論亦有塑造社會群體意識至深且鉅的認知。尤其考量社會部分群體缺乏閱讀習慣，其依賴電化傳播事業汲取知識與娛樂的機會相對較多，為克服其與現代社會意識的「位差」，電化傳播事業對促進社會與經濟發展的效能受到政府重視。〔註 29〕鑑此，1965 年政府為提高廣播節目水準，特設立廣播節目金鐘獎，由當時主管輔導業務的行政院新聞局辦理。1967 年 8 月教育部文化局成立後，自 1968 年起轉由該局承辦。1969 年 10 月中視開播，開啟台灣商營電視的競爭態勢，迄1971 年金鐘獎增加電視類節目的評比，1974 年再分設廣播與電視廣告的獎勵項目。〔註30〕1973 年文化局遭裁撤，復由行政院新聞局主辦。〔註31〕惟恐因獎勵制度初建又欠缺法令依據，數年間主管機關更迭及其性質互異，對廣電節目獎勵重點及標準亦未盡相同，直至 1968 年 10 月，新聞局始依據「廣播電視法」第卅六條及卅七條的規定，正式核定「廣播電視節目獎勵辦法」公布施行。〔註 32〕

〔註28〕警總對方言節目的審查至 1973 年復由行政院新聞局負責。何貽謀，《廣播與電視》，頁 27～28。

〔註29〕本報訊，〈社論　優良節目與社經發展〉，《聯合報》，1965.07.12，2 版。

〔註30〕廣播電視年鑑編纂委員會，《中華民國廣播電視年鑑 79～84》（台北：中華民國廣播電視事業協會，1996.05），頁 262。

〔註31〕王聖文等撰稿，張崇仁總編輯，《五十・響：廣播電視　金鐘五十》（台北：文化部影視及流行音樂產業局，2015.08），頁 4～5。

〔註32〕吳疏潭編著，《中華民國廣播事業的回顧與前瞻》（台北：空中雜誌社，1981.03），頁 148～151。

　　1965 至 1970 年間的前六屆金鐘獎係專美獎勵「優良廣播節目」。回觀
1965 年興辦之初，行政院新聞局的目標主要在促進提升全國各電台節目之設
計、製作及播出技巧和效果，並鼓勵各電台製作優良節目。〔註 33〕唯獎勵辦
法對節目宗旨的意識形態似未見著墨，首屆節目評審委員會主席曾虛白亦宣
稱獎勵目的是為提高節目水準，促進各電台廣播技巧與效果。〔註 34〕翌年，
則著重在廣播事業的功能，特別是於總體戰中的重要性，俾爭取更大的戰
果。〔註 35〕另外，金鐘獎雖未對參賽廣播電台的報名資格設限，然受到政府
推行國語政策的影響，參選者僅以「國語」節目為限，「方言」節目並未列入
評選之林。因此當時金鐘獎係定位為「優良國語廣播節目競賽」，〔註 36〕語言
條件反而列為排除報名資格的先決門檻。

　　1966 年，中共於海峽對岸掀起歷經十年的文化大革命運動。同年底，「中
華文化復興運動」〔註 37〕風潮在台蔓延。1967 年，廣播金鐘獎增設「對大陸
廣播節目獎」，獲頒「最佳獎」者為中央廣播電台製播的節目——《反抗運動
——打著紅旗反紅旗》，〔註 38〕其政治號召的意味頗為濃厚。隨後政府為配
合中華文化復興運動的推展，於教育部建制下成立文化局，〔註 39〕廣電業務
遂自行政院新聞局移交至文化局，金鐘獎亦順應自 1968 年起轉由該局承辦。
由於主辦單位易手，亦重新研究改進金鐘獎獎勵優良廣播節目方面的細節與

〔註 33〕　本報訊，〈新聞局舉辦　廣播金鐘獎〉，《聯合報》，1965.01.17，2 版。

〔註 34〕　本報訊，〈優良國語廣播節目得獎名單　昨日公佈〉，《聯合報》，1965.07.03，
　　　　　2 版。

〔註 35〕　本報訊，〈優良廣播金鐘獎　昨舉行頒獎典禮〉，《聯合報》，1966.03.27，7 版。

〔註 36〕　本報訊，〈新聞局舉辦　廣播金鐘獎〉，《聯合報》，1965.01.17，2 版。本報訊，
　　　　　〈優良國語廣播節目得獎名單　昨日公佈〉，《聯合報》，1965.07.03，2 版。

〔註 37〕　蔣介石於 1966 年 11 月 12 日發表「中山樓中華文化堂落成紀念文」，論述中
　　　　　華文化的基礎為倫理、民主與科學，並期盼以紀念孫中山建築物的落成作為
　　　　　復興中華文化明德新民的契機。其後，國內外各界人士立即響應，除建議政
　　　　　府明訂每年國父誕辰紀念日為中華文化復興節，繼而發起中華文化復興運動。
　　　　　1967 年 7 月 28 日政府正式成立中華文化復興運動委員會，作為全國性推行此
　　　　　一運動的策劃、聯繫、協調與指導機構。鍾振宏，《臺灣光復卅五年》（台中：
　　　　　臺灣省政府新聞處，1980.10），頁 377。

〔註 38〕　〈56 年金鐘獎得獎名單(廣告節目／對大陸廣播節目)〉，《歷屆得獎入圍名單》
　　　　　（來源：文化部影視及流行音樂產業局，https://www.bamid.gov.tw/information_
　　　　　164_63939.html，2018.08.29 瀏覽）。

〔註 39〕　教育部文化局編印，〈教育部文化局組織條例〉，《文化局的第一年》（台北：
　　　　　教育部文化局，1968.11），頁 108～110。文化局下設四處，第一處主管文化
　　　　　復興；第二處主責文藝；第三處綜理廣播電視；第四處管理電影。

技術問題。且為符合中華文化復興運動推行的時代需求，金鐘獎的獎勵內容著重「以復興中華文化為準」。然而，未變的是：國語發音的節目始具獎勵資格。〔註40〕

　　1969年，國民黨召開第十屆全國代表大會，通過政綱提出「全面展開政治、經濟、思想、文化、群眾、軍事各種作戰」。〔註41〕同年，文化局為配合國內外局勢，〔註42〕再強化發揮廣播文化作戰的功能，除將獎勵項目中的綜合節目分為綜合娛樂與綜合文藝節目兩類外，亦特別重視大陸廣播節目部分的獎勵，針對項目再細分為新聞報導、新聞評論、綜合文藝及特定節目四類。〔註43〕

　　1970年，獎勵辦法持續修正，殆因國民黨政府於1968年起陸續推動「國民生活須知」、「社區發展八年計畫」及「九年國民義務教育」等政策；1969年實施「家庭計畫」；1970年初又通過推行「社會福利措施四年計畫」，〔註44〕緣此，是年的獎勵辦法將重點置於電台節目從事宣導國民公德與倫理觀念，以及加強推行政府施政方針之中有關社會建設的宣傳工作。且特殊的是：又在節目競賽中增加「甄選」項目，即由文化局就電台過去一年加強社會建設、推行政令宣導的績效「主動」予以徵評，以考核其平時節目播出情形。〔註45〕方式係自各電台上年度1至12月呈報的資料中，審查各類節目表和監聽紀錄

〔註40〕本報訊，〈廣播金鐘獎　今年續舉辦〉，《聯合報》，1968.01.28，5版。本報訊，〈廣播節目金鐘獎　昨起受理報名〉，《經濟日報》，1968.02.06，6版。本報訊，〈廣播金鐘獎昨頒獎〉，《聯合報》，1968.03.27，5版。教育部文化局編印，〈中華民國五十七年度優良廣播節目獎勵辦法〉，《文化局的第一年》，頁56、120。

〔註41〕李雲漢主編，《中國國民黨黨章政綱彙編》（台北：中國國民黨中央委員會黨史委員會，1996），頁532。

〔註42〕例如中共於文化大革命期間，推行人民公社、大躍進、三面紅旗運動，使社會因此大亂、經濟困難；1968年中共與蘇聯政府關係惡化，皆令蔣介石產生「觀釁而動」的決心。江南，《蔣經國傳》，頁409～410。

〔註43〕教育部文化局編印，〈中華民國五十八年度優良廣播節目獎勵辦法〉，《文化局的第二年》（台北：教育部文化局，1969.11），頁222～223。本報訊，〈優良廣播節目獎勵辦法公布　二月一日接受報名〉，《聯合報》，1969.01.21，5版。

〔註44〕臺灣省政府秘書處，《臺灣省政大事紀要（第一冊）》（台中：臺灣省政府新聞處，1990.05），頁30～33。

〔註45〕教育部文化局編印，〈中華民國五十九年度優良廣播節目獎勵辦法〉，《文化局的第三年》（台北：教育部文化局，1970.11），頁114、201。本報訊，〈今年廣播「金鐘獎」政院核定獎勵辦法〉，《聯合報》，1970.02.03，2版。

表評定甄選結果，以頒發「社會建設服務節目獎」，〔註46〕其政策引導的指標意味濃厚。而「電視節目」亦藉此一「甄選」項目，首次納入金鐘獎評鑑之列。台視製播的《錦繡河山》、《大同世界》、《新聞分析》、《政府與民眾》等節目即因「社會建設宣導績效卓著」，獲頒「社會建設服務節目獎」（詳附錄一及表3-1）。〔註47〕

表3-1：1970年台視獲頒金鐘獎「社會建設服務節目獎」節目樣態表

節目名稱	節目類型	企劃宗旨／呈現方式
錦繡河山	社會教育	以影片、圖片、訪談方式介紹中國大陸各地區名勝古蹟和風土民情。
大同世界	新聞專題	設定具人情味的社會新聞為節目主題。如採現場電話直播助人尋親、謀職、招領失物等。節目片頭為禮運大同篇的文字及歌曲。
新聞分析	時事評論	邀請學者或專家就特定新聞事件深入評析。
政府與民眾	政令宣導	以訪談方式邀請政府首長就主管業務進行政策性說明。

出處：由筆者研究製作
資料來源：石永貴，《台視二十年》，頁89～90、150。何貽謀，〈往事只能回味〉，《聯合報》，1992.04.28，24版。

事實上，台灣於1960年代末期至70年代初期，無論於外在國際情勢；抑或國內政經狀態均出現重大變局。〔註48〕包括美國與中共為應付蘇聯而開

〔註46〕張倩華，〈金鐘獎對台灣廣播節目的衝擊與影響〉（台北：世新大學廣播電視電影學系（所）碩士論文，2005），頁33。又，筆者發現：1968年行政院曾核定施行「教育部文化局加強廣播及電視社會建設宣傳要點」，其宣傳重點有四：（一）國父遺教與總統訓示及政府施政方針中有關社會建設事項；（二）中華文化復興運動；（三）國民生活須知；（四）其他。而在執行考核方面，包含各廣播電台及電視台應將執行社會建設宣導之成果（包括節目名稱、內容、主題、插播時間等）逐月填具規定之表格送文化局；警備總部廣播安全會報亦以監聽方式進行考核，似與後續金鐘獎「社會建設服務節目獎」的精神和甄選形式具因果關係。教育部文化局編印，〈教育部文化局加強廣播及電視社會建設宣傳要點〉，《文化局的第一年》，頁119～120。

〔註47〕《59年屆得獎入圍名單》（來源：文化部影視及流行音樂產業局，https://www.ba金鐘獎得獎名單（甄選節目），歷mid.gov.tw/information_164_63949.html，2018.08.29瀏覽）。

〔註48〕薛化元等著，《戰後臺灣人權史》（台北：國家人權紀念館籌備處，2003），頁224。

啟對話；1970 年 9 月「釣魚台事件」及其衍生的「保釣運動」；1971 年 10 月蔣政權宣布退出聯合國，中華民國代表「中國」的法統為中華人民共和國所取代；1972 年 9 月起，日本和西歐主要國家相繼與中共建立外交關係，以及蔣經國的權力接班因與對外危機重疊，除陸續推動「十大建設」拉抬國內經濟以挽救人心，同時實行政治改革。〔註 49〕諸如上述，似對金鐘獎的評選引發若干漣漪與影響。

　　1971 年 3 月，第七屆的金鐘獎改稱為「優良廣播電視節目金鐘獎」。由於台灣商業電視台已有台視、中視產出節目內容，故正式開始將國語發音的電視節目含括於獎勵項目內。除了如廣播的「一般節目競賽」外，亦設有「甄選」類別的「社會建設服務節目獎」兩大部分。〔註 50〕

　　綜觀電視媒體於「一般節目競賽」係分為「新聞報導及時事評論性節目」、「教育與文化性節目」、「文藝與娛樂性節目」。〔註 51〕然而弔詭的是：台視皆未提報節目參賽，〔註 52〕反使中視在無競爭對手的情形下，初試啼聲即一舉囊括前述三項獎勵。惟其中獲頒「新聞報導及時事評論性節目優等獎」之《釣魚台列嶼巡禮》，為台灣電視界首次有記者前往釣魚台列島採訪製作的節目。〔註 53〕此一評定結果，頗能與「保釣」時事呼應。而一齣描寫 1920 年代末，中國青年發揚戰鬥精神掃蕩北洋軍閥的國語連續劇《春雷》獲頒「文藝與娛樂性節目」優等獎，亦開啟中視六年間有五次以「連續劇」入選該節目獎項的紀錄（如附錄一及表 3-2）。

〔註 49〕若林正丈，《台灣：分裂國家與民主化》（台北：新自然主義出版，2009.08），頁 174、179。

〔註 50〕教育部文化局編印，《文化局的第四年》（台北：教育部文化局，1971.11），頁 115、118、225。

〔註 51〕教育部文化局編印，〈中華民國六十年度優良廣播節目獎勵辦法〉，《文化局的第四年》），頁 225、226。

〔註 52〕事實上，據週刊內容顯示：台視 1971、1972 連續兩年均未主動報名參加「一般節目競賽」。該台公共關係組在答覆觀眾提問所宣稱的理由為「希望能把節目做好，但卻不打算主動去爭取獎勵，所以台視未曾參加角逐廣播電視金鐘獎。但是由主辦單位主動甄選，而予以獎勵的，台視卻樂於接受」。筆者認為該語意反而凸顯出商業電視台與政府當局在「把節目做好」認知上的矛盾和差距。台視公共關係組，〈我問你專欄：台視未參加金鐘獎〉，《電視周刊》第 495 期（1972.04.03），頁 108。劃線處為筆者加註。

〔註 53〕梅長齡，《中視十年》，頁 134。

表 3-2：1971～1976 年中視戲劇獲頒金鐘獎「文藝與娛樂性節目獎」節
目樣態表

年度	節目名稱	節目類型	集數	企劃宗旨／故事簡介
1971	春雷	國語連續劇	71	描寫 1926 至 1928 年間，北洋軍閥於中國北方某城鎮魚肉鄉民，當地年輕人奮起參加革命，與北伐的國民革命軍聯手掃蕩軍閥成功的故事。表彰青年遇到困境不屈不撓的戰鬥精神。
1972	長白山上	國語連續劇	71	敘述 1929 至 1937 年間，日本於中國東北發動「九一八事變」，當地百姓為對抗強敵，放下私人恩怨、犧牲小我、團結一致的故事。另穿插纏綿悱惻的兒女私情。
1973	萬古流芳	國語連續劇	48	古裝劇。製作主旨在闡揚復興中華文化。取材改編自元曲《趙氏孤兒》及平劇《八義圖》。敘述中國春秋時期晉國世代忠良趙盾一家為奸臣所害，所留遺孤陸續為「八義」犧牲相救，以維趙家一族血脈的故事。
1975	一代暴君	國語連續劇	60	為駁斥中共「批孔揚秦」論調而製播。全劇以正史為主幹，穿插民間傳說與杜撰情節，以揭露秦始皇篡奪帝位、倒行逆施的暴行。主題強調暴政必亡、正義必勝。
1976	大地風雷	國語連續劇	74	改編自朱羽小說《曉山風雲》。描述 1927 年中國北洋軍閥盤踞北京，近郊曉山鎮革命軍情報工作人員化身各種身分與軍閥當局軍警鬥智、策反的故事。

出處：由筆者研究製作
資料來源：董彭年，〈「春雷」的主題與製作〉，《文化與傳播》（台北：臺灣商務印書
　　　　　館，1972.05），頁 156。梅長齡，《中視十年》，頁 38、41、42。姜龍昭，
　　　　　〈長白山上的主題與製作〉，《中國電視週刊》第 60 期（1970.12.13），頁
　　　　　4～5。〈萬古流芳的籌備工作〉，《中國電視週刊》第 139 期（1972.06.19），
　　　　　頁 14～15。〈趙氏忠良滿門〉，《中國電視週刊》第 140 期（1970.06.26），
　　　　　頁 12。〈一代暴君專輯〉，《中國電視週刊》第 229 期（1974.03.11），頁
　　　　　13、16。〈以再北伐再統一為主題的國語連續劇大地風雷〉，《中國電視週
　　　　　刊》第 301 期（1975.07.28），頁 12～13。

　　另自該年起（1971），金鐘獎獎勵辦法又進行了三項調整：首先是增加
「創新節目獎」，除獎勵創作新形式與新內容的節目外，內容亦應含括以下原
則之一：〔註54〕

〔註54〕教育部文化局編印，〈中華民國六十年度優良廣播節目獎勵辦法〉，《文化局的
　　　　第四年》，頁 226。

（一）以宣導國民禮儀範例及提倡國民生活須知為主題者；

（二）以提倡固有文化與愛國思想為主題者；

（三）對匪心理作戰為主題者；

（四）以政令宣導及國家社會建設為主題者。

以上得見當局對「創新節目」題旨兼具實質政策宣傳與意識形態面向的要求標準。其次，該年亦提高甄選節目的獎勵比重，尤其注重社會建設的宣導績效，故索性將原屬「對大陸廣播節目」改列甄選項目，以示重視心戰工作。第三，係簡化競賽節目的項目，提高文化性質節目的獎勵比重。〔註55〕

　　1972年，金鐘獎獎勵項目持續分為「甄選」、「競賽」和「創新」三大部分，〔註56〕且參賽之廣播電視節目為歷年來最多的一次。〔註57〕其中「創新」部分對節目主題與內容的要求較上年彈性，即「以適應當前需要為主」，〔註58〕相信亦與當時丕變的國內外情勢有關。而華視製播的節目亦首次報名參與電視類別評選，形成三台正式於金鐘獎對壘的局面。

　　值得一提的是：與1971年相較，「甄選」類別特將獎勵對象由原「電台」改為「節目」，獲獎節目製作人也可雨露均霑受頒獎狀。而在「創新節目獎」方面，則加重其獎勵分量。譬如前一年廣播類的「最佳獎」可獲「金鐘獎座與新台幣四千元獎金」；「優等獎」則獲頒「獎狀與獎金四千元」。屆1972年，凡得獎者皆可獲頒「中型金鐘獎」，唯屬廣播節目者，另頒贈「獎金七千元」；屬電視者，則頒發「一萬五千元」。〔註59〕可見即便節目主題偏向政策宣傳與意識形態性質，當局亦期盼藉由提升廣電製播人員素質，全面帶動節目的製作技術水準，並重視節目本身的內容企劃與表現方式應具新意，以吸引觀眾收視。而當年電視節目競賽部分，亦產生首位「創新節目獎」和「個人技術獎」的得獎者。華視雖首次參加，在台視持續未報名參與「一般節目」和「創新節目」競賽的狀況下，於九個得獎者中即佔據五席之多（參見附錄一及表3-3）。而其中曾送至韓國中央放送局播映的紀錄片

〔註55〕教育部文化局編印，《文化局的第四年》，頁115～116。

〔註56〕教育部文化局編印，《文化局的第五年暨第六年的上半年》（台北：教育部文化局，1973.05），頁92。

〔註57〕王聖文等撰稿，張崇仁總編輯，《五十·響：廣播電視 金鐘五十》，頁5。

〔註58〕教育部文化局編印，《文化局的第五年暨第六年的上半年》，頁92。

〔註59〕本報訊，〈教育部公布優良廣播電視節目獎勵辦法〉，《聯合報》，1971.12.17，7版。廣播電視年鑑編纂委員會，《中華民國廣播電視年鑑79～84》，頁245、252。

《龍》，〔註60〕即獲頒該年電視類「創新節目獎」。

表 3-3：1972 年金鐘獎華視獲獎節目樣態表

獎　　　項	節目名稱	企劃宗旨／呈現方式
新聞報導及時事評論性節目優等獎	今日特寫——歲暮天寒探孤兒	深度報導一群育幼院孤兒的遭遇，並於春節前播出，籲請觀眾捐助冬衣禦寒。
教育與文化性節目最佳獎	百家姓	介紹華人各個姓氏的歷史源流與故事。引用知名人物行止、軼事、趣聞等相關題材活化內容。
教育與文化性節目優等獎	高中生物	係教育部委製之空中學校高中部生物課程教學節目。由主講老師編撰講稿，輔以影片、圖片及標本進行說明。
文藝與娛樂性節目優等獎	毒鴛鴦	四十集國語時裝連續劇。劇情參酌過往情治機關破獲之匪諜案件，並融入愛恨情仇情節以提醒民眾保密防諜。
創新節目獎	龍（華慧英）	為紀錄片。內容係闡述民間普羅大眾對「龍」意象崇敬的緣由。

出處：由筆者研究製作

資料來源：中華電視台編，《華視一年》，頁 36、50、69、75、81、83、88。

　　迄 1973 年，為鼓勵各廣播電視台加強對中共的文化作戰及有利海外宣傳，故於該年增列「特定對象節目獎」。而「創新節目獎」的內容主題，「亦因需配合國策，改為逐年訂定」。〔註61〕顯現時勢與金鐘獎的緊密結合關係。

　　同年 3 月，教育部部長蔣彥士於當年頒獎典禮致詞表示：金鐘獎獎勵辦法已修訂為永久性的制度。〔註62〕詎料，就在蔣經國扶正擔任行政院院長的一年餘後，1973 年 8 月 1 日文化局遭裁撤，廣電輔導業務再度劃歸行政院新聞局主責。此一轉變亦有其施政意義，畢竟教育部文化局與行政院新聞局的性質不盡相同，前者重點在文化復興和教育；後者則是新聞宣傳，即當局賦

〔註60〕本報訊，〈華視將角逐今年金鐘獎〉，《聯合報》，1972.02.25，7 版。

〔註61〕教育部文化局編印，《文化局的第五年暨第六年的上半年》，頁 99。教育部文化局編印，〈教育部文化局優良廣播電視節目獎勵辦法〉，《文化局的第五年暨第六年的上半年》，頁 171。

〔註62〕本報訊，〈廣播電視金鐘獎頒獎〉，《聯合報》，1973.03.27，8 版。按：過往的獎勵辦法皆以「年度」區分，至 1973 年則改稱〈教育部文化局優良廣播電視節目獎勵辦法〉。教育部文化局編印，〈教育部文化局優良廣播電視節目獎勵辦法〉，《文化局的第五年暨第六年的上半年》，頁 170～172。

予新聞局的功能任務在於：

> 大眾傳播事業為文化之一環，且更具時間性與戰鬥性。為適應當前
> 國際局勢之需要，對大眾傳播事業亟須作統一之整體運用，以發揮
> 其戰鬥功能。在促使其對國際宣傳與打擊共匪統戰與姑息逆流方
> 面，尤須針對需要，適時配合，以爭取決定性之效果。〔註63〕

因此，隨著管理機構的變更與事權統一，廣電事業對於新聞政令宣傳方面的
配合勢必加強。〔註64〕

　　由於 1974 年金鐘獎復由新聞局承辦，故「優良廣播電視節目獎勵辦法」
予以重新訂定。特殊的是：在節目評選方面，取消原甄選類的「社會建設服
務獎」，僅保留「一般節目競賽」部分。而「優良節目」的標準」係指：（一）
闡揚國父遺教，恪遵總統訓示，依循政府施政方針促進社會建設者；（二）推
行中華文化復興運動，積極宣導國民公德與倫理觀念者；（三）廣播及電視節
目具有民主意識、團體精神、科學新知及創新作用，能發揮良好之大眾傳
播效果，有助於國家現代化者，〔註65〕觀其字面與先前新訂的「教育部文化
局優良廣播電視節目獎勵辦法」並無不同，均在強調廣電媒體於政府政策、
道德文化、促成社會進步上應發揮的傳播效能。唯於獎項類別再分別增設
廣播廣告及電視廣告獎，以期提升廣告製作水準，做到管理、輔導與獎勵並
重。〔註66〕

　　1974 年，政府正逐步開動「十大建設」，並推行所謂的「三民主義心理建
設」。當局恐意識到應再加強鼓勵廣電機構運用傳播特性製播符合政策面向的
節目，〔註67〕故 1975 年的金鐘獎恢復增設「社會建設服務獎」，並續以「甄

〔註63〕 中國國民黨文化傳播委員會黨史館館藏（1973.05.16），附件（二）：〈行政院
　　　　 新聞局調整組織方案立案說明〉，頁 1，《中國國民黨第十屆中央委員會常務委
　　　　 員會第三二七次會議紀錄》，館藏號：會 10.3/1628。
〔註64〕 石永貴，〈為我國電視之明天探路〉，《廣播與電視季刊》第 24 期（1973.09），
　　　　 頁 32。
〔註65〕 本報訊，〈新聞局設置金鐘獎　獎勵優良電視廣播節目〉，《聯合報》，1973.11.
　　　　 07，9 版。
〔註66〕 本報訊，〈新聞局正積極籌劃　放映各國廣告影片〉，《聯合報》，1974.03.16，
　　　　 9 版。教育部文化局編印，〈教育部文化局優良廣播電視節目獎勵辦法〉，《文
　　　　 化局的第五年暨第六年的上半年》，頁 170。廣播電視年鑑編纂委員會，《中華
　　　　 民國廣播電視年鑑 79～84》，頁 262。
〔註67〕 時任新聞局局長的錢復表示：「我們應認清時代背景，藉廣播電視大眾傳播媒
　　　　 介的力量，弘揚中華文化，維護優良傳統，推行三民主義心理建設，使社會

選」方式進行考核評鑑。而獎勵節目對象為國內各廣播電視台於辦理政令宣導、社會服務與創新推動純正歌曲等具有長期績效者。〔註 68〕其中「創新推動純正歌曲」的評選標準乃金鐘獎首見，中視製播的《唱唱唱》節目因而於翌年獲得獎勵，甚至頒獎典禮後還破例舉行一場廣播電視歌曲演唱會，邀請歌手演唱廿首「淨化歌曲」以作為政策宣示。〔註 69〕

綜上，吾人或可自政府廣電管理輔導機關的更迭；金鐘獎評選標準的流變；本文附錄的得獎名單，以及若干獲獎電視節目樣態的舉隅中，略窺 1976 年於「廣播電視法」施行前，本文研究時間跨度內「官方版本」電視節目的「標準範式」。亦即處於戰時體制的時空環境下，所謂「優良電視節目」因受獎勵項目與政策導引的框限，除需採「國語」發音外，似以社會教育和政令宣導的成分居多，文藝與娛樂性質節目也多蘊含反共愛國、發揚中華文化、固守傳統倫理道德的意識形態，以及鑑古知今或寓教於樂的精神。不僅成為展現威權強人對電視內容意志的圖像樣板，亦可謂官方藉「獎勵」名義，行使管控節目內涵之實。尤其當金鐘獎興辦未久，對岸中共於 1966 年掀起文化大革命後，國民黨政府在「反共復國」之大纛下，同時強化「對匪文化作戰」的力道，而「中華文化復興運動」即為爾後當局引以反制中共、強調正統的重要文化政策，其彰顯於金鐘獎及對電視節目製播所造成的影響殆無庸置疑。

蔚成風氣，共同為建設三民主義的新中國而努力……。全國廣播電視界，應重視本身職責，擔負起宣揚國策增進社會教育之使命；尤須配合當前國家十項經濟建設，有系統有計畫的發揮傳播功能，使廣播電視成為加速我國現代化之教育工具，以期國家臻於富強之境。」本報訊，〈新聞局頒贈金鐘獎 獎勵優良廣播電視節目〉，《中央日報》，1975.03.27，6 版。

〔註 68〕本報訊，〈優良廣播電視節目 新聞局今頒金鐘獎〉，《聯合報》，1975.03.26，9 版。

〔註 69〕如附錄（一）。本報訊，〈金鐘獎昨頒發〉，《中央日報》，1976.03.27，6 版。

第四章　雙雄對峙局面下娛樂節目
　　　　競爭的演變

　　1969 年 10 月 31 日，由國民黨主導的台灣第二家無線商業電視台——「中視」正式開播。此一歷史嬗變宣告自此扭轉原由台視獨家經營七年的態勢，台灣的電視生態自此進入競爭局面。誠如有「大眾傳播界的艾科卡」封號之資深媒體人石永貴〔註1〕所言：「電視的二強之爭，實際上就是戲劇與娛樂節目之爭，尤其是歌仔戲與布袋戲」。〔註2〕是故本章欲以時人的觀察為核心，回顧兩台交鋒前的攻防策略，以及相關節目競爭演變的脈絡，最後復承當時於發揮戰時育樂功能的框架下，綜論政府政策、營運方針、市場需求足以影響雙雄對峙時期電視節目競爭的因素。

第一節　二台交鋒前攻防策略的擬定

　　承第二章所言，台灣電視事業「雙雄對峙」時期的競爭係於中視開播前

〔註1〕石永貴（1935～），國立政治大學新聞研究所碩士，美國明尼蘇達大學新聞暨大眾傳播學院碩士。畢生從事傳播事業與新聞教育，亦勤於筆耕。歷任《新生報》總編輯兼副社長、社長、發行人，1981 至 1988 年任台視總經理，後轉任《中央日報》社長，1994 至 1996 年擔任中視總經理，續接任正中書局董事長一職，領導風格曾為《天下雜誌》譽稱「既掌舵又搖槳」。又因經營諸媒體屢創「反敗為勝」紀錄，故贏得「大眾傳播界的艾科卡」封號。呂錦珍，〈既掌舵又搖槳——石永貴重振台視〉，《天下雜誌》第 25 期（1983.06.01），頁 34～36。石永貴，《大媒體現場》（台北：文經社，1997），封底內頁。石永貴，《媒體事業經營》（台北：三民書局，2003），封面內頁、序。

〔註2〕石永貴，〈為我國電視之明天探路〉，《廣播與電視季刊》第 24 期（1973.09），頁 31。

業已展開。唯中視乃「後進」，屬「競爭者」；台視則為「被競爭」的對象，故首先以前人研究為本，概括瞭解台視於「一枝獨秀時期」的節目製播樣態，與該台因應雙雄相爭情勢於節目政策的變化與差異。接續，欲還原中視為拓展收視版圖所擬定「連續性」策略的過程始末。最後則略觀二台掌握演藝資源的角力情況。

一、台視獨家時期節目製播樣態的遷變

如前章所述，曾獨佔商業電視市場的台視，其經營得以自初期的「篳路藍縷」進入「一枝獨秀」時期，其關鍵點端賴中南部轉播站系統於 1965 年 10 月 10 日建置完成，擴大了電視訊號的傳送範圍，也大幅改善營收狀況所致。因此，在該前後時期的節目樣態亦略有差異。

以前期而言，已故資深媒體暨文化人張繼高曾於 1992 年於報刊為文論道：「1962 年台視之開播，一開始也是賠錢，政治、商業的色彩均不濃厚，如果找出來三十年前的台視節目表來看看，今天的純公共電視節目，也沒那麼清純和高服務性」。〔註3〕巧合的是，1986 年自台視副總經理職位退休的何貽謀，亦於該台卅週年台慶之際，以當時電視製作環境對照台視獨家時期節目有感而發地表示：「如果電視界曾有過一股清流，也請容我斗膽地說一句話，這得在台視初期的歷史中去尋找了」。〔註4〕此說法或可續自何貽謀的憶述中嗅出一絲氣息，譬如：台視開播之初曾推出《圍棋》節目，電視畫面呈現主持人擺譜講解圍棋，且每週播出一次長達七年之久；亦曾開闢《電視法庭》，直接模擬法庭審判民刑案件，灌輸觀眾法律知識，共歷時三年；另《電視醫院》係解說各種疾病的治療和預防，計製播四年；而《藝文夜談》則廣邀藝文界人士暢談創作生涯，也維持播出了五年；1965 年 3 月製播的《大同世界》，更為觀眾尋找失聯親人、招領失物，並為失業與貧病孤苦者謀職或籲請救助。即便至「一枝獨秀時期」，台視尚於 1967 年以台北市立交響樂團為基礎成立「台視交響樂團」，並規劃專屬的音樂節目，以提高觀眾欣賞交響樂的水準。〔註5〕

〔註3〕張繼高，〈為什麼需要公共電視？〉，《聯合報》，1992.04.14，25 版。

〔註4〕何貽謀，〈往事只能回味〉，《聯合報》，1992.04.28，24 版。

〔註5〕何貽謀，〈往事只能回味〉，《聯合報》，1992.04.28，24 版。其中「台視交響樂團」於 1974 年底解散。又，《電視法庭》播至 1965 年底，後由另一同質節目《古事今判》取代。《藝文夜談》則是台視早期藝文性質的代表節目，播映期間曾更名為《藝文學苑》及《藝文沙龍》。石永貴，《台視二十年》，頁 88、90。

又，朱心儀的研究亦指明台視於「篳路藍縷時期」為開拓電視發展環境，節目類型兼容並蓄，富含文教性質的節目成為本時期之特色。其後，台視進入「一枝獨秀時期」，主要係以現場節目（live show）〔註6〕為大宗，餘者為影片和實況轉播節目。且為開發新的閱聽眾，基於商業利益考量，節目製作開始偏重娛樂性，其中以音樂歌舞與戲劇類節目為主，幾乎佔據晚間新聞至收播間的時段。〔註7〕是故，筆者為能於其後重建中視針對台視提出的競爭策略，擬以中視開播日為準（1969年10月31日），取用推前半年（1969年4月）及十月中旬的台視節目表相互比對，以觀察其即將面臨中視競爭的節目因應狀態。

依據1969年4月7日至13日與同年10月13日至19日節目表所示（如附錄二、三），筆者察覺台視於該年10月開始每日的電視訊號業自過往十二時卅分提前至十二時播送，正式節目啟播時間則自十二時五十分提前於十二時卅分播出，此意味節目消耗量與需求量呈相對性的增加。另值得注意的是：當台視處於節目來源充足，製播經費、技術、演藝人員供給條件足堪應付全天候播出後，每週的節目播映時長亦逐年增長。換言之，隨著每日午後收播時數的縮減，台視亦於1969年10月6日開始實施每週七天午晚間節目不中斷的播映政策，使每週播出時長自先前的六十四小時增至近八十小時，同時新闢若干自製現場節目和外國影集。雖向外宣稱係為加強觀眾服務，唯此舉極有可能是因應中視開播的緣故。〔註8〕

其次，於節目類型方面，為與中視競爭，台視特別強化歌仔戲的播演。〔註9〕最顯著的變化為台視將歌仔戲節目之數量自原先三個增至四個，且將其

〔註6〕當時台視節目若以攝製方式區分，凡於攝影棚攝製且立即播送者通稱「現場節目」。又，至1969年，台灣電視事業進入彩色時代，並開始使用錄影機。現場播出節目與錄影節目相較，後者較有充裕作業時間，可從容錄製節目或重錄、剪接和保存，增添不少便利性。周天翔，〈臺灣電視公司的回顧與前瞻〉，《廣播與電視季刊》第8期（1968.10.10），頁15。石永貴，《台視二十年》，頁30。

〔註7〕朱心儀，〈台視1962～1969節目內容的演變〉，頁64、66、67。

〔註8〕朱心儀，〈台視1962～1969節目內容的演變〉，頁66。新闢現場節目如《兒童圖書故事》、《生日快樂》、《七色橋》、《天上人間》等。本報訊，〈台視自下月六日起增加播出時間　自中午開播後直至夜間〉，《聯合報》，1969.09.09，5版。

〔註9〕本報記者戴獨行，〈楊麗花遊興難遂　只為工作太忙〉，《聯合報》，1969.09.28，5版。

中三者挪至午間時段。惟當時平劇節目乃政治氛圍下備受官方與台視青睞的節目，即便收視率不如歌仔戲，其於台視獨家期間的播出時段亦大致維持在晚間九時，係優於十時的歌仔戲。嗣後為與中視一較長短，將長期未更動的歌仔戲時段移至午間，除滿足戲迷的要求外，亦開始凸顯其商業電視的企業性格，揭示出台視處於一台獨大和雙雄對峙時期節目政策的差異。〔註 10〕惟筆者認為：台視無論是午、晚間節目播出不中斷；抑或增加歌仔戲節目數量與挪調時段的政策，其採行的主要策略僅止於固定框架下就現有軟硬體資源之擴大運用，俾填補原收播時段。

另外，觀諸台視節目表的編製，儘管其即將面臨中視開播的競爭，然筆者發現台視大多排播具獨立情節且內容不連續的節目，而播映時段亦長短各異，啟播時間多有畸零者（未若中視以「0」、「5」為時長基準），版面上下左右整體觀之未免凌亂（參見附錄三、四）。顯示主事者的節目排播思維係以「每日」而非「每週」為單位，不僅未便觀眾查找、記憶，更未利收視習慣的養成，亦對日後台視重點節目及晚間主要黃金時段〔註 11〕的競爭力帶來負面隱憂。而相關史事及台視方面的考量因素容後再敘。

二、中視以「連續性」策略制敵機先

　　茲以 1969 年 6 月接受中視徵召出任顧問兼首任節目部經理職務的翁炳榮為中心，〔註 12〕俾從其個人背景經歷反映出的決策者圖像，還原中視擬定策略藍圖的始末。

　　欲與他人作戰，先從武裝自己開始。中視面對的競爭同業——台視，係已具七年播送歷史的電視台，積累了許多寶貴的製播經驗。故翁炳榮為能進一步瞭解和熟悉節目行政及相關業務，特地於返台上任前，在日本透過

〔註 10〕 朱心儀，〈台視 1962～1969 節目內容的演變〉，頁 86、90。另據史料記載，歌仔戲於晚間十時播演，未利習慣早睡早起的鄉村觀眾，故有人係用完晚餐後先入眠，至歌仔戲時間再起床收視。蕭涵，〈六年來臺灣電視公司節目瑣談〉，《廣播與電視季刊》第 8 期（1968.10.10），頁 25。

〔註 11〕 「黃金時段」為廣播電視界的一種「譽稱」，即每日收視率最高、最適於做廣告的甲級黃金時間，當時係自下午六時或六時卅分起至十時卅分或十一時止。中視甚至將晚間八時至九時卅分再列為「優級」時段販售。陸錦成，《視壇春秋》（台北：順達出版社，1982.06），頁 85。不著撰人，〈廣告市場產生新的競爭局面〉，《廣播與電視季刊》第 12 期（1969.10.10），頁 61。

〔註 12〕 翁炳榮，《我與廣播電視：兩岸三地廣電推手翁炳榮回憶錄》，頁 113～114。

早期和該國政府郵電省電波管理局主管所建立的關係，前往當時較符合中
視初創現況之日本主局（key station）內最新、規模最小的電視網——東京
第十二頻道學習（按：Tokyo Channel 12 TV Ltd.）。並依據過往對美、日電
視節目製作方法的觀察、經驗和構思後，決定在節目制度上實行「製作人
制度」，〔註 13〕即無論是自製或外購的節目皆設有製作人負責執行相關業
務。〔註 14〕

　　考量中視首任總經理黎世芬曾言及對節目政策的期許：「一切不借鏡台灣
電視公司，完全（要）有自己的風格」，並強調「台視公司是有經驗的，而我
們無經驗。如果我們不求新，完全跟著走，就沒有前途」。〔註 15〕因此，翁炳
榮於就任前欲知己知彼，特於 1969 年 6 月利用回台期間瞭解台視播出節目的
內容和水準。茲舉隅其觀察心得如后：

> 由於無競爭對手，台視對節目製作水準似乎不太重視。如中視開播
> 時，台視節目停留於此水準上，即便先天不足，只要多加構思推出
> 台視缺乏或未做的節目，至少可打成平手，分享觀眾。尤其是連續
> 性節目的構想，如連續劇等。〔註 16〕

自前述可看出翁炳榮確知中視初期面臨缺乏製播經驗的現實問題，若欲與台
視一較長短，即需在節目設計部分跳脫窠臼，試圖構思出台視未曾推出的節
目型態以搶攻觀眾市場。而在其出謀劃策中，最重要的乃是引進且深化節目
「連續性」之製作觀念，且在電視劇的製播上表露無遺，不僅為台灣電視史
之嚆矢，對爾後台灣的電視事業發展亦影響深遠。

〔註 13〕　無論是廣播或電視，每一節目的製作皆有一負責人，且須擔負最高責任，業
　　　　界稱為「製作人」（producer）。其任務在統率整個製作團隊，將節目構想化為
　　　　實際，以製作出一個完整的廣播或電視節目。而節目構想可能源於其自身，
　　　　並為電台節目部門同意；或被節目部門交辦，由其負擔統籌執行之責。何貽
　　　　謀，《廣播與電視》，頁 81～82。
〔註 14〕　翁炳榮，《我與廣電視：兩岸三地廣電推手翁炳榮回憶錄》，頁 114～118。
〔註 15〕　吳麗婉，〈中國電視公司開播獻詞〉，《中國電視週刊》第 1 期（1969.10.24），
　　　　頁 11。翁炳榮於其回憶錄亦有類此記述。翁炳榮，《我與廣播電視：兩岸三地
　　　　廣電推手翁炳榮回憶錄》，頁 134。又，《中國電視週刊》另曾刊登一篇以黎世
　　　　芬為名的專文，內文言及：「在節目製作的風格上，我們要求而且實踐：不因
　　　　襲故舊，不抄襲他人，不走前人走過的『老路』，我們要……開闢自己的『新
　　　　路』」。黎世芬，〈中國電視公司開播獻詞〉，《中國電視週刊》第 3 期（1969.11.
　　　　09），頁 4。
〔註 16〕　翁炳榮，《我與廣播電視：兩岸三地廣電推手翁炳榮回憶錄》，頁 118、120～
　　　　121。

承上，中視規劃播出的電視劇為「連續劇」範式，係屬「肥皂劇」（soap opera）〔註17〕形式的通俗電視劇，乃故事和人物連續發展的戲劇，於每日固定時間或每週播出五至六次，且每集皆是於進入高潮時嘎然而止，以吸引觀眾不斷於翌日一集連一集收看，就如同章回小說的「欲知後事如何，請待下回分解」。翁氏甚至斷定倘能覓得適當的題材與編劇人才，此類型節目定能叫座，為中視對抗台視的一張王牌。〔註18〕至於該構想的參考來源，傳播學者蔡琰曾於其論文指出：「台灣電視連續劇之風一般公認係由翁炳榮自『日本』引進」。〔註19〕然翁氏的回憶錄則載明其過往於美軍電台服務時，曾撰寫過一齣每週播出五次，每次廿分鐘的廣播連續劇《孤兒流浪記》，並提及：「構思要在中視播出的電視連續劇時，我便想起這件事」，且該類型「在英、美兩國很流行，……日本 NHK 每週五次、每次十五分鐘的早晨連續劇也是一例」。〔註20〕筆者認為，若以媒體發明的先後順序觀之，廣播的出現係早於電視，故可論其思維係「縱向承繼」自廣播節目，〔註21〕另又「橫向植移」日、英、美等國的電視製播形式。此雙重影響與翁炳榮先前的旅外工作經歷甚有關連。

就媒體經濟學而言，中視為與台視競爭，企圖於台灣電視界「開創」新型態的策略運用模式，並主動「創造」收視市場以取得競爭優勢。因此，為開闢戰場，擴大運用了「連續性」的節目策略攻勢。翁炳榮在回憶錄亦坦承：「我當時不知為何，對連續性節目著了迷」，〔註22〕於是在節目有「固定」播出時段的前提下，不僅製作前後情節發展具連貫性的國語連續劇、歌仔戲，甚至在中視開播近一年後擴及至閩南語連續劇，於每週進行多日的賡續播

〔註17〕 「肥皂劇」多指「家庭倫理劇」的暱稱。其來源係美國的電視台於日間推出連續劇或劇集多由肥皂廠商提供廣告，故得名。一般咸認的開山始祖為1951年美國哥倫比亞廣播電視網（CBS）播出的《尋求明日》（Search for Tomorrow）。詳見謝鵬雄，《漫談世界的媒體文化》（台北：文建會，1991），頁213。

〔註18〕 翁炳榮，《我與廣播電視：兩岸三地廣電推手翁炳榮回憶錄》，頁126～127。

〔註19〕 蔡琰，〈台灣無線三台電視劇開播四十年之回顧〉，《中華傳播學刊》第 6 期（2004.12），頁166。雙引號由筆者添加。

〔註20〕 翁炳榮，《我與廣播電視：兩岸三地廣電推手翁炳榮回憶錄》，頁126、158。

〔註21〕 電視娛樂節目型態承繼自廣播媒體的尚有「猜謎問答」及「特別來賓」制度，另一例為中視1971年12月推出閩南語講古節目《龍山古譚》，由廣播說書人許影人主講。中國廣播公司編輯，《中廣五十年紀念集》，頁184～185。清，〈龍山古譚〉，《中國電視週刊》第112期（1971.12.12），頁15。

〔註22〕 翁炳榮，《我與廣播電視：兩岸三地廣電推手翁炳榮回憶錄》，頁168。

映。〔註 23〕而在節目表的安排上，更於每週一至六晚間固定時段線性排播內容相異惟屬同一名稱的節目，譬如：介紹市面上最新產品的現場節目《超級市場》、音樂歌唱節目《每日一星》。若以節目排播策略〔註 24〕論之，筆者認為與台視多呈獨立情節且內容不連續的節目編排方式相較，中視不僅突破台視獨家時期商業電視節目表編製的傳統，亦確立了台灣電視之重點經營時段以「帶狀策略」（strip programming）〔註 25〕排播節目的模式。

三、演藝資源的鞏固與開拓

　　早期電視台為製作節目，必須網羅專屬台內的基本演藝人員作為班底，以便於選派符合節目企畫設定條件，及預估最能達成績效者。而為使其成為台內成員之一，係以「簽約制度」（即訂立書據以為法定成立要件）規範彼此的權利與義務，以建立和維繫彼此的關係。〔註 26〕誠如黎世芬所言：「一個電視公司讓觀眾看到的，就是節目；可以說，節目就代表了整個電視公司。……電視節目的形成，包容了最主要的三部分：領導人，演員和作風」。〔註 27〕自前文所述，或可略窺二台決策者面臨節目競爭時的應對思維，然構成節目的

〔註 23〕中視國語連續劇《長白山上》（1970.12.21～1971.03.13）與閩南語連續劇《玉蘭花》（1970.10.17～1971.01.09）於上檔播出時，二劇結合形成聚眾效應，使當時中視獨佔晚間黃金時段。又，中視製播的歌仔戲為每週一至五連續播映，劇情係每週為一獨立單元故事。梅長齡，《中視十年》，頁 37。《長》、《玉》二劇的上檔播映時期係參自梅長齡，《中視十年》，頁 41。

〔註 24〕即「有效的節目排播能控制並維持觀眾的流向（audience flow），特別是能控制保有節目廣告時間的觀眾流向」。伊莉莎白・貝克曼著，莊信凱譯，《電子媒體管理》（台北：廣電基金，1997），頁 106。

〔註 25〕「帶狀」，為節目排播的方式之一。為將某一節目安排於每日同一時間，且一週播出數次，以養成觀眾每日收視的習慣。而採帶狀策略的優點係因節目量大，費用支出上易獲取折扣，相對可使每集的節目製作成本下降。其次，可創造觀眾的忠誠度，且可能將之再帶進下一時段的節目。再者，帶狀節目於宣傳上較單一節目容易。伊莉莎白・貝克曼著，莊信凱譯，《電子媒體管理》，頁 107。

〔註 26〕「演藝人員」又簡稱「演員」，以台視為例，其基本演藝人員類型分為國語演員、閩南語演員、童星、平劇演員、歌仔戲演員、歌星、主持人、舞蹈指導等。不著撰人，〈我問你專欄〉，《電視周刊》第 485 期（1972.07.24），頁 33。黃家燕著，梅長齡主編，〈電視行政〉，《電視的原理與製作》（台北：黎明文化事業，1992.11），頁 532、533、535。

〔註 27〕吳麗婉，〈中視的今天與明天──訪中視總經理黎世芬〉，《中國電視週刊》第 1 期（1969.10.24），頁 8～9。

另一部分——演藝人員，亦成為當時二台爭奪角力的戰場。

事實上，台視為充實演藝陣容，自 1967 至 1971 年皆辦理歌唱比賽選拔新星。〔註 28〕1969 年 8 月，更於中視開播前夕一舉網羅五十位基本演員、歌手及平劇演員，使該台演藝陣容達到一百五十九名。〔註 29〕1969 年 10 月，繼而又將第三屆歌唱比賽的優勝者納入旗下，使總人數增至一百八十人。〔註 30〕

中視則深知當時諸多能演擅唱者多半已與台視簽約，尋覓人才自然相對困難，〔註 31〕故於 1969 年 6 月籌備期間即與中廣公司合辦「明日之星」歌唱比賽選拔新秀，優勝者經密集訓練後即由中視聘為基本歌星，中廣聘為特約歌星。〔註 32〕再者，亦和有「戲劇導師」美稱的李曼瑰主持之「中國戲劇藝術中心」合作訓練電視劇基本演員。此外，針對已具有知名度者亦廣為物色，期間並積極向競爭對手台視若干合約即將到期的藝人接洽，遊說其約滿後加盟中視。且該台延攬人才的策略係不惜祭出「寬大」政策——即允准旗下簽約藝人仍可參演他台演出。惟台視的優勢在於與藝人間長年互動經營所建立的情誼，並以此為感召「先下手為強」，導致中視嘉惠藝人的創舉成效受挫。〔註 33〕

二台除著力充實簽約藝人陣容外，為了在螢光幕較勁，亦各有其特別作為以拓展演藝資源。例如：台視於中視開播前夕即與「正聲廣播公司」展開合作，延攬正聲自 1965 年起持續舉辦歌唱比賽的歷屆冠亞軍得主加入該台節目演出行列。〔註 34〕而中視亦鎖定當時已初露頭角、其後享譽國際藝壇的歌手鄧麗君，破例以未簽約方式主持及出演該台節目。〔註 35〕又，當時已橫跨日本電視、電影和歌唱界的旅日紅星翁倩玉也於百忙之中同意助陣中視，其最關鍵的因素係翁倩玉乃翁炳榮的掌上明珠，代表兩軍對決之際，翁氏亟需

〔註 28〕石永貴，《台視二十年》，頁 248、249、250、251。
〔註 29〕石永貴，《台視二十年》，頁 249。
〔註 30〕本報訊，〈簡訊〉，《聯合報》，1969.10.29，3 版。
〔註 31〕本報記者陳世昌，〈翁倩玉小四想演戲　爸爸當年曾反對〉，《聯合報》，2004.07.06，A11 版。
〔註 32〕黎世芬，《中國廣播公司大事記》，頁 152～153。本報訊，〈角逐明日之星　今天進行決賽〉，《聯合報》，1969.08.01，9 版。
〔註 33〕本報記者戴獨行，〈雙方爭取人才　分與演員簽約〉，《聯合報》，1969.08.01，9 版。
〔註 34〕何貽謀，《台灣電視風雲錄》，頁 125。
〔註 35〕翁炳榮，《我與廣播電視：兩岸三地廣電推手翁炳榮回憶錄》，頁 145～149。

內舉不避親打出翁倩玉這張王牌。〔註36〕此外，由於台語電影漸走下坡，二台亦趁機延聘合適人選以壯聲勢，〔註37〕足見雙方求才若渴的程度。

第二節　二台娛樂節目競爭演變的脈絡

自 1962 年元月起即坐鎮台視節目部負責運籌帷幄的何貽謀曾言道：「民營商業性的電視台不可能沒有競爭，有競爭才有進步。既要競爭，也就不可能沒有攻防策略」。〔註38〕若毋論所謂「進步」的內涵，就僅以上言觀之，似已為螢幕方框內播演的雙雄對峙局面擂起戰鼓。以下擬藉由文獻資料梳理台視和中視於連續劇、歌仔戲、布袋戲、綜藝節目、影片節目排播的過程與形貌，以重現當時二台的競爭概況。

一、連續劇的嚆矢

資深媒體人石永貴於當時認為，電視開始出現競爭在未達七個月的時間，其結果業已改變了電視的表現方式，尤以「連續劇」與「電視小說」的影響最甚。〔註39〕因此，以下擬進一步廓清台灣電視史上第一齣連續劇《晶晶》的發想始末，以及呈現形式亦為電視界創舉之「電視小說」〔註40〕的製播緣由。

（一）中視《晶晶》開先河

承上節，既然中視引進「連續性」的製作概念，並於電視劇的製播表露無遺，那麼，台灣電視史的篇章就無法忽視《晶晶》的誕生過程與影響。

1969 年 8 月，在一場中視節目部與業務部為發想故事題材的聯席會議中，正值討論係採小說改編或重新創作的議題。因與會者認為用現成文本雖

〔註36〕翁倩玉以 Judy Ongg 為名享譽日本演藝界，於台灣亦廣具知名度，故翁炳榮自認手中握有一張王牌。翁炳榮，《我與廣播電視：兩岸三地廣電推手翁炳榮回憶錄》，頁 129。又，《中國電視週刊》第二期曾以十頁篇幅介紹翁倩玉的圖片、發跡歷程與當時旅日事業發展情況。周銘秀，〈翁倩玉──星光燦爛〉，《中國電視週刊》第 2 期（1969.11.01），頁 44～53。

〔註37〕本報記者，〈台語片欲振乏力　目前僅兩部片在拍攝　演職員另謀發展〉，《聯合報》，1970.04.20，5 版。

〔註38〕何貽謀，《台灣電視風雲錄》，頁 3、101。

〔註39〕石永貴，〈評電視連續劇及電視小說〉，《廣播與電視季刊》第 16 期（1970.10.31），頁 53。

〔註40〕洪洋，〈戲劇指導的話〉，《電視周刊》第 403 期（1970.09.21），頁 6。

便於製作，然慮及已讀過的觀眾皆知情節發展，恐失去連續劇的神秘性，因此一致通過採取自行創作的決議。〔註41〕

就當業務部主管顧英德〔註42〕聽聞翁炳榮過往曾編寫描述一位韓戰孤兒四處流浪的廣播劇本《孤兒流浪記》後，反而激發其構思出一個故事梗概：即一對失散的母女互相尋找對方，惟每次均失之交臂。因題材容易處理，遂取得結論共識——包括由翁炳榮親自出任製作人；節目每星期播送六次，每次廿分鐘；組成編寫劇本的創作群；女主角的遴選採公開徵求方式等，皆是台灣電視界從未採行過的方式。〔註43〕

另外，劇名的擇定亦有其含義，係得自當時總經理黎世芬的靈感。其思維乃是考量劇中母女相互尋找對方，且一週播出六天即六個「日」字，合併後可寫成兩個「晶」字，由此劇名、女主角、主題曲的名稱皆為「晶晶」。黎氏對該連續劇的構想和故事，以及公開徵求女主角的決定與名稱頗為自豪與得意，翁炳榮亦自覺對連續播出的電視劇握有勝算。〔註44〕而此部描述一對逃離中共迫害來台的母女，從失散、尋找、繼而重逢的故事，頗受到觀眾歡迎。其原因除情節鋪陳賺人熱淚外，有一說為「也與當時社會還有『反共抗俄』的氣氛及休閒娛樂太少有關」。〔註45〕事實顯示，《晶晶》自1969年11月3日至1970年2月28日播映期間，總計播出一百〇二集，同時引發了「晶晶熱」，除飾演女主角的李慧慧走紅一時，其劇中造型成為流行時尚外，部分坊間店鋪亦出現以「晶晶」命名的現象，就連中視後續開闢的木偶劇節目也搭上「順風車」命名為《晶晶劇場》，並力邀李慧慧演出。〔註46〕總之，該劇為台灣的電視史寫下新頁，促使「連續劇」成為電視戲劇節目的主力，為業務收益的命脈。〔註47〕甚至其後紅遍華人世界的歌手鄧麗君亦因演唱

〔註41〕翁炳榮，《我與廣播電視：兩岸三地廣電推手翁炳榮回憶錄》，頁158。

〔註42〕顧英德係轉職自中廣公共關係部（即廣告業務部）。翁炳榮，《我與廣播電視：兩岸三地廣電推手翁炳榮回憶錄》，頁138。

〔註43〕翁炳榮，《我與廣播電視：兩岸三地廣電推手翁炳榮回憶錄》，頁158～159。

〔註44〕黎世芬，《中廣五十年紀念集》，頁364。翁炳榮，《我與廣播電視：兩岸三地廣電推手翁炳榮回憶錄》，頁159～160。

〔註45〕曹銘宗，〈台灣風雲榜　晶晶掀起八點檔連續劇風〉，《聯合報》，1995.07.25，34版。

〔註46〕翁炳榮，《我與廣播電視：兩岸三地廣電推手翁炳榮回憶錄》，頁193。曹銘宗，〈台灣風雲榜　晶晶掀起八點檔連續劇風〉，《聯合報》，1995.07.25，34版。本報訊，〈警告逃妻拍戲　戲外一段插曲〉，《聯合報》，1970.05.19，3版。

〔註47〕梅長齡，《中華民國電視事業的回顧與前瞻》，頁70。

《晶晶》主題曲風靡全台，為其唱片事業奠定平穩基礎，乃歌唱生涯重要的轉捩點。〔註48〕

又，就以控制並維持觀眾流向（audience flow）的競爭策略而言，〔註49〕《晶晶》播送歷時近四個月，除扣人心弦的劇情受到觀眾垂愛外，對中視而言恐有另一層意義：即如本文第二章「表2-1」所示，中視中南部電視訊號轉播站係於1970年2月1日竣工開播、〔註50〕2月16日正式啟用，較《晶晶》完結篇早約半個月，故於時機考量方面，筆者推測中視為拓展中南部觀眾市場，擬藉由《晶晶》聲勢趁勝追擊，俾續為同年3月2日首映的新接檔連續劇《情旅》〔註51〕奠下維繫觀眾流量之基礎。

對於中視的「創舉」，台視的何貽謀頗有感觸。他事前無法預料到台灣居然有如此多的連續劇迷，除稱此為「台灣奇蹟」之一外，並大方承認其「估計錯誤」。何氏亦於回憶錄解釋了台視於獨家經營時期未製作「連續劇」的三點緣由：其一，擬就晚間黃金重點時段提供相異型態的娛樂節目，以提供觀眾不同的選擇機會。其二，考量收視率若未符期待，不易改弦易轍，反而造成業務損失。其三，對觀眾收看的耐心與時間抱持質疑態度。〔註52〕然筆者在爬梳本段史事後的感想是：台視未趁寡佔收視市場之際或中視開播前夕進行具突破且有計畫性的嘗試——即應率先開闢一條帶狀時段，並採漸進方式視況擴大運用，以藉由節目內容的賡續性培養觀眾固定收視之習慣——作風未免略顯被動、保守，且觀望氣息濃厚，導致錯失重寫台灣電視史的契機，難免令其扼腕。惟真正的問題或許是出在台視長期處於獨家態勢，缺乏外部競爭的刺激與對觀眾意向變化之醒覺。

（二）台視「電視小說」的製播

法國社會學家布赫迪厄（Pierre Bourdieu，1930～2002）認為：對電視台之間的競爭而言，「收視率」〔註53〕實發揮了其十分特殊的效應——即形式上

〔註48〕姜捷，《絕響——永遠的鄧麗君》（台北：時報文化出版，2013.01），頁70。

〔註49〕伊莉莎白‧貝克曼著，莊信凱譯，《電子媒體管理》，頁106。

〔註50〕該工程使中南部觀眾得以清晰收視中視播送的電視節目。本報訊，〈中視公司昨舉行酒會　慶祝聯播網完成〉，《經濟日報》，1970.02.16，6版。

〔註51〕梅長齡，《中視十年》，頁41。

〔註52〕何貽謀，《台灣電視風雲錄》，頁104～105。

〔註53〕所謂「收視率」的開山祖師係指美國尼爾遜（Nielsen）公司的收視率報告。自1950年美國三大電視網成立後，即開始進行全國性的收視率調查。葉廣海，《收視率的三角習題》（台北：正中書局，1992.01），頁40。

被轉化成一種緊迫性的時間壓力。〔註54〕因此，台視推出「電視小說」系列劇集，係與中視以「連續劇」播映範式瓜分其收視觀眾有關，實為兩台節目競爭下的產物。儘管「電視小說」在歷時一年半後最終步上停播命運，然呈現形式亦為當時台灣電視界的創舉。且播映時期橫跨至華視開播，於台灣電視競爭之濫觴，反而益發顯現其特殊性。再者，承前文石永貴所言：當時「連續劇」與「電視小說」改變了電視的表現方式且影響最甚，是故筆者擬進一步予以探究。

由於當時中視連續劇之風正熾，故台視為業務考量，在中視開播八個月後的 1970 年 7 月 6 日亦推出連續劇型態的「電視小說」應戰。此一節目樣態承繼了廣播劇，係源自具有廣播劇本創作經驗，其後擔任台視節目部導播朱白水〔註55〕的構想。目的是將著名的小說透過電視予以具象化，即以小說替代劇本，用畫面結合廣播劇的旁白，雜揉形與聲的表演，使觀眾得以透過電視媒介欣賞文學作品。〔註56〕

而在表現方式上，「電視小說」融會文字與影像的特性，除依故事情節劃分場景便於演繹外，另設置旁白主講者，以第一人稱或第三人稱描述原著中人物的心理活動，以及身處環境與景物狀態，同時輔以圖片、影片或演員進行類默劇式的表演，使聲音與畫面相互配合，此與純粹將小說改編為電視劇演出的模式具有明顯差異。〔註57〕資深媒體人兼劇作家魯稚子（本名饒曉明）在當時就曾投書報刊表述以「電視」作為承載「小說」的媒介功能：

> 在生活繁忙的現代，人們對於長篇小說的閱讀，已感到不易分出時
> 間來一口氣讀完了。但如果透過電視的觀賞，每天收看半小時的節
> 目，連續一個月下來，也等於是讀完了一部小說，這在時間的意義

〔註54〕就新聞報導而言，即指「搶獨家，爭著做第一」。Pierre Bourdieu 著，林志明譯，《布赫迪厄論電視》（台北：麥田出版，2016.03），頁 39。

〔註55〕朱白水（1921～2000），廣東台山人，香港中國新聞學院畢業，廣東省立戲劇研究所畢業。1949 年來台後陸續擔任陸軍八十軍政工隊長，1952 年調升國防部總政治部中校秘書，旋調任康樂總隊上校副總隊長。1962 年台視開播時為節目部編導，為台視首部自製劇《浮生若夢》編劇兼導演。一生創作舞台劇劇本十餘部，廣播劇二百餘部，曾出版廣播劇集《親情深似海》等六種，1966年獲頒第一屆中山文藝獎。王唯，《姜龍昭》（台北：行政院文化建設委員會，2006.07），頁 32。

〔註56〕不著撰人，〈一部小說怎麼樣搬上電視〉，《電視周刊》第 402 期（1970.06.22），頁 8。

〔註57〕魯稚子，〈藝文綜合談 電視小說〉，《聯合報》，1970.12.28，9 版。

上就省捷了很多。〔註58〕

此說似乎意味著「電視小說」企畫誕生的初衷與「正當性」。然若以文學傳播學者林淇瀁（向陽）對文學作品出版的論述來廣義解釋前述現象，則此舉可視為文學社會空間的一種「再擴張」。〔註59〕

就以「電視」作為媒介的優點觀之，其兼具聲、光、畫面、色彩、動作的特性，可提供觀眾真實感與臨場感。〔註60〕因此，毋論其後續的收視表現如何，若僅以後設視角評析，台視採行「電視小說」因應中視連續劇的挑戰，一方面可仿效對手養成觀眾的收視習慣，並於節目構想上試圖進行市場區隔外，若立於原著小說本位而套用法國文學社會學家侯伯‧埃斯卡皮（Robert Escarpit）的觀點，正可謂藉由電視媒體「帶入了大眾生活的起居空間」，俾「考驗作品適應社會的能耐」。〔註61〕故此一嘗試或許不啻為突破僵局的一帖解方。

經查台視「電視小說」播期係自 1970 年 7 月至 1972 年 1 月，共播出十五齣劇作，首部係選播徐訏名著《風蕭蕭》；尾聲則為改編自繁露的《小城故事》，而其中第四部王藍名作《藍與黑》一劇曾獲頒 1971 年電視金鐘獎「社會建設服務獎」（如附錄一）。餘臚列如下表：

表 4-1：台視「電視小說」系列劇集一覽表

劇名（原著）	原著者	啟播日期	集數	時空背景	故事類型
風蕭蕭	徐訏	1970.07.06	27	中日戰爭期間上海市	諜報愛情文藝劇
星河	瓊瑤	1970.08.01	31	戰後台灣	懸疑愛情劇
碧雲秋夢	張漱菡	1970.09.01	30	民國軍閥割據時期江西臨川	家庭倫理愛情劇

〔註58〕魯稚子，〈藝文綜合談　電視小說〉，《聯合報》，1970.12.28，9 版。
〔註59〕原文為：「就文學社會學的角度來看文學書籍出版，一本書的出版，意味的是一個文學社會空間的擴張」。林淇瀁，〈場域‧權力與遊戲：從舊書重印論台灣文學出版的經典再塑〉，《東海中文學報》第 21 期（2009.07），頁 265。
〔註60〕黃新生、劉幼琍、關尚仁、吳奇為，《廣播與電視》（新北：國立空中大學，1992.08），頁 11。
〔註61〕Robert Escarpit 著，葉淑燕譯，《文學社會學》（台北：遠流出版，1990.06），頁 107。

藍與黑	王藍	1970.10.01	39	中日戰爭天津市至國民黨政府遷台後	時代愛情劇
晴	華嚴	1970.11.09	21	中日戰爭期間福建福州至戰後台灣	時代愛情劇
開國前後〔註62〕——清宮殘夢	劇本新編：趙琦彬、鍾雷、張永祥、魯稚子、朱白水、丁衣	1970.12.01	30	清光緒親政至辛亥革命成功	古裝宮廷劇
開國前後——青天白日		1971.01.01	45	滿清覆亡至護法運動時期	愛國教化劇
七色橋	華嚴	1971.02.14	28	戰後台灣	親情愛情劇
古道斜陽	田原	1971.03.15	42	中日戰爭時期華北地區	忠義教化鄉野動作劇
向日葵	繁露	1971.04.26	45	中日戰爭前至國共內戰時期江南地區	愛國女性人物傳奇寫實劇
廢園舊事	楊念慈	1971.06.10	35	中日戰爭時期華北地區	鄉野親情懸疑推理劇
名伶淚	徐斌揚	1971.07.15	55	民國軍閥割據時期北平市	諜報愛情劇
大刀王五	張谷	1971.09.08	45	清末民初	人物傳奇俠義劇
大地長青（長青島）	畢珍	1971.10.23	40	清末民初	家庭倫理愛情
小城故事	繁露	1971.12.03	28	國共內戰時期江南某小鎮	反共愛國文藝愛情劇

出處：由筆者研究整理製作

資料來源：中華民國電視學會，《中華民國電視年鑑——民國五十年至六十四年》，頁 112～114。趙琦彬，〈風蕭蕭改編始末〉，《電視周刊》第 402 期（1970.06.22），頁 6。紹平，〈星河的籌備經過〉，《電視周刊》第 405 期（1970.07.13），頁 8～9。周正，〈張漱菡和她的「碧雲秋夢」〉，《電視周刊》第 410 期（1970.08.17），頁 6～7。徐行，〈十月推出藍與黑〉，《電視周刊》第 414 期（1970.09.14），頁 18～20。周正，〈晴的故事和人物〉，《電視周刊》第 421 期（1970.11.02），頁 12～14。丁衣，〈清宮殘夢編劇群新的嘗試〉，《電視周刊》第 427 期（1970.12.14），頁 16～17。魯稚子，〈殘夢消逝・欣見青天白日〉，《電視周刊》第 429 期（1970.12.28），頁 52～

〔註62〕「開國前後」係因應「建國六十週年慶」而製作。為新編劇本，非改編自原著小說。

53。小鳳，〈七色橋〉，《電視周刊》第 435 期（1971.02.08），頁 10。田原，
〈我寫古道斜陽〉，《電視周刊》第 441 期（1971.03.22），頁 52。鳳尾，〈向
日葵〉，《電視周刊》第 445 期（1971.04.19），頁 8～9。小鳳，〈廢園舊事〉，
《電視周刊》第 452 期（1971.06.07），頁 17。周正，〈道盡梨園往事　演
活名伶血淚〉，《電視周刊》第 457 期（1971.07.12），頁 8。小鳳，〈大刀
王五〉，《電視周刊》第 464 期（1971.08.30），頁 8～9。鳳尾，〈大地長青〉，
《電視周刊》第 471 期（1971.10.18），頁 8～9。小鳳，〈小城故事〉，《電
視周刊》第 477 期（1971.11.29），頁 8。

　　觀諸上表該系列劇集有十三齣改編自小說，華巖和繁露的原著各佔有兩
部。而其選材文本故事的時代背景，多以清末民初、軍閥割據、中日戰爭和
國共內戰時期為主。類型則含括愛情文藝、親情倫理、道德教化與反共愛
國，題材風格各異，唯其間不乏國民黨政府於戰後提倡具戰鬥氣息的反共文
學〔註63〕作品，意識形態光譜則多傾向中國民族主義色彩。

　　值得一書的是：以節目排檔的基本策略觀之，台視對「電視小說」播出
時段的安排，亦展現亡羊補牢的決斷和企圖心。由於中視的國語連續劇係於
每週一至週六晚間八時至八時卅分播出（按：初期節目表為七時五十分至八
時十分，自第二齣《情旅》起調整至七時五十五分至八時廿分），嚴重影響到
同時段台視晚間新聞的收視率。於是台視亦有樣學樣，除運用「對抗策略」
（counter programming），〔註64〕將首齣《風蕭蕭》排播於晚間七時卅分至八
時（按：表訂為七時卅五分至八時〇八分），直接與中視晚間新聞對戰，且又
進而採取「先發制人策略」（cross-programming），〔註65〕將自身的晚間新聞調
至七時至七時卅分（按：表訂為七時至七時卅五分），反較中視晚間新聞早播
出半小時，除欲解新聞節目挨打之累，又可收搶得先機之效。且台視為打響
「電視小說」名聲，自首部《風蕭蕭》起即使出週一至週日每天未間斷連續
播出的招式。唯有趣的是中視亦非省油的燈，在 1970 年 8 月將其國語連續劇
時段挪調至七時卅分，與台視的第二齣「電視小說」《星河》（瓊瑤原著）正
面交鋒。唯此舉也造成難以避免的後遺症，即使得原可連看兩台連續劇的觀
眾僅能於同時段二擇一，於是引發輿論責難，後經協調決定錯開播映時段以

〔註63〕戰鬥的反共文學係 1950 至 1960 年代台灣文學發展中政治力所支持的主流。
　　　　薛化元著，《臺灣開發史》（台北：三民書局，2013），頁 267。
〔註64〕「對抗策略」係用於吸引不同於他台的觀眾群。伊莉莎白・貝克曼著，莊信
　　　　凱譯，《電子媒體管理》，頁 106。
〔註65〕「先發制人策略」係將強檔節目播放時間提前，俾於他台黃金檔節目播出前
　　　　先使觀眾流入。伊莉莎白・貝克曼著，莊信凱譯，《電子媒體管理》，頁 106。

平息爭議。而台視為因應此一變動，同年 11 月還另開闢一條閩南語連續劇線，以利二條戲劇線互調。〔註66〕

　　然而，「電視小說」亦存在有一些「先天不良」的隱憂。首先，按構思者朱白水的說法，適宜改編為電視連續劇的小說作品應具備以下的條件：一是需有動人的情節、感人的故事，並富有戲劇性、普及性、健康性和文藝性。二是字數必須在四十萬字以上，俾利於應付長達一個月的播映量。〔註67〕惟「文壇巨著固然不少，但可用來改編『電視小說』的不算多」，〔註68〕已為此形式戲劇節目的延續性埋下變數。

　　其次，「電視小說」選用作品的文筆與技巧皆具文藝性，故以旁白方式交代劇情中無法表達的美感，或某些無法藉由表演傳達卻又為小說中的必要情節。惟當時即有作家對此運用方式抱持質疑態度，譬如《碧雲秋夢》原作者張漱菡即認為《風蕭蕭》旁白過於冗長導致影響畫面所呈現的演員表情；〔註69〕民俗文學家朱介凡則表示旁白主講者於劇情處在緊要關頭，或必要「點破」（按：交代事件走向的關鍵要素）之際始需進行提示，否則將淪為使觀眾「無精打采的絮絮叨語」；而作家嚴友梅之見亦頗為具體，即感覺每當旁白進行時，「劇中有關人物，或凝神沉思，或動作停止……似乎與由第三者從旁解說的立意，未盡符合」。〔註70〕可見「電視小說」在旁白操作時機上恐欠缺純熟技巧，進而弱化觀眾的收視興趣。

　　果不其然，台視有鑑原脫胎自廣播劇的「電視小說」，其旁白的演繹方式影響劇情節奏，未受廣大觀眾青睞，故繼而於原時段改採國語連續劇型態俾與中視抗衡。迄星移物換，連續劇歷久不衰，單元劇則漸次式微。〔註71〕台灣電視業所謂的「八點檔」連續劇，甚至已成為現今海峽兩岸電視界最熱門

〔註66〕何貽謀，《台灣電視風雲錄》，頁 106～107。宏，〈中視節目簡介〉，《中國電視週刊》第 1 期（1969.10.24），頁 65～66。〈節目表〉，《中國電視週刊》第 19 期（1970.03.01），頁 79～83。青雲，〈風蕭蕭錄影花絮〉，《電視周刊》第 403 期（1970.06.29），頁 11。徐行，〈台視調整十一月份播出時間〉，《電視周刊》第 422 期（1970.11.09），頁 12。台視首齣閩南語連續劇為改編自台灣民間故事的《春風秋雨》。

〔註67〕朱白水，〈寫在電視小說播映前〉，《電視周刊》第 404 期（1970.07.06），頁 21。

〔註68〕舒青，〈電視小說‧多采多姿〉，《電視周刊》第 415 期（1970.09.21），頁 53。

〔註69〕周正，〈張漱菡和她的碧雲秋夢〉，《電視周刊》第 410 期（1970.08.17），頁 8。

〔註70〕朱介凡，〈文藝作家看電視小說〉，《電視周刊》第 406 期（1970.07.20），頁 14、15、19。

〔註71〕梅長齡，《中華民國電視事業的回顧與前瞻》，頁 70。

的電視劇類型。〔註72〕

二、歌仔戲

　　歌仔戲係唯一源自台灣本土的傳統戲劇，且因唱腔、念白皆使用閩南語，易使一般民眾理解，音樂曲調和劇目又為常民所熟悉，因此成為台灣最盛行的民間劇種。〔註73〕想當然耳，歌仔戲亦成為台視和中視相爭時的重要棋子。

　　在討論二台的具體作為前，擬先回顧電視歌仔戲的初始。1962 年台視成立後，由王明山製作、「台語電視節目中心」演出的歌仔戲《雷峰塔》正式躍上電視螢光幕。〔註74〕惟受限於電視機的數量尚未普及，且製播技術尚屬黑白電視，故廣播才是當時播演歌仔戲最盛行使用的電子媒體。之後，出生自宜蘭的歌仔戲天王巨星楊麗花於 1965 年加盟「正聲天馬歌劇團」，成為廣播歌仔戲的名小生，再隨劇團進入台視演出，逐漸受到戲迷的注目與歡迎，而真正開始將電視歌仔戲予以發揚光大。〔註75〕

　　因應中視的開播，台視於 1969 年 10 月 4 日宣布成立專屬的「台灣電視公司歌仔戲劇團」，更順勢聘請年方廿五歲的該台基本演員楊麗花出任團長，且指派節目部副經理聶寅擔任該團策畫，並由專人負責行政工作。楊氏除為主角外，亦同時擔任節目製作人，以專屬姿態領導該團於台視另新闢週一時段，〔註76〕且免再出演「正聲天馬歌劇團」的歌仔戲。〔註77〕

　　而中視有鑑台視播映歌仔戲能帶給該台龐大的廣告收益，亦毫無疑義將歌仔戲列為開播後的重點節目，正式開啟電視歌仔戲的戰國時代。〔註78〕據翁炳榮的記述，中視先是依歌仔戲導演高宜三的分析及建議，對外將歌仔戲「正名」為「閩南語歌劇」，再提出以小明明（巫明霞）和柳青為主角的節目企劃案，且率先作連續性的播出，即每週一至五連續播送五天，每次六十分

〔註72〕翁炳榮，《我與廣播電視：兩岸三地廣電推手翁炳榮回憶錄》，頁 196。
〔註73〕林茂賢，〈台灣的電視歌仔戲〉，《靜宜人文學報》第 8 期，頁 33。
〔註74〕王明山，〈談談歌仔戲的連台好戲——雷峰塔〉，《電視周刊》第 5 期（1962.11.12），頁 34。
〔註75〕林茂賢，〈台灣的電視歌仔戲〉，《靜宜人文學報》，頁 34～35。
〔註76〕何貽謀，《台灣電視風雲錄》，頁 63。〈台視歌仔戲劇團——十月初六初演〉，《電視周刊》第 364 期（1969.09.29），頁 12。林美璱著，《歌仔戲皇帝：楊麗花》（台北：時報文化，2007），頁 141～142。
〔註77〕本報記者戴獨行，〈楊麗花遊興難遂　只為工作太忙〉，《聯合報》，1969.09.28，5 版。
〔註78〕朱心儀，〈台視 1962～1969 節目內容的演變〉，頁 87。

鐘，並以每週為一單元。即便「楊麗花出類拔萃，與人不同」，唯中視認為地方戲劇菁英各有擅長與吸引觀眾的魅力，若能發揮其演出經驗與技巧，「應該可以與楊麗花分享一些觀眾，滿足觀眾和廣告客戶的期待」。〔註79〕而出演團隊則由「中視歌仔戲劇團」、「金風歌劇團」、「正聲寶島歌劇團」、「拱樂社歌劇團」等四個歌劇團輪流錄製，除小明明與柳青外，另有飾演小生的葉青、小旦王金櫻等名角於此時加入中視演出。〔註80〕其後「正聲寶島」又另與「明興歌劇團」合併，戰力更為堅實。〔註81〕對此，台視的楊麗花亦坦言，對當時中視旗下四個歌仔戲團各自負責一週一檔戲，並採連續劇的方式輪流演出，且旗下製作人為劉鐘元、陳聰明、侯世宏、石文戶等歌仔戲界重要人物，「確實造成台視不少壓力」。〔註82〕

　　至於中視歌仔戲造成壓力的程度，或可自兩台的後續舉措略窺一二。即中視時段架構之初係每週一至五下午一時廿五分以單元形式播出一小時（如附錄四），其人物和情節發展連續，觀眾需待週五始知故事結局，再加上網羅的名角亦為一時之選，因此應有利於觀眾持續鎖定收看。反觀台視方面，雖特意新闢每週一時段，並由當紅的楊麗花執掌之「台灣電視公司歌仔戲劇團」擔綱演出，且所網羅的「金鳳凰電視歌劇團」、「正聲天馬歌劇團」、「小明明電視歌劇團」、「鳳鳴歌劇團」及其後加盟的「青青電視歌劇團」陣容亦堪稱堅強，然該台歌仔戲播映時段乃每週一、二、四的下午；週五為晚間，即便

〔註79〕翁炳榮，《我與廣播電視：兩岸三地廣電推手翁炳榮回憶錄》，頁 166～167。又，《中國電視週刊》第二期曾刊載一篇由高宜三署名的文章，內文有說明稱歌仔戲為「閩南語歌劇」的理由。其意大體為求讀音的大方、莊重，並認為歌仔戲的演出形態係歌舞並重，故名之。詳見：高宜三，〈三笑姻緣〉，《中國電視週刊》第 2 期（1969.11.01），頁 15。另，筆者自《台視二十年》頁 46、60 亦分別查得該台使用「閩南語歌劇」和「歌仔戲」兩種名稱。然台灣電視界為慶賀民國七十年國慶所編著的《中華民國電視事業的回顧與前瞻》一書係採「歌仔戲」之名，「閩南語歌劇」的用法已不復見。

〔註80〕林茂賢，〈台灣的電視歌仔戲〉，《靜宜人文學報》第 8 期，頁 35。唯《中視十年》頁 37 記述係由定峰、正聲寶島、拱樂社等三個劇團輪流演出，《中國電視週刊》首期頁 64 則言明為「金風、拱樂社、寶島、中視四大劇團輪流演出」。本文依史料時間及來源近用原則，採《中國電視週刊》的說法。梅長齡，《中視十年》，頁 37。宏，〈中視節目簡介〉，《中國電視週刊》第 1 期（1969.10.24），頁 64。

〔註81〕金鳴剛，〈巫明霞與明興歌劇團〉，《中國電視週刊》第 47 期（1970.09.13），頁 8。

〔註82〕林美璱著，《歌仔戲皇帝：楊麗花》，頁 141。

每次播演長達九十分鐘（見附錄三），〔註83〕但各節目啟播時間各異，劇目與故事又獨立成篇，對凝聚觀眾收視而言較為不利。是故，中視甫開播的歌仔戲若能對台視產生一定程度之壓制實不足為奇。其後，台視所採行的因應方式係擷取對手之長，亦將歌仔戲改為固定時段的連續劇形式播映，且於 1971 年 1 月起全部改為錄影方式播出，俾與中視分庭抗禮。〔註84〕

三、布袋戲

中視甫一開播，採連續性播映的《晶晶》、歌仔戲和帶狀歌唱節目《每日一星》即為該台帶來收視佳績，亦使台視對中視施以的一波波「連續」猛攻備感棘手，然深陷困境後的轉機卻也悄悄降臨。何貽謀在面對中視開播屆滿四個月的競爭局勢時有以下記述：

> 1970 年 3 月 2 日，正是中視國語台語連續劇和歌仔戲「橫行」腰斬
> 台視的時候，虎尾黃俊雄先生家族找來這位大儒俠，對中視加以回
> 敬。身陷亂軍中的我，得以苟全。〔註85〕

這位使台視決策高層大鬆一口氣的「大儒俠」，即是台灣民俗藝術布袋戲大師黃俊雄所創造的傀儡英雄人物「雲州大儒俠史艷文」。〔註86〕

其實，台視並非首次播出布袋戲。早在 1962 年開播初期，即曾以「兒童節目」的定位播送布袋戲，劇目咸認以「亦宛然」李天祿帶領演出的《三國誌》為始。其後節目屬性又改稱「兒童木偶戲」，演播如《西遊記》、《岳飛傳》、《文天祥》等故事。〔註87〕唯布偶造型樸素且說國語，幼教氣息濃

〔註83〕據何貽謀的憶述：「台視歌仔戲劇團」主演週一下午一時卅分至三時的時段；「金鳳凰電視歌劇團」為週二下午二時卅分至四時；「正聲天馬歌劇團」係週四下午一時至二時卅分；週五晚間十時分由「小明明電視歌劇團」和「鳳鳴歌劇團」輪流擔綱演出。何貽謀，《台灣電視風雲錄》，頁 64。又，「青青電視歌劇團」係於 1970 年 9 月成立。鳳尾，〈歌仔戲中的當家小生〉，《電視周刊》第 416 期（1970.09.28），頁 56。

〔註84〕林茂賢，〈台灣的電視歌仔戲〉，《靜宜人文學報》第 8 期，頁 35。義文，〈情天恨中的楊麗花〉，《電視周刊》第 432 期（1971.01.18），頁 18。

〔註85〕何貽謀，《台灣電視風雲錄》，頁 122。唯中視首齣閩南語連續劇《玉蘭花》係於 1970 年 10 月推出，故何氏此段憶述略與實情不同。芷英，〈「玉蘭花」的演員陣容〉，《中國電視週刊》第 51 期（1970.10.11），頁 9。

〔註86〕「雲州大儒俠史艷文」的角色被設定為外型英挺，令異性迷醉；救人無數，亦殺人不見血。何貽謀，《台灣電視風雲錄》，頁 121。

〔註87〕陳龍廷，〈電視布袋戲的發展與變遷〉，《民俗曲藝》第 67、68 期，頁 68、70、83。

厚，屆 1968 年 3 月底停播。〔註88〕詎料，兩年後台視遭遇中視此等強勁敵手，而布袋戲的呈顯方式亦此時非彼時也，即黃俊雄布袋戲的木偶不僅碩大，〔註89〕且各具獨特個性和造型，角色人物益加活靈活現。再加上演出時以閩南語發音，收視對象也從過往的兒童擴及至成人觀眾。不僅自 1970 年 3 月 2 日起於台視頻道每週一、五下午播送兩天小試身手，後因廣受觀眾喜愛，遂於兩個月後增為每週一至五下午連續五天各播一小時。對此，何貽謀自承原因之一乃「不諱言有業務上的考量，也以『連續』方式還中視以顏色」。〔註90〕

　　若就競爭的角度和結果觀察，台視於此時使出布袋戲的撒手鐧堪稱成功且吸睛。就連傳統布袋戲大師李天祿亦言道：「一直到黃俊雄的《雲州大儒俠》才改寫了布袋戲的歷史！電視與史艷文的結合象徵另一個新時代的來臨」。他除了肯認黃俊雄「的確是個人才」外，還不吝讚許他「頭腦好，反應快」，無論流行歌曲、西洋唱片或是電影，皆可挖掘題材加以運用，且將全台各地戲班最出名的角色集合起來，重新納入其演出中。雖然後場的伴奏師傅已不敷使用，幸黃俊雄對音樂部分能予以變通，故其布袋戲全部使用錄製妥當的音效配樂替代。〔註91〕即以一名藝師的視角具體分析了黃俊雄布袋戲受到歡迎之原因。

　　吾人或可自當時和後人的文字紀錄和書寫中，體會到電視布袋戲的盛況。茲舉隅台灣省議員余陳月瑛於 1970 年 7 月 1 日的質詢紀錄如后：

> 最近台視公司，所演布袋戲，實在做得不錯，布袋戲是台灣本身
> 一種民間藝術，據報載學生無心上課，農民無心耕作，都跑去看
> 布袋戲，希望⋯⋯電視公司節目演出，應考慮到此問題，因為布

〔註88〕何貽謀，《台灣電視風雲錄》，頁 122。蕭涵，〈六年來臺灣電視公司節目瑣談〉，《廣播與電視季刊》第 8 期（1968.10.10），頁 37。

〔註89〕黃俊雄曾表示：他陸續將戲偶人形自八吋、一呎四吋，放大至三呎三吋。陳長華，〈布袋戲改良成功〉，《聯合報》，1970.02.22，5 版。

〔註90〕何貽謀，《台灣電視風雲錄》，頁 122。本報訊，〈台視三一起將調整節目〉，《聯合報》，1970.02.24，5 版。雙引號由筆者添加。

〔註91〕曾郁雯撰錄，李天祿口述，《戲夢人生：李天祿回憶錄》（台北：遠流出版，1991），頁 168～169。儘管黃俊雄亦被批評為金光戲的始作俑者、傳統布袋戲的罪人，惟李天祿認為是「環境本身的問題」；「一生看過太多地方戲曲的興衰高低起伏，利之所趨，潮流所致，這是很自然的現象」。而「金光戲」的別稱係因劇中常用劍光、金光決鬥故名之。呂理政，〈演戲、看戲、寫戲──臺灣布袋戲的回顧與前瞻〉，《民俗曲藝》第 67、68 期，頁 13。

　　袋戲所演的大都是忠孝節義的故事，請……多多給他們鼓勵和輔導。〔註92〕

又如報紙記者的報導：「播放布袋戲節目以來，給鄉下觀眾帶來了一陣熱潮，尤以學生們更是入迷」。〔註93〕另如學者呂理政指出：「雲州大儒俠連演五百八十三集，轟動一時，戲中主角史艷文、怪老子、二齒成為全台婦孺皆知的人物」；「誰知演出之後，觀眾如癡如迷，收視率節節上升，廣告滿檔，聲勢如日上中天」。〔註94〕此外，這齣由黃俊雄親撰故事大綱，以中國明代為背景的木偶戲，〔註95〕亦如林茂賢所述：「造成全省布袋戲狂熱，當時社會各階層無論士農工商、男女老幼都沉迷於史艷文」。〔註96〕就連李天祿亦敘及：「連小學生在考卷上填的民族英雄都是『史豔文』」。〔註97〕而何貽謀於其回憶錄也記述了若干「傳說」：「電力使用量在那個時段驟增；馬路上的計程車也少了一半——運匠要停在路邊看完史艷文才安心上路」。〔註98〕雖然何氏自忖前述說法不免誇大，惟布袋戲於當時受到觀眾歡迎應為實情。然相信更令何貽謀難以預料的是：他的此番決定，從而開啟了持續三年餘的電視布袋戲熱潮。〔註99〕

　　相反的，在中視方面，則受到來自國民黨中央的牽掣。根據翁炳榮的說法，他曾將布袋戲納入該台優先製播節目計畫之林，且擬一週連續播送五天，每次以一小時為一單元的方式製作。更何況因該劇種角色與布景較少，故事發展於場景的要求不大，對當時製播設備未盡完善的中視而言不致構成龐大負擔。〔註100〕惜最終計畫趕不上變化，就當中視將開播初期預定的節目

〔註92〕臺灣省議會史料總庫（1970.05.25），《臺灣省議會第四屆第五次定期大會公報》第23卷第18期，頁711～712，典藏號：003-04-05OA-23-6-6-01-01138。另，當年立法委員趙文藝於立法院教育委員會質詢時即提出「使學童逃學，農人廢耕」之說。本報訊，〈立委檢討電視內容〉，《聯合報》，1970.06.05，5版。

〔註93〕二水訊，〈談地方事〉，《台灣日報》，1970.05.10，中部版。

〔註94〕呂理政，〈演戲、看戲、寫戲——臺灣布袋戲的回顧與前瞻〉，《民俗曲藝》第67、68期，頁10、14。

〔註95〕陳長華，〈布袋戲改良成功〉，《聯合報》，1970.02.22，5版。

〔註96〕林茂賢，〈台灣布袋戲劇目〉，《民俗曲藝》第67、68期，頁66。

〔註97〕曾郁雯撰錄，李天祿口述，《戲夢人生：李天祿回憶錄》，頁168。

〔註98〕何貽謀，《台灣電視風雲錄》，頁123。

〔註99〕呂理政，〈演戲、看戲、寫戲——臺灣布袋戲的回顧與前瞻〉，《民俗曲藝》第67、68期，頁10、11。

〔註100〕翁炳榮，《我與廣播電視：兩岸三地廣電推手翁炳榮回憶錄》，頁167。

表呈交國民黨中央黨部報備時，〔註101〕主管宣傳的第四組卻對每週播出布袋戲有意見。至於究竟是何種「異見」影響到中視原擬製播布袋戲的決策？實已無從查考。惟據翁炳榮猜測：「可能是認為這種路邊演出的戲劇，不需要電視去播送、去提倡，已經有了每週播出五次的連續性閩南語歌劇（歌仔戲），如果再加播布袋戲，就是畫蛇添足」。若翁氏的臆度為真，除了「他們（按：第四組）對這種地方戲劇沒有太多的認識」外，〔註102〕筆者認為，應與官方長年倡導國語政策和 1966 年起推行中華文化復興運動的時代背景有關。然就競爭層面衡酌，遲至現今，翁炳榮還深覺中視開播初期未推出布袋戲乃「一大錯誤」。〔註103〕

然「上有政策，下有對策」，眼見台視的黃俊雄布袋戲受到觀眾矚目，中視終不甘示弱，特於 1970 年 5 月 11 日起每週一至六下午二時至三時推出以《地方藝術》為名的閩南語配音布袋戲，分別引進演師如：「新興閣」鍾仁祥、鍾仁壁主導演出《小神童李三保救世記》；「玉泉閣」黃秋藤之《揚州十三俠》和《武王伐紂》；「小西園」許王的《金蕭客》等。而台視為與中視一較長短亦改弦易轍，將前述的《雲州大儒俠》自原先每週播送兩天，增為每週一至五下午二時卅分至三時卅分連續五天各播一小時。以上的節目異動，兩台雖向外宣稱係為「迎合本省籍觀眾的興趣」，〔註104〕惟背後含意明顯為競爭下的結果，亦備受政府主管機關與輿論關注（詳後述）。而儘管該時期之電視布袋戲充斥注重打鬥特技與藝術幻想的特色，〔註105〕評價褒貶不一，然總體觀之，台視的布袋戲於當時還是獨領風騷。究其原因應為觀眾先入為主，已習慣黃俊雄設計的口白與演出方式矣。〔註106〕

〔註101〕國民黨對台灣增設第二家民營電視台本有掌握其宣傳政策與營運的意圖，故筆者認為中視開播前需呈送預定節目表至黨中央審查的舉動，應屬組織行政下之管制作為。中國國民黨文化傳播委員會黨史館館藏（1967.08.23），〈台（56）中秘字第 168 號谷鳳翔、陳裕清呈〉，《蔣中正總裁批簽檔案》，檔案號：總裁批簽 56/0089。

〔註102〕翁炳榮，《我與廣播電視：兩岸三地廣電推手翁炳榮回憶錄》，頁 174。

〔註103〕翁炳榮，《我與廣播電視：兩岸三地廣電推手翁炳榮回憶錄》，頁 174。

〔註104〕江武昌，〈台灣布袋戲簡史〉，《民俗曲藝》第 67、68 期，頁 121。本報訊，〈台視中視均增加布袋戲節目時間〉，《聯合報》，1970.05.11，5 版。

〔註105〕陳龍廷，〈黃俊雄電視布袋戲研究（民國五十九～六十三年）〉，摘要頁。

〔註106〕江武昌，〈台灣布袋戲簡史〉，《民俗曲藝》第 67、68 期，頁 121。

四、綜藝節目〔註107〕

　　觀察台視 1969 年 10 月和中視開播初期的節目表（附錄三、四），台視雖面對中視的挑釁，然在綜藝節目方面似顯得游刃有餘。除在晚間黃金時段排播不同的自製娛樂綜藝型節目，例如《彩虹之歌》（台視基本歌星演唱）、《大千世界》（歌唱比賽）、《群星會》〔註108〕、《你喜愛的歌》、《歡樂周末》〔註109〕之外，週間與週末例假日午後亦排播有如《星星之歌》、《我為你歌唱》、《七色橋》、《群星會》（週日版）等歌唱節目，一週播映時數達十六小時，反觀中視僅七小時。〔註110〕換言之，台視察覺歌星和具備唱功的演藝人員無法速成，知名度須長期積累，故主觀認定中視於開播之初的綜藝歌唱節目不易和其一爭短長。畢竟，以當時台視擁有的節目資源觀之，該台具有一個與其同歲的老牌歌唱節目《群星會》，且又網羅了自辦第一至三屆歌唱比賽脫穎而出的新星，再加上中視的股東之一「正聲廣播公司」，竟於 1969 年 10 月中視開播前以近似「倒戈」般的作為，將其自 1965 年起舉辦的各屆歌唱比賽冠亞軍得主和樂隊、製作班底投入製播台視《我為你歌唱》節目，使該台演藝歌手陣容更為堅強。此外，又陸續執行若干具開創性的作法，譬如：1969 年末首開固定於攝影棚以外的室內場地錄製大型綜藝節目《歡樂周末》；1971 年 9 月推出歌唱節目《翠笛銀箏》，其後更成為台灣電視史上第一個採純外景錄製的歌唱節目，且又於 1970 年 6 月、1971 年 5 月繼續舉辦第四及第五屆歌唱比賽選拔新星。〔註111〕諸如前述，何貽謀不諱言「多多少少，也有點向友台展示

〔註107〕「綜藝節目」為一種綜合性藝能的表演節目，依本地的習慣泛指特技、雜耍、魔術、言說、歌唱與舞蹈等。謝鵬雄著，廣播與電視叢書編纂委員會編，〈如何製作一個成功的綜藝節目〉，《電視新貌》（台北：中華民國廣播電視事業協會，1987.03），頁 71。

〔註108〕《群星會》為台視第一個歌唱綜藝節目，製作人為關華石，慎芝係首任主持人。中華民國電視學會，《中華民國電視年鑑——民國五十年至六十四年》，頁 83。

〔註109〕《歡樂周末》於 1969 年末播出，長度為九十分鐘，內容結合歌曲演唱、舞蹈、特技、相聲、魔術等表演，類似一小型夜總會（按：屬「拼盤式」節目）。表演場地係以每次新台幣二萬元的代價租下台北市豪華酒店為錄影場地，為台視新聞節目以外出動轉播車錄製的第一個娛樂性節目。計播出四年，後期以彩色畫質播映。石永貴，《台視二十年》，頁 68。

〔註110〕其中卅分鐘隸屬《柳營笙歌》，該節目係由國防部陸、海、空三軍的康樂影藝團隊及後備軍人負責出演。宏，〈中視節目簡介〉，《中國電視週刊》第 1 期（1969.10.24），頁 65。

〔註111〕何貽謀，《台灣電視風雲錄》，頁 124～128。按：《翠笛銀箏》初期於豪華酒

實力的味道」。〔註112〕

　　另一方面，對何氏口中「友台」之一的中視而言，其綜藝節目的攻擊火力又是如何？其實就如前述，由於中視缺乏演藝資源，實不利與台視抗衡，特別是當時台灣的許多演員、歌星、劇作家皆已與台視簽約，電視人才的後浪必須重新發掘和培養。〔註113〕因此，依筆者後設之見，中視一方面採取「以戰養人」策略——運用現有節目增加新星曝光度和知名度，另一則是與台視綜藝節目型態進行「差異化競爭」，即開闢由觀眾親身參與表演與競賽的「猜謎問答」節目（quiz show），以及首創「一人節目」（one man show），〔註114〕企圖於內容和表現方式上求取突破。

　　承前敘，中視於開播前即與中廣公司合辦「明日之星」歌唱競賽以甄選演藝人才，而《每日一星》亦在同一背景下誕生。而該節目的特殊性與意義有二：首先，其為台灣電視史上首個幾乎每日播出的歌唱綜藝節目，且週一至週六係由不同的歌手擔綱主持和演唱，並由主持人介紹當日參與節目的藝人來賓演出。此種主持人和他人打成一片的演出方式，在當時的電視音樂歌唱節目形式中獨樹一格，並與先前流行的排隊演唱設計（按：歌手一位接一位輪番表演）大異其趣，其後更增添舞蹈、合唱團參與其中。其二，則可作為培養自身演藝資源和新歌星的平台，例如曾擔綱該節目的主持人即有紫薇、顧媚、劉家昌、詹小屏、李勝洋、彭榮煌、郭金發、鄧麗君、李健美等人，而其中鄧麗君更成為台灣電視史上最年輕的節目主持人。〔註115〕總之，該節目的製播實兼具了觀眾養成、嘗試突破和羅致演藝人才等目的。

　　另外，在中視綜藝的「差異化競爭」部分，回顧台視一台獨大期間，一般綜藝節目的內容與型態較為單純，常見的不外乎歌唱、舞蹈、特技、相聲

　　　　店錄製，1972 年 2 月改為外景播出。周正，〈台視推出嶄新綜藝節目翠笛銀箏〉，《電視周刊》第 466 期（1971.09.13），頁 20～21。何文誤植該節目開播年份為 1970 年。

〔註112〕作者於原文指陳「也有點向友台展現實力的味道」亦含括 1971 年 10 月開播的華視之意。緣台視第五屆歌唱比賽舉辦時點落在華視籌備之際。詳見《台灣電視風雲錄》，頁 130～132。

〔註113〕翁炳榮，《我與廣播電視：兩岸三地廣電推手翁炳榮回憶錄》，頁 145。

〔註114〕梅長齡，《中華民國電視事業的回顧與前瞻》，頁 81～82。

〔註115〕翁炳榮，《我與廣播電視：兩岸三地廣電推手翁炳榮回憶錄》，頁 143～144、149。梅長齡，《中視十年》，頁 134。螢人，〈「每日一星」的演變〉，《中國電視週刊》第 57 期（1970.11.22），頁 86。

節目。〔註 116〕迄中視開播後，除歌唱節目外，亦側重所謂「猜謎問答」類型節目，譬如《上上下下》、《猜猜看》的播映。其企劃目標在於將報名參加的觀眾，變身為螢光幕前的演出者，並藉由獎金或獎品的設置，使節目產生緊張刺激的氛圍，增強播出時的娛樂效果。〔註 117〕而中視為出奇制勝，又開闢所謂「一人節目」，即節目主軸係以單人表演貫穿整體內容，代表作為蔣光超主持的《你我他》，以及歌唱節目《翁倩玉之聲》。〔註 118〕後者顧名思義，係由台灣「旅日三寶」之一的影視歌紅星翁倩玉身兼主持人與表演者，〔註 119〕並跨海與日本 TBS 廣播電視台〔註 120〕合作製播。惟因教育部文化局認定該節目「日本風格過重，且有披頭出現」，〔註 121〕故於當時特殊的時空環境下備受當局關注。

五、外國影片

在台灣電視事業開創之初，由於製播設備簡陋，亦無錄影技術，再加上節目自製能力低，因此影片節目曾於台灣電視發展史上佔有一席之地。且當時國內並未生產電視影片，故須仰賴外國進口。〔註 122〕即便至 1960 年代末期，台灣電視事業邁向雙雄對峙的時代，二台對於影片皆有不同程度的借重與需求。職是，在此擬大抵回溯台視和中視於影片節目上的策略思考及其

〔註 116〕梅長齡，《中華民國電視事業的回顧與前瞻》，頁 81。
〔註 117〕宏，〈中視節目簡介〉，《中國電視週刊》第 1 期（1969.10.24），頁 65、68。中華民國電視學會，《中華民國電視年鑑——民國五十年至六十四年》，頁 86。又，其後中視又於 1971 年 12 月推出台灣電視史上第一個週間帶狀猜謎節目《一分一秒》。青梅，〈首創電視紀錄的每日連續性猜謎　一分一秒〉，《中國電視週刊》第 112 期（1971.12.12），頁 14。
〔註 118〕梅長齡，《中華民國電視事業的回顧與前瞻》，頁 81～82。
〔註 119〕當時所謂「旅日三寶」除翁倩玉外，另有職棒選手王貞治、圍棋名家林海峰。周銘秀，〈翁倩玉——星光燦爛〉，《中國電視週刊》第 2 期（1969.11.01），頁 50。
〔註 120〕TBS（Tokyo Broadcasting System Holdings, Inc.），為「東京廣播電視台控股股份有限公司」的英文簡稱。資訊出處：〈公司概要〉（來源：TBS INTERNATIONAL SITE，http://www.tbs.co.jp/eng/chinese/about/cd_info.html，2017.08.31 瀏覽）。
〔註 121〕《翁倩玉之聲》於 1969 年 11 月 30 日首播，在每月最末一週的星期日播出卅分鐘，共計製播十三集。有關節目籌製情形詳見：翁炳榮，《我與廣播電視：兩岸三地廣電推手翁炳榮回憶錄》，頁 171～174。教育部文化局編印，《文化局的第二年》，頁 210。
〔註 122〕石永貴，《台視二十年》，頁 94～95。

優勢。

　　事實上，台視為使現場節目於製播時有充裕時間準備，亦因應開播第七年後每日午、晚間節目不中斷的連播政策，故大量租訂影集〔註123〕以充實節目陣容，且主要是依賴美國片商的供應。〔註124〕其後在與中視對壘期間，台視一來仰仗過往與片商長達七年的互動情誼；二來為能搶盡先機，特於1970年破例耗資取得數部彩色規格且屬國際級影片的播映權。當然，台視此番「創舉」含有兩項目的，除了欲拉抬彩色節目競爭上的聲勢外，也藉此同時推廣自家電視機製配廠〔註125〕的彩色電視機業務。〔註126〕

　　相對於台視的有恃無恐，在中視這方，由於開播初期受限設備與技術的不足，因此「彩色電視」僅能先以播出彩色外國影片呈現。〔註127〕又，慮及開播初期的節目自製能力較弱，恐需排播較多的影片節目，因此中視認為應搶先對手俾購得具競爭力的影集。該台採取的方法係順應英、美片商常以日本東京和香港為銷售起點，且因東京市場購片預算高，能於當地播出的影集通常評價較佳，再加上翁炳榮自身熟悉日本的電視環境，便於獲知何者影片尚未受到台視青睞，故可先一步於東京訂購，並約定以台灣作為播出的第二站。〔註128〕雖翁氏自承成效未盡如人意，惟亦多方與英國獨立電視（Independent Television，簡稱ITV）、美國華納兄弟公司（Warner Bros. Entertainment）和派拉蒙公司（Paramount Pictures Corporation）、日本的東映

〔註123〕據林雅婷的綜合整理，「影集」一詞不僅與電影有關，亦因台視創台之初所用的進口電視影片幾乎是來自美國進口的十六釐米電視影片，故日久即專指或令人聯想起美國電視劇。林雅婷，〈美國影集在台灣——購片與播映的脈絡〉（台北：國立台灣師範大學大眾傳播研究所碩士論文，2011），頁10。
〔註124〕朱心儀，〈台視1962～1969節目內容的演變〉，頁70。
〔註125〕「台灣電視公司製配廠」係主責電視接收機的裝配生產事宜，下設生產管制組、裝配組、修護組，自1962年9月開工迄1971年4月結束業務。石永貴，《台視二十年》，頁200～201。
〔註126〕台視於1970年購播的「彩色國際級影片」包括：4月《第四十二屆美國奧斯卡金像獎頒獎典禮》；6月《第廿三屆美國艾美獎頒獎典禮》；7月《第十九屆環球小姐選美大會》；9月《第五十屆美國小姐選美大會》；12月《1970年世界小姐選美大會》等。何貽謀，《台灣電視風雲錄》，頁132～134。
〔註127〕不著撰人，〈步入彩色電視時代〉，《中國電視週刊》第23期（1970.03.29），頁6。
〔註128〕據翁炳榮的憶述：當時歐美各電影公司供給影集予電視台的方式，係由片商派人至電視台推銷，待電視台決定後再以一種「bicycling」的制度提供影片，即某台將播畢的影片直接寄送至片商指定的下一輪播映台。詳見翁炳榮，《我與廣播電視：兩岸三地廣電推手翁炳榮回憶錄》，頁127。

株式會社訂約，使上述片商的影視作品於東京映畢即送至中視待播。〔註129〕如此亦得以不受台視的掣肘，重新闢建自身的播權洽租管道。

　　然而，外國影片節目於本研究時間跨度內也有繁華落盡的一日。由於三台競爭日烈，節目自製率相對提升，業務重心隨之轉移，即便係屬佳片，廣告銷售亦常乏人問津。再加上政府自1975年3月開始徵收進口關稅，故影響其於各電視台的播放比例而逐漸淡出競爭市場。〔註130〕

第三節　影響節目競爭之因素分析

　　事實上，自電視媒體出現後，即開始產生「收視率」的問題。欲知節目收看觀眾的多寡，係受到「收視率」的左右。〔註131〕而台灣商業電視競爭的濫觴，在台視和中視官控商營的本質下，原本企業應當將本求利的經營性格於官方政策、電視台營運方針和廣告市場之需索下，開始顯現異變和矛盾性。故以下擬延續前兩節內容，俾綜論足以影響雙雄對峙時期節目競爭製播樣態的因素。

一、法規對娛樂類型節目播送比率的限制

　　如前章所述，1976年元月「廣播電視法」正式實施前，1964年1月1日起施行的「廣播及電視無線電台節目輔導準則」雖缺乏立法基礎，然係當時廣電媒體節目規劃及管理上僅能依循的行政法規，其中第八條針對娛樂類型節目即規定每週總時數的佔比不得多於百分之五十。〔註132〕惟就電視的功能與實務運作而言，觀眾收看電視節目大多為消遣和休閒目的，追求的是娛樂效果。因此，娛樂類型節目一般比報導和教育性的節目具有較多觀眾，此亦

〔註129〕翁炳榮，《我與廣播電視：兩岸三地廣電推手翁炳榮回憶錄》，頁127～128。又，依據《中華民國電視年鑑——民國五十年至六十四年》頁138所述：中視開播之初大部分的外國影集節目來源為當時美國三大電視網，即美國廣播公司（ABC）、國家廣播公司（NBC）、哥倫比亞廣播公司（CBS）、英國國家廣播電視公司（BBC），影片則多來自美國好萊塢的製片公司。

〔註130〕石永貴，《台視二十年》，頁94、96。

〔註131〕葉廣海，《收視率的三角習題》，頁39。

〔註132〕第八條內容略為：「電台播送節目之分類與時間，依其內容主要性質及每週節目總時數為計算之標準，其比率規定……四、文藝娛樂節目時間——不得多於百分之五十」。另依據第十二條文藝娛樂節目內容係包括各種歌唱、音樂、戲劇、小說、故事、笑話、猜謎、舞蹈、體育、及技藝之表演等。台灣省政府新聞處編印，《新聞業務手冊》，頁213～219。

為一般商業電視台節目以娛樂成分居多的主要原因。〔註133〕

自下表台視與中視對峙期間的各類型節目播映統計表可察知：二台文藝娛樂節目的製播比率皆較其他類型為高。其中台視 1968 至 1970 年處於獨家跨至雙雄相爭之時，其文藝娛樂節目佔比逐漸偏高恐為因應競爭使然。而中視自開播當年的百分之四十點〇八漸次提升至法規上限，殆與 1970 年 2 月完成中南部轉播網，以及 4 月起逐步播出自製彩色電視節目，〔註134〕故擬強固節目收視市場有關。

表 4-2：1968～1971 年台視、中視各類型節目播映統計表

台別	年度	週平均分鐘數	播出時數（分鐘）／佔比（%）				
			新聞政令	教育文化	公共服務	文藝娛樂	廣告
台視	*1968*	*3724*	*434*	*430*	*410*	*1850*	*600*
			11.65	*11.55*	*11.01*	*49.68*	*16.11*
	1969	4180	485	470	445	2250	530
			11.60	11.24	10.65	53.83	12.68
	1970	4634	580	625	426	2520	483
			12.52	13.49	9.19	54.38	10.42
	1971	5519	610	955	1204	2410	340
			11.05	17.30	21.82	43.67	6.16
中視	1969	3878	445	971	638	1554	270
			11.48	25.04	16.44	40.08	6.95
	1970	4552	394	953	432	2266	507
			8.65	20.94	9.48	49.79	11.14
	1971	4934	646	981	638	2404	265
			13.09	19.88	12.94	48.72	5.37

出處：由筆者彙整製作

資料來源：石永貴，《台視二十年》，頁 110。梅長齡，《中視十年》，頁 45。為利比較台視獨家前後差異，故列入 1968 年數值，並以斜體字區分表示。

〔註133〕何貽謀撰，王民發行，〈電視節目的安排〉，《廣播‧電視‧電影》，頁 137。

〔註134〕不著撰人，〈步入彩色電視時代〉，《中國電視週刊》第 23 期（1970.03.29），頁 6。筆者需補充說明的是：表內「文藝娛樂」節目亦含括藝文性質的節目，其在電視競爭上的「價值」與純娛樂性節目恐有差異。

　　因此，當台視、中視從事商業競爭愈演愈烈之際，娛樂類型節目的比重自然反映於播映時數上。就在政府法令和管理機關權責尚未明確制定及劃分的情況下，兩家電視台為收視率與廣告收入展開激烈競逐僅半年餘，其娛樂節目佔比即一度達到百分之七十。究其原因，例如電視台播送交響樂及國劇節目並不受廣告商青睞，因此初期絕大部分時間多為通俗外國影片和流行歌唱綜藝節目充抵以爭取廣告。其後因歌仔戲及布袋戲走紅，二台爭相競播，使娛樂類型節目時數比率大幅超過「廣播及電視無線電台節目輔導準則」的規定，此一現象亦受到當局及民意機關的注意。〔註135〕台視遂率先宣布「退出電視節目競爭」，將布袋戲自每週播出五天削減為四天，並從原播出七十分鐘減為一小時；歌仔戲自原每次九十分鐘減為七十五分鐘，中視則暫將布袋戲調離已形成收視聚眾效應的原時段以為因應，〔註136〕皆為影響雙方競爭態勢的顯例。

二、「方言」節目不敵政策法規的框限

　　台灣各族群以福佬人所佔的比例最高，約達七成左右，故以閩南語發音的節目收視率較高。又因其廣告效果較佳，易吸引廣告客戶垂青，廣告代理商的佣金相對優渥，電視台的業績亦隨之提升。〔註137〕自下表的台視和中視1968至1971年節目使用語言統計表觀之，隨著二台競爭日趨激烈，閩南語發音的節目比率皆明顯增加。另依據「廣播及電視無線電台節目輔導準則」第三條規定：「電台對國內廣播，其播音語言應以國語為主，方言節目時間比率不得超過百分之五十……」，字面意義似乎「方言」節目至少可達百分之五十，惟以主管機關的解讀而言，所謂「方言」節目事實上含括「外國語節目」。〔註138〕視下表可察知，即便隨著二台自製節目能力的提升，外國語節目呈下

〔註135〕本報訊，〈立委檢討電視內容　認為目前節目不佳　促請主管單位迅謀糾正〉，《聯合報》，1970.06.05，2版。本報訊，〈立法院教育委員會十一日續舉行會議　質詢電視節目問題〉，《聯合報》，1970.06.07，5版。中國國民黨文化傳播委員會黨史館館藏（1970.07.27），附件（一）：〈大眾傳播與大眾娛樂的輔導方針〉，頁4，《中國國民黨第十屆中央委員會常務委員會第一一五次會議紀錄》，館藏號：會10.3/1606。

〔註136〕本報訊，〈台視部分節目　今起調整時間〉，《聯合報》，1970.07.05，3版。本報訊，〈台視下月推出電視小說節目　中視即將調整布袋戲時間〉，《聯合報》，1970.06.06，5版。

〔註137〕何貽謀，《台灣電視風雲錄》，頁181。

〔註138〕時任教育部文化局長的王洪鈞曾指出：當時閩南語戲劇節目過量，中視方言

降趨勢，然閩南語發音節目的比率大多不及英語發音之節目。

表 4-3：1968～1971 年台視、中視節目使用語言統計表

台別	年度	使用語言（分鐘）/ 佔比（%）			
		國語	英語	閩南語	其他
台視	*1968*	2134	1120	470	－
		57.3	30.08	12.62	－
	1969	2425	1215	540	－
		58	30	12	－
	1970	2239	1525	870	－
		48.33	32.9	18.77	－
	1971	3451	1228	840	－
		62.53	22.25	15.22	－
中視	1969	2093	1403	382	－
		53.96	36.18	9.86	－
	1970	2376	1410	766	－
		52.2	30.98	16.82	－
	1971	2859	1024	1051	－
		57.95	20.75	21.3	－

出處：由筆者彙整製作
資料來源：石永貴，《台視二十年》，頁 110。梅長齡，《中視十年》，頁 45。為利比
　　　　　較台視獨家前後差異，故列入 1968 年數值，並以斜體字區分表示。又，
　　　　　台視曾於 1970 年 4 月 4 日下午三時首播由「合眾劇團」擔綱演出的客家
　　　　　語發音戲曲節目《龍虎競孝》，恐因所佔時數比例過低，並未見列入該台
　　　　　官方資料中。本報訊，〈台視今首次演出客家戲龍虎競孝〉，《聯合報》，
　　　　　1970.04.04，5 版。

　　再者，二台囿於製播設備，加上節目自製能力尚未完全到位，因此外國
影片節目曾於台灣電視發展史具一定地位。但「廣播及電視無線電台節目輔

節目（含外國語節目）約佔百分之四九・五；台視原為百分之四八，惟增至
百分之五八，超過百分之五十之規定。本報訊，〈立委檢討電視內容　認為目
前節目不佳　促請主管單位迅謀糾正〉，《聯合報》，1970.06.05，2 版。劃線
處由筆者加註。

導準則」並未將外國語列入限制條件，主管機關認定時又將其包裹於「方言」時數內合併計算。然當「方言節目」比率過高時，卻寧願壓抑本地節目的播出，而堂皇「放任」外國文化的入侵。假設政府為徹底推行國語運動，以此邏輯，是否即應強制電視台播放外國影片時應予國語配音始為公平合理？而非由電視台自行決定。〔註139〕況且，當時輿論也有方言節目與推行國語運動並無絕對關聯，且不妨礙民眾日常使用國語的論點。〔註140〕而時任國民黨中央第四組主任的陳裕清，亦曾於1970年6月「中華民國電視學會電視節目研究審議委員會」一場協調電視台節目競爭的會議中表示：「電視方言節目受到歡迎，可見有其需要，因此不應該予以硬性限制，應讓它自然發展」。〔註141〕然而，實際的政策作為卻是要求電視台於1971年底前「一律減至各台播出總時間百分之十六」。〔註142〕是故，當局既知觀眾對方言節目有其收視需求，又對其大加斲削，不僅未利電視台間的自由競爭，亦足見黨國文化霸權於廣電媒體語言使用政策上的矛盾與謬妄。

三、政策法規對歌仔戲與布袋戲節目的影響

如本章卷首所言，台視和中視的雙強競爭，實際上就是歌仔戲與布袋戲之爭，可見當時電視台以業務作為導向時對其倚重甚深。惟政策法規卻未利電視台播送該劇種，其緣由似涉及兩個層面：一為牴觸當局「國語政策」及同時對本土文化的壓制，且其間又涉及「廣播及電視無線電台節目輔導準則」第三條對方言節目時間比率的限制；其二則是第十二條有關節目內容的規定。〔註143〕

〔註139〕台視於1969年4月22日至6月7日期間曾陸續播出六部以國語配音的外國影片，但觀眾反對的聲浪大於贊成者，故恢復外國原音播出。至1971年再度嘗試，首部為《妙叔叔》，但收視與業務表現不佳。何貽謀，《台灣電視風雲錄》，頁92。石永貴，《台視二十年》，頁98、250。
〔註140〕社論，〈持平以論電視節目問題之爭〉，《聯合報》，1970.06.06，2版。
〔註141〕本報訊，〈電視學會商討　有關節目問題〉，《聯合報》，1970.06.07，5版。
〔註142〕1971年7月14日國民黨中央曾和三台負責人達成管控方言節目比率的協議（華視尚未開播，但已參與相關討論），惟實際成效不彰，其後又嚴加要求遵守。中國國民黨文化傳播委員會黨史館館藏（1972.05.01），附件（二）：〈電視事業現況與今後發展方向〉，頁5，《中國國民黨第十屆中央委員會常務委員會第二六六次會議紀錄》，館藏號：會10.3/1621。
〔註143〕第十二條略為：「文藝娛樂節目內容……一、應選擇富有宣傳及教育意義內容之節目，以發揮寓宣傳及教育於娛樂之功效。二、應注意配合時令節期，及當前社會之需要，安排播送題材適當之節目。三、應基於幽默、風趣、高雅、

　　如前述，原中視開播前預排的節目表已含括布袋戲節目，惟國民黨中央黨部主管宣傳的第四組持反對意見，使得中視於競爭上錯失先機。俟 1970 年二台競播歌仔戲與布袋戲後，開始有若干要求檢討之聲見諸報端。〔註 144〕尤其金光布袋戲內容結合古今現代元素，劇情天馬行空，講白俚俗，頗受到觀眾歡迎，亦引發部分人士對兒童教育方面的憂懼。雖然一方面亦有布袋戲為台灣民間藝術，應鼓勵於電視播演提倡的呼籲，並引發社會各界討論。〔註 145〕然有中央級立法委員不僅撻伐電視廣播用語多採用方言，違背政府推行國語的政令，且將矛頭針對歌仔戲與布袋戲的內容，批評其使得「學童逃學，農人廢耕」。〔註 146〕主管機關教育部文化局只得召集二台節目主管，依據「廣播及電視無線電台節目輔導準則」的規定，就如何加強國語、減少方言節目以及調整播出時間「交換意見」。〔註 147〕惟此，台視於同年 7 月火速縮減歌仔戲與布袋戲的播出時數，並針對布袋戲部分週一、二改播《三國演義》，當紅的《雲州大儒俠》調整為每週三、四播出兩天。未久，至 9 月份索性暫時停播，另推出《劍王子》一劇。其後，雖台視似難敵業務需求一度恢復每週一至五播出《雲州大儒俠》續集，但 1970 年 11 月 27 日還是懷著「孔明揮淚斬馬謖」的心情再度「提前」予以停播。〔註 148〕迄後，又陸續推出《新西

　　　　活潑之旨趣選擇節目，儘量減少哀戚頹喪之氣氛，並避免足以引起模仿犯罪或不良行為之描述。四、法令禁止之歌曲、音樂、戲劇、小說、書刊及電影片等，一律不得採用其全部或部分作為節目之資料。五、各種文藝娛樂節目，應特別注意兒童及少年身心健康之需要。六、電視表演之服裝及務作，應儘量避免過分暴露及挑逗性之情節」。

〔註 144〕負面批評諸如劇情荒誕，誤導醫學知識，殘殺血親，打打殺殺，哭鬧不休等。本報記者戴獨行，〈兩家電視台激烈競爭　同時播相同節目〉，《聯合報》，1970.06.02，5 版。何凡，〈玻璃墊上　停止地方戲的爛戰〉，《聯合報》，1970.06.02，9 版。何凡，〈玻璃墊上　再談減少地方戲〉，《聯合報》，1970.06.03，9 版。秋君，〈也談電視節目〉，《聯合報》，1970.06.09，9 版。

〔註 145〕呂理政，〈演戲、看戲、寫戲——臺灣布袋戲的回顧與前瞻〉，《民俗曲藝》第67、68 期，頁 10、11。

〔註 146〕本報訊，〈立委檢討電視內容　認為目前節目不佳　促請主管單位迅謀糾正〉，《聯合報》，1970.06.05，2 版。中央社台北十一日電，〈電視如何提高節目水準　立委昨續提出改進意見〉，《聯合報》，1970.06.12，2 版。本報訊，〈電視節目內容　教部決予改進〉，《聯合報》，1970.06.21，2 版。

〔註 147〕本報訊，〈兩電視台計劃增加現場節目〉，《聯合報》，1970.06.10，5 版。

〔註 148〕徐觀，〈雲州大儒俠史艷文來也〉，《電視周刊》第 418 期（1970.10.12），頁24。本報記者謝鍾翔，〈台視決定雲州大儒俠月底前結束〉，《聯合報》，1970.11.19，5 版。

遊記》、《六合三俠傳》〔註149〕、《忠孝書生》等劇目，俾支撐難以逆料的布袋戲市場。〔註150〕

而中視因應此「變局」，係採一週縮減一天布袋戲，並將原時段改播國語發音的木偶戲《小晶晶劇場──西遊記》小試水溫。〔註151〕另嘗試有別過往金光布袋戲由一人配音多角的方式，換成閩南語廣播播音員按劇本預錄錄音帶搭配演出，並於 1971 年 3 月推出此一經「改良」的布袋戲《無情劍》等。〔註152〕雖亦受到觀眾矚目，惟未如台視《雲州大儒俠》來得轟動。〔註153〕

期間，台視亦曾發出「不平之鳴」，甚至聲稱據統計當時台灣年齡逾四十歲以上不懂國語者有四十萬人以上，因此「一個電視台總不能屏棄四十多萬觀眾的興趣和需要於不顧，一律採用國語廣播，剝奪他們收看電視節目的權利」。〔註154〕言下之意似反而更加體現歌仔戲與布袋戲於電視競爭上的舉足輕重。

四、節目排播方式與黨意、民意的扞格

無庸置疑的是：電視節目需配合適宜的播映時段，始能發揮最大的節目綜效。誠如何貽謀所言，可略窺身為電視台決策者面臨不同情勢時的對應心態：

> 如果在一個地區之內，祇有一家廣播電台或祇有一家電視電台，那麼這個廣播電台或電視電台在安排節目表時，祇要顧及聽眾或觀眾的需求和便利就可以了，不發生與同業競爭的問題。如果有另一家或一家以上的廣播電台或電視電台存在，而播出時間又大致相同的時候，為了爭取對本身節目較高的收聽率或收視率，在節目的編排上，就得煞費苦心。〔註155〕

〔註149〕小鳳，〈史艷文來也〉，《電視周刊》第 469 期（1971.10.04），頁 8。

〔註150〕俞允平，〈幕後奇人黃俊雄和他的掌中世界〉，《電視周刊》第 465 期（1971.09.06），頁 13～14。

〔註151〕本報訊，〈電視台將變更布袋戲的節目〉，《聯合報》，1970.06.27，5 版。徐行，〈劍王子下山復仇〉，《電視周刊》第 413 期（1970.09.07），頁 10。南山月，〈小晶晶劇場與毓子山〉，《中國電視週刊》第 41 期（1970.08.03），頁 13。〈電視節目表〉，《中國電視週刊》第 41 期（1970.08.03），頁 83～88。

〔註152〕本刊綜合報導，〈三月份新節目〉，《中國電視週刊》第 71 期（1971.02.28），頁 12。

〔註153〕林茂賢，〈台灣布袋戲劇目〉，《民俗曲藝》第 67、68 期，頁 66。

〔註154〕徐行，〈台視七月份節目新貌〉，《電視周刊》第 404 期（1970.07.06），頁 6。

〔註155〕何貽謀，《廣播與電視》，頁 110。

就以前節台視和中視黃金時段連續劇的競爭為例，二台確實是煞費苦心。

緣中視起初採取的是「反向策略」（counter programming；前譯「對抗策略」），即吸引的觀眾不同於競爭對手之目標受眾，目的在於訴求市場區隔以爭取不同觀眾，〔註 156〕故以連續劇與台視的綜藝和新聞報導節目對抗。詎料八個月後，台視雖聲稱「完全是顧全觀眾的收視利益，避免和友台作同性質之節目競爭」，〔註 157〕但亦以其人之道還治其人之身，採相同方式用帶狀播出的「電視小說」和中視晚間新聞相抗，並再將自家新聞提前半小時俾對付中視的塊狀綜藝及外國影集節目。然中視見狀快刀斬亂麻，一個月後改採「正面策略」（head to head）針鋒相對的方式，即於同一時段編排類型相同或閱聽眾相似的節目，〔註 158〕使二台連續劇直接交手。唯此舉對初嘗電視競爭的觀眾而言備感困擾，未利其原可接連收看兩台連續劇的意圖，遂引起輿論責難。是故，雙方被迫於 1970 年 10 月 15 日國民黨中央召開的「電視業務合作專案座談會」中協調，且在黨中央抱持電視事業應彼此合作，競爭應公平合理，絕非惡性競爭的立場下，經折衝結果改採行雙時點的輪播法：即中視前一齣劇先於七時卅分播出，下一檔戲換至八時播放；而台視的播出時間則與之相反。此外，亦協議每次時長係以半小時為準，播期不得超過四十五天。〔註 159〕

若從自由市場機制論之，針鋒相對的排播方式，常適用於高開機率的時段，〔註 160〕且當廣告市場足以容納兩個競爭對手分食，即會採取此項策略。而回溯當時，商營的中視採行此法，殆除黃金時段連續劇收視市場業具一定規模外，亦有與台視一決高下的企圖，惟此舉又和黨意及民意相違，從現今視角觀之，可謂威權時代電視競爭開端的奇特景象。

五、官控商營下的節目經營難題

「電視節目」為電視台用以販售廣告、獲取營收的商品。在 1971 年 4 月

〔註 156〕普林格爾等著，陳芊圭譯，《電子媒體經營管理》（台北：亞太圖書出版社，1998），頁 153。

〔註 157〕徐行，〈台視七月份節目新貌〉，《電視周刊》第 404 期（1970.07.06），頁 6。

〔註 158〕普林格爾等著，陳芊圭譯，《電子媒體經營管理》，頁 155。

〔註 159〕中國國民黨文化傳播委員會黨史館館藏（1970.11.16），《中國國民黨第十屆中央委員會常務委員會第一四〇次會議紀錄》，頁 9、10，館藏號：會 10.3/1608。

〔註 160〕劉幼琍、蔡琰，〈電視節目品質與時段分配之研究〉，《廣播與電視》第 2 卷第 1 期（1995.01），頁 103。

以前，台視的營業收入一為廣告，佔總額百分之八十；二賴電視機裝配及銷售，佔百分之廿，﹝註161﹞其後與中視、以至後起的華視同以廣告為主要營利來源。而自台灣電視事業發軔之始，電視廣告有百分之九十八左右由廣告代理業負責代理，因此電視台的業績表現與廣告代理業者實密不可分。﹝註162﹞惟若干具教育意義、新聞價值及公共服務性質的節目在當時並不受廣告客戶青睞，難以長期維持。﹝註163﹞然電視台在商業經營的表象下，實又擔負「闡揚國策」等任務，為政府政令宣導的「傳聲筒」，﹝註164﹞故類此型態節目僅能多由電視台自身或公營事業支持。﹝註165﹞

譬如：自1966年起，政府全力推行中華文化復興運動，其中「平劇」因其內容教忠教孝，當局認為有益國民民族精神和生活教育的養成，故成為極力推廣的藝文項目之一。﹝註166﹞且在此之前，1964年施行的「廣播及電視無線電台節目輔導準則」第十條第五項即明訂有「積極提倡國樂、平劇、舞蹈、繪畫，及工藝等民族固有文化」的條文規定，﹝註167﹞而台視和中視於其自訂「節目規範」中有關娛樂節目的處理準則，亦皆明確將平劇（國劇）列為「提倡」節目之林，﹝註168﹞其受重視程度可見一斑。因此透過電視播演平劇，乃政府除國防部總政戰部設置軍中劇團、教育部文化局輔導鼓勵學校設立社團

﹝註161﹞周天翔，〈臺灣電視公司的回顧與前瞻〉，《廣播與電視季刊》第8期（1968.10.10），頁16。台視的電視機裝配生產業務係於1971年4月結束。石永貴，《台視二十年》，頁200～201。

﹝註162﹞顏伯勤，《二十年來臺灣廣告量研究》，頁22。

﹝註163﹞中國國民黨文化傳播委員會黨史館館藏（1971.09.08），附件（一）：〈當前電視節目之檢討與改進〉，頁10，《中國國民黨第十屆中央委員會常務委員會第二一四次會議紀錄》，館藏號：會10.3/1615。

﹝註164﹞陳炳宏著，國立政治大學傳播學院編，〈台灣電視產業組織與經營管理之變遷〉，《台灣電視四十年回顧與前瞻研討會論文集》，頁356。

﹝註165﹞中國國民黨文化傳播委員會黨史館館藏（1970.07.27），附件（一）：〈大眾傳播與大眾娛樂的輔導方針〉，頁4，《中國國民黨第十屆中央委員會常務委員會第一一五次會議紀錄》，館藏號：會10.3/1606。

﹝註166﹞鍾振宏，《臺灣光復卅五年》，頁380。

﹝註167﹞第十條係指「教育節目」內容的規定。劃線處為筆者標示。

﹝註168﹞「台視節目規範」原文為「八、對娛樂節目之處理……（三）民族技藝如民族舞蹈、國樂、國劇等予以普遍之提倡。屬於地方性之技藝，另力求其通俗理解」。「中國電視公司節目規範」則係「八、處理娛樂節目之準則……（二）娛樂節目應以本國節目為主，尤應提倡民族舞蹈、民族技藝、國劇、平劇，不斷推陳出新，多采多姿，以引起觀眾之興趣」。石永貴，《台視二十年》，頁242。董彭年，《電視與傳播》，頁159。劃線處為筆者加註。

外的重要推廣平台。〔註169〕

　　緣此，兩台亦未敢輕視，除每週安排於晚間黃金時段播映一次外，台視另於週五下午以塊狀排播（如附錄三～六）。再者，台視早在 1963 年即設有「電視國劇研究社」出演劇目，同時亦仰賴軍方劇團製作演播。〔註170〕於二台競爭之初更曾應「中華文化復興運動推行委員會國劇聯演指導委員會」之請轉播外場演出實況，並因應調整當日晚間黃金時段節目。〔註171〕且為配合當局推行中華文化復興運動，宣稱每年開支八百萬元於平劇製播，卻僅能依靠政府表揚，以「在物質上雖無多大補償，但在精神上卻已獲得無限的慰藉」自譴。〔註172〕又為了彩色播出，另花費八十餘萬添購新劇裝，並於新建大樓開闢內部裝有防潮設備的專有保管房。〔註173〕此外，當時省政府財政廳為予貼補資助，甚至長年編列預算科目，指示各省營事業機構攤派分擔插播台視平劇節目的廣告費用，此舉亦引起省議員的質詢與不滿。〔註174〕而在中視這廂，除借重國軍各劇團支援演出外，1970 年亦成立「國劇研究社」從事研究改進和參加演出，高層更設有「國劇節目指導委員會」負責督導。於收支方面，則自稱每月花費卅餘萬元，但廣告收入卻不及成本的三分之一，令中視首任總經理黎世芬率言「其餘三分之二，即為我們對文化復興的貢獻」。〔註175〕

　　除平劇節目外，若干主題意識涉及藝文、科學、社會服務或教育性的節目也難獲得廣告客戶支持，例如於台視獨家經營時即已開播的音樂節目《交響樂時間》，以及由管弦樂團伴奏的藝術歌唱節目《您喜愛的歌》，原係於每週五晚間八時黃金時段輪播，亦自 1970 年 10 月起延後至十時廿分播出，而

〔註169〕本報記者戴獨行，〈振興國劇　氣象蓬勃〉，《聯合報》，1970.07.14，5 版。

〔註170〕石永貴，《台視二十年》，頁 48、49～50。

〔註171〕本報訊，〈台視今晚轉播　全本四郎探母〉，《聯合報》，1969.11.18，5 版。

〔註172〕富翁，〈台視平劇獲政府頒獎〉，《電視周刊》第 476 期（1971.11.22），頁 36。

〔註173〕蔡林，〈台視外記　國劇服裝頗受「寵遇」〉，《電視周刊》第 476 期（1971.09.13），頁 30。

〔註174〕1970 年 12 月 5 日，時任台灣省議員的郭雨新曾提出質詢，認為此舉有圖利之嫌。臺灣省議會史料總庫（1969.12.03～1969.12.05），《臺灣省議會第四屆第四次定期大會公報》第 22 卷第 12 期，頁 440～442，典藏號：003-04-04OA-22-6-3-01-00561。

〔註175〕黎世芬，〈螢光幕上一周年〉，《中國電視週刊》第 53 期（1970.10.25），頁 8。不著撰人，〈谷董事長親自主持　國劇節目擴大座談〉，《中國電視週刊》第 88 期（1971.06.27），頁 67。

原時段則改播彩色外國影集與歌仔戲。〔註176〕如此挪調應具收視與業務的雙重考量。

　　中視黎世芬亦以經理人之姿言道：「以廣告市場滋養兩家電視公司，已有空氣稀薄及營養不良之感。我們除了黃金時段的節目，尚能順利脫售外，其餘時段節目，往往縱令內容再好，再為觀眾歡迎，也終無人問津，而致成為公司的賠錢貨。」如該台為配合中華文化復興運動所製播的《中華歌舞劇》節目，自1970年4月起每週連續播映六天，每次半小時，共計播出一個半月，然據黎氏的說法，節目製作費開支二百多萬，居然完全未售出廣告。其他如介紹人類未來發展的影片《廿一世紀》、外國影集《紀爾德醫生》、紐約愛樂交響樂團領銜演出的《少年音樂會》、改編自英國原著小說的《塊肉餘生記》等亦然。「這類賠錢節目，純從商業觀點看，我們應該立刻把它停掉。可是，為了滿足觀眾要求，或是為了推展文化復興，或者為了社會服務，我們還是堅持賠錢播映到底」。〔註177〕黎語似道破台灣電視乍逢競爭對峙，業者除需考量自身的營運策略外，尚須周旋於政府政策和廣告市場的矛盾與無奈。

〔註176〕曾獻毅，〈台視十月份節目新貌〉，《電視周刊》第416期（1970.09.28），頁9。
〔註177〕黎世芬，〈螢光幕上一周年〉，《中國電視週刊》第53期（1970.10.25），頁6、7、8。

第五章　三足鼎立態勢下娛樂節目
　　　　　競爭的演變

　　1972 年，台視於其官方刊物所發表的〈新年度電視廣告業務展望〉一文曾提到：「民營商業電視台，唯一的生存條件就是靠廣告收入。目前國內各電視台為了爭取廣告，競爭得相當激烈，節目的安排尤其顯得針鋒相對」，〔註1〕若據此遙想當年三台交戰激烈的景況自不待言。是故，秉承前章的研究向度，本章擬以三節分別探究華視節目的特性與其開播初期競爭策略之擬定，俾考察該台節目的建構概況；並自文獻中聚焦三台連續劇、布袋戲和歌仔戲等娛樂節目競爭演變的脈絡，以及三台節目競爭日烈下，當時影響節目競爭之因素所在。

第一節　華視節目的特性與其開播初期競爭策略之
　　　　　擬定

一、教學節目的製播

　　如前述，華視的創設，在政策面係有推展軍中政治教育及發展空中教育的考量，故與台視、中視最為顯著不同的是內部組織設有教學部以利製作電視教學節目，此「也是華視的一項特色」。〔註2〕且該台廣告收入需挹注於教

〔註1〕蔡林，〈台視外記　新年度電視廣告業務展望〉，《電視周刊》第 484 期
　　　（1972.01.17），頁 39。
〔註2〕劉先雲口述，遲景德、陳進金訪問，陳進金記錄整理，《劉先雲先生訪談錄》，
　　　頁 449、450。

學節目的製播，〔註3〕節目本身亦佔據一定比例的播映時間，使華視的競爭條件與台、中二台不盡相同。再者，經筆者爬梳資料，華視的各類教學節目應較符合官方對該台節目製作路線「為貫徹教育性、戰鬥性、革命性之政策要求」〔註4〕，因此於本章擬試行探究。

　　緣籌備期間即有「日間播放教育節目，夜晚播放娛樂節目並作廣告」之原則性決定，因此由教育部委託的「空中學校」教學節目，其第一年度每週播映時數即佔該台總數的百分之卅一，〔註5〕主要播送時段多集中於週一至六清晨、週間夜間和週日上午（如附錄九）。歷年課程類型涵蓋高中、高商、高工、師專暑期課程和大學選修科。自1976年起，為配合政府順應社會與經濟發展，擴大在職進修的教育政策，又開闢空中行政、商業及工業專科相關課程節目，俾符合時代需求。此外，華視於本研究時期也曾播出諸如勞工教育節目《生產線》、英語教學節目《英文法講座》、《實用英語》、《鵝媽媽園地》，以及科普和音樂教育節目《科學天地》、《音樂的花束》，另為聯絡校師生間情誼亦製播娛樂節目《空中交誼廳》等。〔註6〕

　　而國防部運用華視平台執行對外政治作戰教育任務則有其階段性。首先，在華視草創時期製播具「寓教於樂」和「政策宣導」性質且訴求對象為全民的節目，即由轄下總政戰部成立「電視節目製作中心」，專事支援平劇、部分以《勝利之路》為名之國語電視劇和音樂綜藝節目的策畫及製作，並由「藝術工作總隊」〔註7〕所轄的軍中藝術工作團隊執行演出，除提供華視播映

〔註3〕 中華電視台編，《華視一年》，頁27。
〔註4〕 中國國民黨文化傳播委員會黨史館館藏（1971.09.08），附件（一）：〈當前電視節目之檢討與改進〉，頁5，《中國國民黨第十屆中央委員會常務委員會第二一四次會議紀錄》，館藏號：會10.3/1615。
〔註5〕 據資料顯示：首年度每週共播出五十三節次，次年增至八十三節，第三年七十五節，每節約廿至卅分鐘。中華電視台編，《華視一年》，頁27、87。中華電視台編，〈華視的教學〉，《華視二年》，無頁碼。中華電視台編，《華視三年》，頁93。
〔註6〕 按：《生產線》係由當時台灣省勞工教育電視製作中心提供；《實用英語》師資係由國防部「國防語文中心」供應。中華電視台編，《華視一年》，頁87、88～89。中華電視台編，〈華視的教學〉，《華視二年》，無頁碼。中華電視台編，《華視四年》（台北：中華電視台，1975.10.31），頁33。中華電視台編，《華視五年》（台北：中華電視台，1976.10.31），頁99、103。
〔註7〕 「藝術工作總隊」直屬國防部總政治作戰部，前身為「康樂總隊」，簡稱「康總」。諸多著名音樂家、演員、編導皆出身該總隊。如音樂家李中和；編導陳文泉、金馬；演員張方霞、曹健、張冰玉、傅碧輝、吳風、錢璐、唐如韞、

外，亦包含台視《三軍俱樂部》、中視《凱旋門》每週一次的節目供播，〔註8〕
觸角所及涵蓋三台。迄1974年7月起，另正式製播具針對性、以國軍官兵為
主要對象的「政治教學」節目。〔註9〕而其內容是以兩週為一輪次，首週為輔
助性課程，次週屬基本政治教育。且每集播映四十分鐘，前廿分鐘採講授方
式，後段則為主講者與到場官兵進行討論或有獎徵答。〔註10〕茲舉隅製播初
期節目樣態如后：

表5-1：國防部委託華視製播政治教學節目初期樣態表

週別 項目	單　週		
首播時間	週一 09:00～09:40	週二 09:00～09:40	週三 09:00～09:40
重播時間	週二 13:00～13:40	週三 13:00～13:40	週四 13:00～13:40
課程名稱	時事評述	匪情分析	專題講演
主　講　人	毛樹清、丁中江	金達凱	劉明湘、陶滌亞、許開華等
內容簡介	講述當週前後國內或國際間重大時事	評析中共當時政策及重大事件	含總統訓詞闡釋、政治與工作提示、小組討論題綱
週別 項目	雙　週		
首播時間	週一 09:00～09:40	週二 09:00～09:40	週三 09:00～09:40
重播時間	週二 13:00～13:40	週三 13:00～13:40	週四 13:00～13:40

馬驥；劇作家丁衣、高前、劉碩夫；導演兼教授彭行才；電視導播趙振秋、
葉超等。王唯，《姜龍昭》，頁13。

〔註8〕 中華電視台編，《華視一年》，頁58、59。中華電視台編，〈有動皆舞無聲不歌
陸海空勤共襄盛舉〉，〈擂鼓振奮軍威　奏出勝利樂章〉，《華視二年》，無頁
碼。中華電視台編，《華視三年》，頁78。中華電視台編，《華視四年》，頁70。
又，《三軍俱樂部》早在台視獨家時期即由國防部供播，由各級軍種康樂團隊
負責演出。朱心儀，〈台視1962～1969節目內容的演變〉，頁68。

〔註9〕 該節目片頭音樂的歌詞，即體現了政治教學節目的宗旨和目標：「革命要有立
場，革命要有思想，肩起復國的重任，完成我們的理想。思想就是武裝，思
想就是力量，穿過敵人的胸腔，打擊敵人的後方。強權必敗，暴政必亡，真
理站在我們這一方；光復國土，消滅匪黨，重建我們的家邦」。資料來源：中
華電視台編，《華視三年》，頁81～82。

〔註10〕 中華電視台編，《華視三年》，頁81。中華電視台編，《華視四年》，頁93。

課程名稱	當代政治思想	高級政治課本	基礎級政治課本
主 講 人	逯扶東	趙際良	林仁德、張選殿
內容簡介	進修級政治教材	國防部訂頒教材	國防部訂頒教材

出處：由筆者整理製作

資料來源：中華電視台編，《華視三年》，頁 81～82。

自上表或可略窺所謂政治教學節目的樣態，係於固定形式框架內設定議題內容，以利對收視受眾進行意識形態的灌輸。惟該類型節目乃藉由無線電視播送，除作為軍中電化黨國思想教育的介面外，對一般民眾亦具備軍方符碼展示、反共教化及擴大傳播影響力之企圖。

二、開播初期的競爭策略

（一）演藝資源的借力使力

台灣電視台的演藝人員合約制度為台視建立，中視與華視開播後繼而沿用，主要目的是各台為保有其藝能特性與節目所需，故以簽約方式掌握專屬藝人便於操作運用。〔註 11〕而華視為三台最晚成立者，自知當時大部分人才皆為台、中視簽至旗下，於羅致演藝人員上將面臨困難，因此除了持「來者不拒」的態度，吸納與其他二台合約期滿而主動投效的演藝人員外，〔註 12〕開播前並著手培養新血輪，結合國防部藝術工作總隊現有資源共同舉辦「中華演藝人員訓練班」，〔註 13〕其後又與外部表演人才育成單位互惠合作，另開闢歌唱選秀型節目，以拓展發掘新人管道。〔註 14〕迄 1973 年 7 月起，復隨台視腳步設立電視人才專業訓練機構，以公開招訓後起之秀。〔註 15〕

〔註 11〕陳振中著，廣播與電視叢書編輯委員會編，〈演藝人員的安排與演播〉，《電視新貌》，頁 65、66。

〔註 12〕本報記者謝鍾翔，〈華視招兵買馬　雙十開播〉，《聯合報》，1971.07.06，7 版。

〔註 13〕中華電視台編，《華視一年》，頁 57。

〔註 14〕例如知名影星王豪加盟華視擔任國語電視劇製作人，即以其「金年代表演人才培育中心」的學員為班底，於華視演出電視劇。本報訊，〈王豪加盟華視　任節目製作人〉，《聯合報》，1971.08.18，6 版。中華電視台編，《華視三年》，頁41。中華電視台編，《華視四年》，頁 55。

〔註 15〕中華電視台編，〈中華電視台大事記〉，《華視二年》，無頁碼。台視係於 1971年 9 月創辦「台灣電視訓練中心」，而「中國電視公司附設電視人員訓練班」則在 1974 年 3 月成立。石永貴，《台視二十年》，頁 228。梅長齡，《中視十年》，頁 138。

又，1971 年 10 月，國民黨政府宣布退出聯合國，國防部為運用文藝力量激勵國軍戰志，加強「對匪文化作戰」，繼而推行「國軍新文藝運動」，並成立「國軍新文藝運動輔導委員會」，將現役及備役官兵中優秀的文藝工作者，全數編組於下轄的十個戰鬥文藝工作隊，〔註 16〕而其中的影劇類團隊似無形為華視徵召演藝人才開闢了一扇巧門。

此外，值得一書的是：早在 1971 年 7 月，華視已進入緊鑼密鼓的開播準備階段，隨著官方和電視台負責人正憂慮當時電視廣告量已呈現飽和狀態，若華視再加入競爭恐雪上加霜之際〔註 17〕（按：本文「表 2-3」顯示電視廣告於 1971 年的成長率僅百分之三點七八，創下歷年新低），華視反而順應情勢先向台視和中視遞出「橄欖枝」，新創提出一套「電視合作方案」，項目涵蓋基本演員、國際活動轉播、新聞採訪及工程設備等資源的運用與分享。惟台視對合作案含括基本演員的交流頗有戒心，其主要顧慮演藝人員的養成不易，且為電視台重要資產，故持保留態度，導致最終三台合作案延宕又破局，遲至同年 11 月 15 日僅中視和華視簽訂「藝人交流合作協議」。〔註 18〕

事實上，二台於基本演員的結盟，似意味著前述華視真正意圖在於對他台藝人資源的擷取，而中視的基本演員數不敵台視，亦為中、華二台合作的部分原因。此從當時台視何貽謀在商言商的說法或可領會一二：「台視擁有三百多位基本演員、歌星，如果和華視交流，華視拿什麼演員和他們交流

〔註 16〕所謂的「戰鬥文藝工作隊」除影劇外，另包括國劇、廣播、民俗、音樂、美術、文藝理論、小說、詩歌、散文等。中國國民黨文化傳播委員會黨史館館藏（1971.11.24），附件：〈特種黨部貫徹中央文藝政策工作報告　六十年十一月廿日〉，頁 1、2，《中國國民黨第十屆中央委員會常務委員會第二二九次會議紀錄》，館藏號：會 10.3/1616。

〔註 17〕據報載：當時為台視與中視競爭的第二年，然國內電視廣告量卻不如往年。再加上彩色節目的陸續推出，以及演員酬勞增加，皆影響二台的營收甚鉅。本報訊，〈征電視收看費　舊案重提〉，《聯合報》，1971.10.05，7 版。

〔註 18〕合作提案內容陸續包括：（一）利用衛星轉播國際重大活動節目，由三台共同分攤經費以節省外匯（二）各台每晚播出連續劇的時間做有計畫性的分配（三）連續劇時間錯開，俾「增進觀眾對電視台的好感」（四）基本演員交流及統一報酬（五）演員訓練合作（六）重大新聞聯合採訪（七）工程部門合作。本報訊，〈電視合作方案　中視極表贊同〉，《聯合報》，1971.07.16，7 版。本報記者陳長華，〈三家電視台能否坦誠合作？有心人不抱樂觀〉，《聯合報》，1971.07.25，9 版。本報訊，〈三家電視公司　再商合作事宜〉，《聯合報》，1971.10.31，8 版。本報訊，〈十年螢光幕　前後多少事〉，《民生報》，1980.12.22，10 版。

呢？就好像一個有『資本』的人和『沒資本』的人合夥作生意，這是不合理的。」〔註19〕而多年後，何氏又以當事者身分，明白點出其對華視策略路線的觀察：

> 三台爭的是業務，節目則是爭取業務的工具，節目要好要靠有硬底子和有名氣的演藝人員，……（華視）一是以低姿態爭取廣告客戶和代理商；二是以高姿態對付台視，目標是台視最有潛力的演藝人員，同時對中視保持友好或互不侵犯，以孤立台視。〔註20〕

從何氏所言，倒可略見華視雖起步較晚，但於策略的謀劃上卻不容小覷。然而不敵現實的是：中視、華視雖簽訂了「藝人交流合作協議」，但在日後三台競爭日趨激烈的狀態下，演藝人員交流的限制條件卻愈形嚴格，屆1974年6月，二台的此項合作遂劃下句點。〔註21〕

（二）「連續性」排播概念的植移

華視的成立，肇基於承繼原教育電視台的空中教學任務。惟其以商業模式經營，即便初始「不純以營利為目的，然亦必須自給自足，所以在所謂黃金時段必須安排有廣告收入的節目」。〔註22〕緣此，自從中視引進連續性的節目製播概念，並帶動電視連續劇風潮後，華視自然亦不脫此一競爭模式，亦坐實了傳播學者馬傑偉曾於其著作引述若干有關文化生產的論點，其中便指出「商業性的電視台，則較傾向製作連續劇的類型」。〔註23〕是故，華視

〔註19〕 本報記者陳長華，〈三家電視台能否坦誠合作？有心人不抱樂觀〉，《聯合報》，1971.07.25，9版。

〔註20〕 何貽謀，《台灣電視風雲錄》，頁184。括號內文字為筆者加註。

〔註21〕 中視和華視於藝人自由交流條件的限縮大抵為：雙方參演連續劇的主要人員不予交流；雙方特定節目之主持人或單一的特色節目演藝人員不予交流；演員如參加友台節目時，其節目形式性質不得與原屬公司相同；參與友台交流的演員，每一節目不得超過二人。本報訊，〈中視華視演員交流　協商獲新的協議〉，《聯合報》，1972.03.28，7版。本報訊，〈十年螢光幕　前後多少事〉，《民生報》，1980.12.22，10版。

〔註22〕 中華電視台編，《華視一年》，頁82。劉先雲，〈空中教學一年〉，《中華電視週刊》第53期（1972.10.30），頁8。

〔註23〕 其引用來源包含Sutton, S., *The Largest Theatre in the World: 30 Years of TV Drama* (London: BBC, 1982)。Blumber, J. B. (ed.), *Research on the Range & Quality of Broadcasting Services* (London: HMSO, for the Peacock Committee on Financing the BBC, 1986)。Tunstall, J., "A Media Industry Perspective", *Communication Year Book* (1991), 14: 163~186。詳見馬傑偉，《電視文化理論》（台北：揚智文化公司，1998），頁109。

不僅午間歌仔戲以連續性播映，在晚間黃金時段更採取「連續劇封鎖策略」〔註 24〕，即破天荒開闢四條帶狀戲劇線，且各節目垂直緊接排播，包括國語和閩南語發音連續劇均各半。更有甚者則是其中兩線每日無休，採賡續播映（節目表如「附錄九」），一方面為突破本身欠缺演藝人員的劣勢，另則是圖謀藉由發展連續劇的模式，達到以劇情培養新演員的目的。〔註 25〕

自後設視角回顧華視甫一開播即於午、晚間上映五個自製帶狀戲劇節目（午間為歌仔戲），且劇種皆為古裝劇形式、各自題材殊異，其製作能量與企圖心尚無「台」能出其右，不僅契合當時連續劇「當道」的現實環境，另在黃金時段的節目呈顯上較能「蛻脫軍中康樂隊表演的影子」。〔註 26〕此外，承本文「表 2-1」所示，若與前述早先台視開台的「生於陋室」和中視的「先天不足」相較，「含著銀湯匙出生」的華視於開播前即已完成西部電視訊號轉播發射系統之建置工作，故收視範圍已可及於北、中、南部，自廣告業務競爭的角度，其放手一搏似已有脈絡可循。

（三）連續劇題材擷取民間故事

華視戲劇節目所採行的重要策略，係將傳頌於地方的民間故事重新整理，作為連續劇的取材對象。〔註 27〕管道之一即為蒐羅各縣縣志並於其中挖掘適合的題材，以製作符合在地觀眾口味的文本內容。時任副總經理的蕭政之就直指「何況縣志中的故事，都是忠孝節義之事」。〔註 28〕其二則是取用通俗小說故事並加以立體化，俾引起觀眾的共鳴感受。〔註 29〕譬如曾創下台灣播出連續劇集數最多紀錄——《西螺七劍》的策畫李嘉即坦言該劇之吸引力

〔註 24〕就以節目表排播策略而言，「封鎖策略」又稱「垂直企劃」（vertical programming）策略，原意為接連安排吸引類似觀眾的節目，通常持續兩小時以上，目的是欲維持觀眾流量。普林格爾等著，陳芊圭譯，《電子媒體經營管理》，頁 154。唯筆者擬說明的是：當時華視帶狀連續劇採國語、閩南語穿插播出，且時代背景和題材殊異，因此本文此處專指「連續劇封鎖策略」，與原「封鎖策略」意義不盡相同。

〔註 25〕江永亮，蕭政之編著，〈認識蕭政之先生〉，《電視掃黑大審》，頁 316。

〔註 26〕不著撰人，〈話說幸福船〉，《中華電視週刊》第 3 期（1972.11.15），頁 10。王昇等作，《長憶尼洛：李明先生紀念文集》（台北：現代化研究社，2000.06），頁 79。據筆者親歷實務的經驗，在相等條件下，一般古裝劇製作所耗費的時間與資源較現代時裝劇為多。

〔註 27〕中華電視台編，〈新路線的嘗試與成功〉，《華視一年》，頁 41～42。

〔註 28〕江永亮，蕭政之編著，〈認識蕭政之先生〉，《電視掃黑大審》，頁 316～317。

〔註 29〕中華電視台編，《華視三年》，頁 57。

在於「迎合觀眾心理」。〔註30〕若據此引申傳播學者陳一香的見解，電視劇呈顯一文化中的生活細節，是故觀眾能藉之進入文化的生活內部，其內容易成為吾人日常生活認同的基礎。〔註31〕而華視適切承繼以常民文化構築連續劇的樣態，召喚觀眾對鄉土傳統的情感，無怪在三台競爭初始時期被評論為該台最具號召力的強項。〔註32〕茲將本研究時期華視連續劇運用民間故事題材情形彙整如后：

表5-2：1971～1975年華視製播民間故事題材連續劇一覽表

節目名稱	語言	啟播日期	集數	企劃宗旨／故事簡介
萬家生佛	國	1971.11.01	98	以清代《一統志》及《濟公傳》為本，描述濟顛活佛李修緣濟人救世的事蹟。
大地之春	閩	1971.11.01	35	先民冒險渡海來台墾荒展業，與當地原住民由仇視到相容的故事。
嘉慶君與王得祿	閩	1971.12.06	86	清代嘉慶皇帝繼位前來台遊歷，期間考察風俗，拔擢英才，嚴懲豪強及貪官。
邱罔舍	閩	1972.02.10	23	清代台灣鄉野傳奇人物邱罔舍性頑情真，自其對他人的惡作劇行為得見警世哲理。
西螺七劍	閩	1972.03.06	221	少林嫡傳弟子阿善師身懷絕技且醫術高明，收服西螺七崁英才為弟子，奠定立業基礎。
媽祖傳	閩	1972.03.08	100	媽祖林默娘自幼聰慧，成年後悟道，行善濟人，救苦救難。
七世夫妻	國	1972.04.16	60	玉皇大帝御前金童玉女犯錯受懲，被南極仙翁降至凡間歷經七世的愛情傳說。

〔註30〕李嘉，電影導演出身，曾任華視節目部首任導播組組長。其認為《西》劇之所以能播映二百二十一集，係因「是本省人都知道的歷史故事，它能使老一輩的跌入回憶，年輕的一代又嚮往又敬羨那些『祖先』的俠行義舉，再加上刻意的在情節上尋刺激，佈懸疑，抓住了觀眾」。王昇等作，《長憶尼洛：李明先生紀念文集》，頁160。本報記者黃北朗，〈西螺七劍已演夠　廣告費用也可觀　明日完結篇〉，《聯合報》，1972.10.12，8版。

〔註31〕陳一香著，成露茜、羅曉南編，〈電視劇節目〉，《媒體識讀——一個批判的開始》（新北：正中書局，2004），頁111。

〔註32〕原文意指當時三台皆擁有具特色及號召力的節目。一般而論，台視的綜藝節目、中視的國語連續劇、華視的閩南語連續劇似為最強的一環。本報記者黃北朗，〈電視劇爭奇鬥妍　華視終推出劇展〉，《聯合報》，1973.06.08，9版。

開漳聖王	閩	1972.06.30	57	明萬曆年間，開漳後裔陳世昌率台閩五姓先祖渡海來台拓墾奠基，使笨港成通商要埠。
鳳山虎	閩	1972.10.13	104	描述清道光年間有「鳳山虎將」稱號的尤守己，因具動心忍性的毅力，終能建功立業。
鼓山關天龍	閩	1973.03.10	90	日治時期高雄鼓山地區傳奇人物關天龍飽受艱難逆境，領導當地百姓抗日事蹟。
八卦山下	閩	1973.04.26	90	清光緒年間，彰化八卦山麓離奇命案破案始末。闡揚善有善報、惡有惡報的真理。
打貓員外	閩	1973.07.25	60	敘述清代打貓（今嘉義民雄）地區一位慈悲為懷的三家莊主之善行義舉。
澎湖七美人	閩	1973.09.16	42	明嘉靖年間，澎湖島七結拜姊妹為保護島民抵抗倭寇而壯烈成仁，即七美嶼典故來源。
朱洪武與劉伯溫、朱洪武開國記	閩	1973.12.22	150	明朝開國君主朱元璋得軍師劉伯溫之助，廣結江南豪傑，有志竟成。
孫臏與龐涓	閩	1973.12.22	66	闡述孫臏自身兼具堅毅與智慧特質，得以揚善懲惡。
包青天	國	1974.04.08	350	北宋仁宗開封府尹包拯辦案公正廉明，專懲貪贓枉法之皇親及惡徒，備受百姓愛戴。
薛丁山與樊梨花	閩	1974.05.21	90	唐代初年薛丁山奉皇命西征，與樊梨花之間的情感糾葛。
土地公	閩	1974.11.04	70	以家喻戶曉的民間神祇福德正神之善行義舉為中心，藉此勸人為善。
府城八條龍	閩	1975.01.13	49	描述台南府城阿順師等八人互助互勉，並發揚正義、鏟奸除惡的嘉言與善行。
五府千歲	閩	1975.03.03	34	描寫隋唐時代李、池、吳、朱、范五豪傑孝悌忠信的懿行，身後受封為信眾膜拜景仰。
忠義門	閩	1975.05.01	27	明末清初名門正派忠義門第十二代掌門人李中岳的傳奇故事。
武當弟子	國	1975.05.07	53	描述武當派教主張三丰及其弟子的言行，展現功夫哲學與真理。
鳳山縣令	國	1975.08.05	39	為清代駐台官員曹謹一生勤政愛民，普獲百姓愛戴的事蹟。

洪熙官與方世玉	國	1975.10.05	74	描寫洪家拳創始人洪熙官及少林弟子方世玉可歌可泣的行止。
觀世音	國	1975.12.01	51	敘述妙莊王三女妙善一生悲天憫人、普渡眾生的傳奇行跡。
四大美人	國	1975.12.21	60	展演中國古代西施、王昭君、貂蟬、楊貴妃等四大美人動人的愛國情操與事蹟。

出處：由筆者研究整理製作

資料來源：中華民國電視學會，《中華民國電視年鑑——民國五十年至六十四年》，頁 125。趙剛、簡志信，〈引經據典說濟公〉，《中華電視週刊》第 2 期（1971.11.08），頁 16～19。陳祖彥，〈大地之春〉，《中華電視週刊》第 1 期（1971.10.31），頁 24～25。華視節目部企劃組，〈這個月有許多新節目〉，《中華電視週刊》第 17 期（1971.12.06），頁 16。青青，〈華視閃電推出邱罔舍〉，《中華電視週刊》第 16 期（1972.02.14），頁 20。陳彥，〈萬方矚目華視媽祖傳〉，《中華電視週刊》第 20 期（1972.03.13），頁 14。燕燕，〈凌波、李璇攜手聯演七世夫妻〉，《中華電視週刊》第 24 期（1972.04.10），頁 8～10。林青，〈開漳聖王〉，《中華電視週刊》第 35 期（1972.06.26），頁 42。不著撰人，〈陳義、林西野大手筆　緊鑼密鼓推出鳳山虎〉，《中華電視週刊》第 51 期（1972.10.16），頁 15。中華電視台編，〈華視的節目〉，《華視二年》，無頁碼。燕燕，〈鼓山關天龍〉，《中華電視週刊》第 71 期（1973.03.05），頁 18～19。陳彥，〈連續劇　八卦山奇案〉，《中華電視週刊》第 78 期（1973.04.23），頁 15～16。中華電視台編，〈中華電視台大事記　七月廿五日〉，《華視二年》，無頁碼。陳越，〈連續劇澎湖七美人〉，《中華電視週刊》第 98 期（1973.09.10），頁 20。中華電視台編，《華視三年》，頁 40～41、57～58。永典，〈五府千歲〉，《中華電視週刊》第 157 期（1974.10.28），頁 26～27。中華電視台編，《華視四年》，頁 49。中華電視台編，《華視五年》，頁 35、46。

　　平心而論，華視的戲劇節目能站穩腳步，除了盡可能不斷複製相似的題材元素外，亦與其幕前幕後人員的陣容和條件有關，即大多具備電影攝製經驗及武術基礎，使演出武打動作戲時逼真且具說服力。〔註 33〕再加上閩南語連續劇經營能異軍突起，係因當時台語電影市場又步入下坡，形成人才的流動現象，所以華視網羅若干原台語片從業者至該台製作、演出閩南語連續劇，「有了這批人轉入華視，華視才會如此強，做出不少叫好的戲」，〔註 34〕藉此

〔註 33〕中華電視台編，《華視一年》，頁 42。

〔註 34〕該時期進入華視的原台語片從業人員有辛奇、陳義、林西野、歐雲龍、周萬生、陳淑芳、王滿嬌、金塗、江南、賴德南、英英、陳雲卿、高鳴、蘇真平等人。黃仁編著，《辛奇的傳奇》（台北：亞太圖書，2005），頁 117。李維塘，〈人人爭看邱罔舍〉，《中華電視週刊》第 17 期（1972.02.21），頁 15。

與選材共同形成相輔相成的效果。而相信更讓華視始料未及的是：閩南語連續劇亦成為該台轉虧為盈的一帖特效靈藥。〔註35〕

第二節　三台娛樂節目競爭演變的脈絡

　　作為威權時代三台競爭的見證者之一，故世的資深媒體暨文化人張繼高曾表示：「台灣電視界真正白刃化的競爭開始於華視的成立」。〔註36〕又，資深媒體人石永貴亦以時人觀點，憶及三台時代節目競爭「有相當特色與賣點的節目就是歌仔戲、布袋戲和閩南語連續劇。因廣告佳，所以成為三台爭奪的另一戰場」。〔註37〕況且，依據學者蘇蘅的研究，國家機器緊縮方言節目政策係於本時期漸次形成。〔註38〕換言之，無疑形同「約束」了當時商業電視的競爭發展空間。惟此，回顧三台節目競爭初期的相關敘事，實應就歌仔戲、布袋戲節目，以及華視閩南語連續劇崛起後，三者間的聯屬關係和對各台競爭產生之綜效進行討論，以再現當時三台競爭的消長。

一、連續劇

　　就在本文研究時間斷限的後期，一篇刊登於報紙的評論，生動記述當時「連續劇」於電視台競爭之間所具備的「分量」：

> 在今天這個三雄鼎立的緊張局面之中，廣告主顯然是扮演著漁翁的角色；電視台卻只好使出渾身解數，非拚個你死我活不可。電視劇、尤其是連續劇，在這場激烈的競爭中變成為彼此明爭暗鬥的武器。〔註39〕

既然「連續劇」成為電視台業務競爭的重要籌碼，是故，接續擬藉本文「附錄」中各台同時期的節目表，輔以早期電視事業相關文獻資料進行三台「連續劇」趨勢演變面向的分析。

〔註35〕江永亮長年擔任蕭政之的秘書，據其轉述蕭氏的說法，華視開播屆第三個月始有盈餘。華視官方刊物《華視一年》亦有「到了六十一年二月，營業量即可保持鼎立之勢」的敘述。江永亮、蕭政之編著，〈認識蕭政之先生〉，《電視掃黑大審》，頁315～317、340。中華電視台編，《華視一年》，頁98。

〔註36〕張繼高，〈為什麼需要公共電視？〉，《聯合報》，1992.04.14，25版。

〔註37〕石永貴，《媒體事業經營》，頁317。

〔註38〕鄭瑞城等合著，《解構廣電媒體：建立廣電新秩序》，頁254～265。

〔註39〕王建柱，〈各說各話〉，《聯合報》，1974.12.21，12版。

（一）排播樣態的變化

回首「雙雄對峙」時期，中視率先將引進自外國的「連續性」製播概念運用於戲劇節目，台視為不落人後採取跟進策略。而當華視無法擺脫商業競爭的宿命，「連續劇」節目類型亦自然成為「三足鼎立」時代的主角。如前文所述，台視和中視的連續劇曾因採取針鋒相對的排播方式（即於同一時段播映）引發輿論與當局關注，遂有每隔四十五天輪播的協議。然華視的開播使電視競爭生態丕變，故原二台的協議在中視「與時俱進」首發第一槍後宣告破局。〔註40〕尤其，華視開播冷不防於晚間開闢四條國語、閩南語帶狀戲劇線，三台連續劇戰事於焉展開。以下即藉由本論文附錄的電視節目表，概觀三台 1971 至 1975 年每年間隔之新製連續劇線排播情形：

表 5-3：1971～1975 年三台以「年」為期之連續劇線數量統計表

台別／使用語言／年度期間／數量	台　視		中　視		華　視		該年度期間小計
	國語	閩南語	國語	閩南語	國語	閩南語	
1971.11	1	1	1	1	2	2	8
1972.11	1	3	1	4	3	3	15
1973.11	1	1	1	2	2	2	9
1974.11	1	1	2	1	3	1	9
1975.11	2	1	2	2	3	2	12
小　計	6	7	7	10	13	10	
合　計	13		17		23		

出處：由筆者研究製作
資料來源：本論文「附錄五」至「附錄廿一」之三台電視節目表。註：同時段以同節目一週播映五日以上為計，含接檔劇目。

自上表可明顯觀察到 1972 年為關鍵分水嶺，其代表義涵有三：一即台視、中視因應華視的攻勢，特加薪添柴增闢連續劇線以資抗衡，而華視更自開播時的四檔增至六檔，致同時期三台共有十五條帶狀線播映連續劇，較三

〔註40〕台視宣稱中視於 1971 年 12 月 11 日播完國語劇《母親》後應先播閩南語劇，但該台仍續播國語劇。中視則認為原協議僅適用於二家公司，自華視開播後便無法履行。本報訊，〈電視播連續劇時間是否錯開發生問題〉，《聯合報》，1971.12.14，7 版。

台競爭之初多近一倍。其次，當局於 1972 年 4 月及 12 月逐步限縮方言節目的政策（詳下節說明），殆令「語種」成為後續三台於本論文研究期間是否排播連續劇的影響因素，再加上需一併考量自家歌仔戲、布袋戲節目「方言共業」的問題，亦間接牽動國語和閩南語連續劇線數量的變化，進而影響業者對其倚重的深淺。其三，1973 年 8 月起，廣電事業復由行政院新聞局負責監理，從其 1975 年 2 月編撰〈電視事業的管理輔導及其營業狀況報告〉文中，亦就電視連續劇壟斷黃金時段導致節目類型偏頗的現象，認為係當時電視事業發展的一項「缺點」，〔註 41〕顯示主管機關對「連續劇」節目由過往「質」的管理，提升至「量」的控管。〔註 42〕此與商業電視競爭機制的「不同調」，亦可能使電視台業者因礙於當局的「輔導」轉向「自律」，進而約制連續劇線版圖的持續擴張。

（二）綜效運用的極大化

三台的各顯神通，又表現於競播同類題材、閩南語連續劇的製作，以及節目製播採機動策略等方面的運用。

1、競播同類題材〔註 43〕

承上節，華視連續劇採行鄉土路線的成功，自然成為後續他台仿效的對象。尤其一齣描述滿清嘉慶皇帝繼位前來台遊歷的閩南語連續劇《嘉慶君與王得祿》收視睥睨他台後，華視一連串籌製以通俗民間故事為題材的連續

〔註 41〕 該報告於「結論——一年來電視事業的檢討」段落提及「自從連續劇壟斷了電視節目的黃金時段以後，任何好的其他節目都無法插足其間，導致節目的不均衡發展」。中國國民黨文化傳播委員會黨史館館藏（1975.07.30），〈附件三：「有關電視問題及建議改進意見審議報告」之附件二：「電視事業的管理輔導及其營業狀況報告」〉，頁 12，《中國國民黨第十屆中央委員會常務委員會第四三二次會議紀錄》，館藏號：會 10.3/1638。

〔註 42〕 早在教育部文化局監理廣電業務之時，即針對性地要求「電視劇與地方戲劇製作主題，應盡量避免神怪與殘暴動作，內容故事除歷史之情節外，並應特別注意反共意識與現代精神」。中國國民黨文化傳播委員會黨史館館藏（1971.09.08），附件（一）：〈當前電視節目之檢討與改進〉，頁 12，《中國國民黨第十屆中央委員會常務委員會第二一四次會議紀錄》，館藏號：會 10.3/1615。

〔註 43〕 資深戲劇節目製作人葉明龍回憶當時若某一路線的節目收視佳、廣告多，往後的連續劇題材會有採取相同路數或予以改頭換面、一演再演的情況，以免另創新徑，反而影響廣告。王禎和，《電視‧電視》（台北：遠景出版社，1980.03），頁 48。

劇，包括《邱罔舍》、《西螺七劍》、《七世夫妻》（國語）、《媽祖傳》等。惟當相關新聞發布後，亦引來他台競播相同題材的舉動，例如台視歌仔戲節目就提前推出《七世夫妻》，並製播「根據民間故事改編」的《甘國寶過台灣》；而中視則以迅雷不及掩耳的速度推出依據「媽祖」故事改編之《聖女林默娘》。〔註44〕

　　事實上，台視早在獨家期間的 1963 年 5 月，即於每週日晚間開闢大多取材自民間故事或台灣歌謠的閩南語電視劇集，如製播《吳鳳》、《碧血丹心》、《棄嬰記》、《周成過台灣》、《阿公店》等劇目。〔註45〕惟恐因全台電視機數量尚未普及，且採每週一次性的塊狀播出，故受輿論關注程度相對較弱。而在雙雄對峙時期，即便戲劇節目開始步入連續劇為主的製播型態，依《電視年鑑》所示，僅於 1971 年播映如《阿公店》、《金十字架》、《西北雨》、《鴛鴦溪》、《金獅村》等鄉土風味的節目，〔註46〕似應證此等題材尚未受到電視台的普遍青睞。

　　然進入三台競爭的時代，情勢早已此一時非彼一時。台視除持續製播如《安童哥》、《青春鼓王》、《佛祖》、《虎山春》、《大江英豪》（取材自「彭公案」與「施公案」）、《傻女婿》、《好阿伯》等饒富鄉土氣息且具代表性的連續劇外，更曾打鐵趁熱開闢專門播演台灣民間故事的劇集《寶島奇譚》，〔註47〕華視則不落人後推出由通俗演義與民間傳說改編的《忠義劇集》，〔註48〕而中視亦製

〔註44〕中視《聖女林默娘》和台視歌仔戲團播演的《七世夫妻》皆搶先於 1972 年 3 月 3 日上檔，華視者則分別於同年 3 月 8 日及 4 月 16 日播出。另，台視《甘國寶過台灣》係於 3 月 8 日首播。本報訊，〈兩電視台　競播民間故事〉，《聯合報》，1972.03.01，7 版。本報訊，〈民俗故事媽祖　中視今起播映〉，《聯合報》，1972.03.03，7 版。本刊記者專訪，〈競爭與合作　感激與致謝〉，《中華電視週刊》第 20 期（1972.03.13），頁 8～9。義文，〈台視新歌仔戲　民間故事改編　七世夫妻〉，《電視周刊》第 491 期（1972.03.06），頁 20。小鳳，〈台視推出巨型連續劇，根據民間故事改編的：甘國寶過台灣〉，《電視周刊》第 491 期（1972.03.06），頁 6～7。

〔註45〕石永貴，《台視二十年》，頁 24。

〔註46〕中華民國電視學會，《中華民國電視年鑑——民國五十年至六十四年》，頁 111～114、118～120。

〔註47〕中華民國電視學會，《中華民國電視年鑑——民國五十年至六十四年》，頁 112～117。長柱，〈台視推出另一檔閩南語電視劇集寶島奇譚〉，《電視周刊》第 489 期（1972.02.21），頁 28～29。

〔註48〕不著撰人，〈華視陸續推出各類新劇〉，《中華電視週刊》第 123 期（1974.03.04），頁 6。

播如《義魄》（按：廖添丁傳奇故事）、〔註49〕《走馬燈》、《喜酒滿杯》、《天下父母心》、《一枝草一點露》、《再生花》、《素心蘭》、《大嬸婆》等類似題材的國語或閩南語連續劇。〔註50〕

三台除了競播鄉土民俗風格的連續劇外，1974 年，對岸的中共於當地社會掀起「批孔揚秦」運動，華視和中視為配合當局「復興中華文化的號召」，先後播映閩南語和國語發音的連續劇《豪傑亡秦錄》及《一代暴君》，從此亦引發各台製作中國歷史劇的風潮。包括台視跟進推出描寫地方志士抵抗秦始皇暴政的連續劇《十君子》和《宋宮秘史》、《伐紂》、《忠孝節義》；中視則是續製《光武中興》、《無字天書》（按：春秋時代公孫武的故事）、《武聖關公》、《吳越春秋》；華視乃順勢製播《孫臏與龐涓》、《薛丁山與樊梨花》，以及長達三百五十集的《包青天》等劇目。〔註51〕呈現形式無論為文藝或武打，目的皆為「表揚忠孝節義和激發民族意識」，概為滿足當局政策需求。其中《一代暴君》、《包青天》二劇曾分別獲頒 1975 年金鐘獎「大眾娛樂性節目」最佳及優等獎項。〔註52〕

2、閩南語連續劇的製作

若探究其時電視連續劇使用「語種」的競爭力，依據廣告代理商業者的實務操作經驗，無論是廣告量或收視率，概括而言，閩南語連續劇與國語劇相比毫不遜色。除了社會多數人口對閩南語接受度高外，閩南語連續劇「均以家喻戶曉的真實事蹟及地點為內容，配合方言，更易迎合多數觀眾的趣味，同時……又多為神奇打鬥，或悲悲切切的戲路，很能投合一般人的心理」。〔註53〕

〔註49〕不著撰人，〈義魄進入高潮戲〉，《中國電視週刊》第 141 期（1972.07.03），頁24。

〔註50〕中華民國電視學會，《中華民國電視年鑑——民國五十年至六十四年》，頁 118～121。

〔註51〕本報記者黃北朗，〈豪傑亡秦 一代暴君 華視中視先後推出〉，《聯合報》，1974.02.28，9 版。不著撰人，〈華視陸續推出各類新劇〉，《中華電視週刊》第123 期（1974.03.04），頁 6。本報記者黃北朗，〈螢光幕古裝歷史劇 看樣子有段好辰光〉，《聯合報》，1974.06.02，9 版。中華民國電視學會，《中華民國電視年鑑——民國五十年至六十四年》，頁 116～117、119～121、124～126。

〔註52〕王建柱，〈各說各話〉，《聯合報》，1974.12.21，12 版。董彭年，《電視與傳播》，頁 201。本論文「附錄一」。

〔註53〕此處乃引述當時任職於太洋廣告公司業務部副理湯正博及國際工商傳播公司業務部經理余鐵夫的說法。蔡林，〈廣告眼看電視節目得失〉，《電視周刊》第517 期（1972.09.04），頁 22～23。

而此說中所涉及的「題材」議題，似又回應時任光啟社〔註 54〕總幹事鮑立德神父的一手觀察：即認為如華視叫座的《西螺七劍》是將鄉土揉進武俠元素內；台視《小魚吃大魚》、《傻女婿》以趣味元素植入鄉土內，故鄉土題材「是接近閩南語觀眾最具親和力和親切感的方法」。〔註 55〕

　　唯閩南語戲劇節目於電視廣告競爭地位的提升實非一蹴可幾，自以下的時人觀點，或有歌仔戲和布袋戲節目先後於語言上發揮「代償」作用而奠定收視基礎的因由：

> 　　就以閩南語節目為例，回顧早年未造成收視大氣候，「方言特徵」被忽略是原因之一。即使是本省籍的編劇人，在那段期間寫出的仍不外「文采斐然」的官話道白，加上演出人員對電視劇的「民俗性格」缺少體會，而使此類節目變種為既非閩南語也非國語的第三語言電視劇。一般「市井鄉曲」者流，對鄉土趣味的渴求，則轉向「歌仔戲」節目中尋求滿足，所以會有當年歌仔戲收視率最高，其次是國語劇，再其次閩南語劇的情況。分類上屬於歌舞劇的歌仔戲，由於受到唱腔、身段、漢英咬字的規格侷限，並非充分表現閩南語特徵的理想藝術形態。直到黃俊雄的布袋戲在電視節目中出現，演出純然「生猛鮮活」的地方鄉音，受到空前未有的盛大歡迎，才開創了閩南語特徵運作的新境界。由於表現方式的優越條件，加上「民俗性格」大發現後的大改進，<u>閩南語電視劇一反早年的不景氣，收視率直線上升，甚至凌駕在布袋戲之上了</u>。〔註 56〕

以上見證，除顯現歌仔戲、布袋戲、閩南語電視劇三者間在語言親近性互為表裡的關聯度，以及因競爭能量消長而上下易位的現象外，當局在「國語政

〔註 54〕「光啟社」的前身是「光啟錄音社」，成立於 1958 年 11 月 30 日，為美籍天主教耶穌教會神父卜立輝（Fr. Philip Bourret S. J.）創辦。1961 年改立案為財團法人，更名為「光啟文教視聽節目服務社」（即光啟社）。在教視、台視、中視建台之初的添置設備和人才訓練方面迭有貢獻。張綾玲，〈光啟社——電視製作業的長青樹〉，《傳莘雜誌》第 8 期（1989.11.15），頁 18～21。

〔註 55〕鮑立德（Rev. Raymond Parent），1932 年出生於加拿大蒙特婁市，美國加州大學電影電視碩士。1967 年接掌光啟社前曾任閩南語電視劇的導播和戲劇指導。王禎和，《電視‧電視》，頁 9～10、12。

〔註 56〕原文主旨是在討論電視廣播語言符號系統的現代意識。光明，〈一周方塊　閩南語電視劇何去何從〉，《電視周刊》第 521 期（1972.10.02），頁 69。劃線處為筆者加註。

策」下針對閩南語戲劇節目劇本採取事前審查機制，〔註57〕似亦為導致劇本寫作「國語化」的關鍵原因之一。若演員、導演、導播人員於節目製播中受限不可抗力因素而簡化或忽略「順台詞」流程，即會產生發音和表意不夠道地及精準的情況。〔註58〕然而，無論威權當局再如何箝制「方言」節目，皆無力使各台的閩南語連續劇自黃金時段消失。

　　另，承上關於歌仔戲、布袋戲、閩南語劇之間的聯結，亦可窺見前二者資源挹注於閩南語劇的痕跡。就如1970年9月，台視即曾邀請當紅的歌仔戲名角楊麗花參與非歌仔戲以外的閩南語電視劇演出，並擔任女主角（劇名《請問芳名》）。〔註59〕三台競爭時代來臨後，1972年1月楊氏主演閩南語連續劇《古今奇案──香君》單元。〔註60〕同年6月，有別於前者的古裝扮相，台視索性開闢現代時裝劇由楊氏直接反串男角。〔註61〕甚至當黃俊雄布袋戲節目《大儒俠》（即「史艷文」）「被迫下檔」後，台視為維持聲勢，請黃俊雄延續《大》劇故事製作真人版的閩南語連續劇《雲州英雄傳》，並力邀楊麗花「在百忙當中拔刀相助」扮演史艷文一角，〔註62〕堪稱歌仔戲、布袋戲資源運用

〔註57〕按檔案文獻記載：在三台鼎立前，現場閩南語節目部分，由警備總部依據國家總動員法令負責審查劇本綱要。當三台競爭日熾，更嚴格審查閩南語電視劇本，並加強全日監看。其後並研訂「電視劇本審查辦法」，俾作為審查劇本的依據。中國國民黨文化傳播委員會黨史館館藏（1971.09.08），附件（一）：〈當前電視節目之檢討與改進〉，頁4，《中國國民黨第十屆中央委員會常務委員會第二一四次會議紀錄》，館藏號：會10.3/1615。中國國民黨文化傳播委員會黨史館館藏（1973.02.14），附件一：〈中華民國六十二年二月立法院第五十一會期　行政院施政報告〉，頁58，《中國國民黨第十屆中央委員會常務委員會第三一四次會議紀錄》，館藏號：會10.3/1625。中國國民黨文化傳播委員會黨史館館藏（1974.03.20），附件二：〈新聞局電視事業管理輔導工作報告　六十三年一月廿九日〉，頁3，《中國國民黨第十屆中央委員會常務委員會第三六八次會議紀錄》，館藏號：會10.3/1632。

〔註58〕筆者擬再補充的是：就如當時知名閩南語劇製作人葉明龍所言，為能表現台灣強烈的鄉土色彩，其主張劇本應由「省籍」（即福佬族群）作家編撰。王禎和，《電視・電視》，頁52。

〔註59〕鳳尾，〈歌仔戲中的當家小生〉，《電視周刊》第416期（1970.09.28），頁53。另據週刊報導：1971年7月，台視亦曾邀請歌仔戲名角司馬玉嬌參演閩南語連續劇《江湖兒女》。周正，〈江湖兒女〉，《電視周刊》第458期（1971.07.19），頁9。

〔註60〕依蓮，〈幕前幕後忙香君〉，《電視周刊》第484期（1972.01.17），頁8～10。

〔註61〕周正，〈楊麗花談反串摩登小生〉，《電視周刊》第506期（1972.06.19），頁28～29。

〔註62〕鳳尾，〈星光燦爛場面壯闊的雲州英雄傳〉，《電視周刊》第508期（1972.07.

於閩南語戲劇節目的顯例。

　　而其他二台亦不遑多讓，在華視開播未久，中視閩南語連續劇亦打破過往偶由當家歌仔戲演員飾演配角或客串性質，轉而進一步推出為專業歌仔戲演員量身打造的現代閩南語連續劇，首齣係由柳青和王金櫻主演的《大鑼大鼓》。〔註63〕而華視於 1973 年則將布袋戲偶融入真人閩南語電視劇《阿西阿西》之中，〔註64〕似屬兼顧布袋戲策略調整及閩南語劇表演形式轉變的嘗試性作為。

3、節目製播策略的機動性

　　自三台相繼成立後，1970 年代「看電視」成為台灣家庭最主要的休閒形式。〔註65〕由於「節目」為商業電視經營不可或缺的「商品」，每日得見連續劇於電視頻道播出，成為各電視台爭取廣告量的重要手段之一。而吾人從當時業者採行的節目製播策略，或可領會三台連續劇競爭激烈的程度。

　　「連續劇」雖是一種表現「人生」和「衝突」兩項戲劇要素的長篇播映模式，〔註66〕但因其畢竟為「電視節目」，無法迴避其製作層面本身的限制，亦即預算、時間、空間、人員和缺乏實驗的自由等，〔註67〕因此，某齣連續劇依舊會有未能達成績效目標的可能，而電視台主事者的商業性格即展現於其策略思考之上。譬如當時華視的作風即緊盯節目收視率、不時停錄檢討修改，且每一連續劇線同時有數個備案，隨時保持換檔準備。倘若「播出成功」則延長播出時間、增加集數，與「見好就收」的做法反向操作，即「貨佳正應賣錢，收視下跌才收」。〔註68〕知名劇作家丁衣亦坦承有時一齣連續劇

03），頁 6～10。

〔註63〕歌仔戲名角柳青於二台相爭時期曾參與閩南語連續劇《情淚》的演出，而其在錄製《大鑼大鼓》的同時，又應邀客串《四海遊俠》劇中一角。王素素，〈四海遊俠演員〉，《中國電視週刊》第 109 期（1971.11.21），頁 8。雨僧，〈從古裝戲演到時裝戲　訪閩南語歌劇演員柳青和王金櫻〉，《中國電視週刊》第 109 期（1971.11.21），頁 5。

〔註64〕中華民國電視學會，《中華民國電視年鑑——民國五十年至六十四年》，頁 136。

〔註65〕李天鐸，《台灣電影、社會與歷史》（新北：視覺傳播藝術學會，1997），頁 129。

〔註66〕徐鉅昌，《電視理論與實務》（台北：亞太圖書出版，2001.06），頁 146、154。

〔註67〕蔣子安著，梅長齡主編，〈電視節目製作準備〉，《電視的原理與製作》，頁 336～337。

〔註68〕江永亮，蕭政之編著，〈認識蕭政之先生〉，《電視掃黑大審》，頁 320、322。又，經爬梳當時相關的文獻記載，由華視《包青天》所帶動的延播模式，即為三台競爭中的顯例：該台考量《包》劇收視攀高，以及新聞前時段的高廣

不得不小題大作，特別是當節目受到觀眾喜愛、廣告又滿檔的情況下更需如此。〔註69〕

　　承上，以下擬以《電視年鑑》記錄為憑，按節目集數多寡（即含完整片頭、片尾為單位，不論實際節目播出總時數），參酌首播日期先後次序，在繼一百〇二集的中視《晶晶》之後，將三台競爭時期播映一季以上所謂「長壽」連續劇目〔註70〕彙整製表如后，俾概顯當時景況：

表5-4：1971～1975年三台競爭時期「長壽」連續劇播映一覽表

節目名稱	集數	時長	起訖日	語言	播映台	備　註
包青天	350	40	1974.04.08～11.03	國	華視	1974.6.30起一日播兩集
保鑣	256	60～100	1974.09.06～1975.06.25	國	華視	
傻女婿	240	30	1974.12.09～1975.09.12	閩	台視	
西螺七劍	221	45	1972.03.06～10.13	閩	華視	
親情	186	60	1975.04.21～10.26	國	中視	
再生花	167	30	1975.05.05～10.19	閩	中視	

告訂價，在受限當局自1973年12月1日起嚴格執行每卅分鐘節目廣告不得超過五分鐘和晚間新聞固定於七時卅分至八時播出的規範下，特將《包》劇置於晚間新聞之前、後播映，並藉此拉抬該台新聞節目收視與業績。此舉亦使中視隨後上檔的連續劇《武聖關公》如法炮製。中國國民黨文化傳播委員會黨史館館藏（1974.03.20），附件二：〈新聞局電視事業管理輔導工作報告　六十三年一月廿九日〉，頁2，《中國國民黨第十屆中央委員會常務委員會第三六八次會議紀錄》，館藏號：會10.3/1632。不著撰人，〈順應觀眾要求・「包青天」延長播出時間〉，《中華電視週刊》第139期（1974.06.24），頁12～13。本報記者黃北朗，〈武聖關公大戰包公　對台好戲難為觀眾〉，《聯合報》，1974.08.06，9版。本報記者黃北朗，〈包劇廣告似乎很多　事實上未超過規定〉，《聯合報》，1974.08.12，9版。

〔註69〕王禎和，《電視・電視》，頁17。丁衣，1925年生於中國四川。十八歲時即加入國民政府軍事委員會政治部演劇第三隊工作，其後演而優則編，劇作多達近七百部，屢獲中山文藝獎、國軍新文藝獎、文藝創作獎之肯定。同註頁15。

〔註70〕節目表係以「週」為單位，節目通常以至少每週播出一次、一季三個月共十三次進行規劃。又，筆者按：連續劇採帶狀播出，成績好壞立判，業內一般稱播滿一季的連續劇為「長壽劇」。本表為不拘囿「一季」的概念，誤差於一週內之劇目亦予計入。蔣子安著，梅長齡主編，〈電視節目製作準備〉，《電視的原理與製作》，頁333。

朱洪武與劉伯溫、朱洪武開國記	150	30	1973.12.22～1974.05.20	閩	華視	1974.3.22 更名朱洪武開國記
青春鼓王	142	30	1972.07.10～12.06	閩	台視	
女神龍	106	30	1972.04.10～08.19	閩	中視	
鳳山虎	104	30	1972.10.13～1973.01.25	閩	華視	
媽祖傳	100	45	1972.03.08～06.25	閩	華視	
萬能推銷員	100	30	1975.05.10～08.23	閩	華視	
俠士行	99	30	1973.06.09～09.15	閩	華視	
萬家生佛	98	30	1971.11.01～1972.03.04	國	華視	
古城風雲	96	30	1972.10.20～1973.02.18	閩	中視	
俠女尋母	92	45	1973.11.01～1974.02.15	國	華視	原名胭脂虎
赤崁樓之戀	90	30	1972.03.08～06.25	閩	華視	
鼓山關天龍	90	30	1973.03.10～06.07	閩	華視	
八卦山下	90	30	1973.04.26～07.24	閩	華視	
天下父母心	90	30	1973.06.15～09.12	閩	中視	
薛丁山與樊梨花	90	30	1974.05.21～08.18	閩	華視	
真愛	89	30	1973.11.12～1974.02.09	閩	中視	
龍虎兄弟	88	30	1973.03.19～06.14	閩	中視	
嘉慶君與王得祿	86	30	1971.12.06～1972.03.19	閩	華視	
愛心	85	45	1974.10.21～1975.01.31	國	中視	
金玉緣	80	60	1975.07.28～1975.10.28	國	台視	同年 10.29 播出續集金玉盟
大江英豪	68	30	1973.07.02～1973.10.12	國	台視	

出處：由筆者研究整理製作

資料來源：中華民國電視學會，《中華民國電視年鑑——民國五十年至六十四年》，頁 113～126。黃北朗，〈螢幕前後〉，《聯合報》，1974.08.28，9 版。梅長齡，《中視十年》，頁 41。中華電視台編，《華視三年》，頁 40～41。曼路，〈「胭脂虎」易名「俠女尋母」、新局面更上層樓〉，《中華電視週刊》第 109 期（1973.11.26），頁 18。

上表總計廿七齣劇目，由華視製播者有十五部；閩南語發音者為十九部，佔三分之二強。若以前述電視台主事者就節目「播出成功」後之策略思考作為肯認績效的指標，則似應證華視連續劇和閩南語劇於本研究時期確有其市場競爭力。又，由於當局於 1972 年 12 月 7 日起實施更嚴格的方言節目管控政策，以及自 1975 年 11 月 1 日起禁止電視台因營利目的而延長連續劇集數（詳下節說明），故如台視《青春鼓王》、《金玉緣》與中視《再生花》、《親情》皆分別於該年之期限前播畢，否則集數恐再行遞增。

二、布袋戲

綜觀三台布袋戲節目於本研究時期的策略演變，可謂台視勉力徘徊於官方政策與業務間以維持自身的長期優勢；而中視和華視則步向非暫時退出即轉型之途。

如前章所述，台視雖曾迫於當局與部分輿論壓力而停播收視法寶《雲州大儒俠》，然 1971 年 10 月所進行的節目表改版，其中受人矚目的即是《雲》劇再度以新編故事《大儒俠》上陣，並依舊由「史艷文」擔任核心主角。且不僅以彩色畫質播出，在時段方面除安排週一至五午間播送一小時外，週日下午再加播九十分鐘（如附錄七），〔註71〕研判此舉殆為因應華視開播後的業務考量。

未久，恐因「史艷文」過於「樹大招風」，再度引發布袋戲「砍砍殺殺」、「神奇怪誕」、「可能對兒童有不良影響」之說，〔註72〕導致台視不得不縮減《大儒俠》的播映天數「暫避風頭」，即自 1972 年 1 月另闢週六下午時段和週日連成一氣，改由《大儒俠》進駐，而週一至五則由黃俊卿接手製播具反清復明意識的新劇《少林英雄傳》。〔註73〕然而，如此播映方式於一個月後又有變化，台視將受到觀眾喜愛的《大儒俠》時段與《少林英雄傳》輪調，恢復於週間連續播出五天。〔註74〕然至尾依舊未敵當局壓力而停播，迫使台

〔註71〕陳宣，〈目不暇給的台視十月新節目〉，《電視周刊》第 470 期（1971.10.11），頁 22。小鳳，〈史艷文來也！台視再度推出彩色新布袋戲「大儒俠」〉，《電視周刊》第 470 期（1971.10.11），頁 22。

〔註72〕鵬，〈節目周話「低級趣味」之辯〉，《電視周刊》第 482 期（1972.01.03），頁 42。

〔註73〕陳宣，〈台視推出新布袋戲少林英雄傳〉，《電視周刊》第 482 期（1972.01.03），頁 20、21、22。

〔註74〕鳳尾，〈大儒俠又有新花樣〉，《電視周刊》第 484 期（1972.01.17），頁 16。

視將曾於 1970 年熱播半年的《六合三俠傳》捲土重來。其後，又因受方言
節目政策影響，於 1972 年 11、12 月陸續停播週間和週末假日的布袋戲節目。
〔註75〕後至 1973 年元月下旬又不敵業務壓力，「復出」製播包括《雲州大儒
俠完結篇》、《濟公傳》（國語配音）、《大唐五虎將》、《六合三俠傳完結篇》、《雲
州四傑傳》〔註76〕等劇目俾佔據布袋戲市場。

在中視方面，如前章所述，該台曾歷經兩度「改良」，即以國語播出與運
用多人配音方式，然因觀眾無法適應導致成效不彰，〔註77〕在華視開播前索
性又回到「金光戲」路數。且為有別台視黃俊雄布袋戲發源的「洲派」，中視
轉而邀請隸屬「閣派」的「西螺進興閣掌中劇團」出演《千面遊俠》應戰。
〔註78〕其後，中視總經理黎世芬根據早先赴日考察所見，並因應當局對節目
編播需「充分發揮戰時育樂功能」的要求，決心引進拉桿式木偶劇以取代備
受爭議的布袋戲。不僅成立專門演出團隊、設置木偶工坊，並聘請日籍顧問
來台訓練指導，遂於 1971 年底停播布袋戲節目，而自 1972 年 1 月起推出國
語發音的木偶戲《貝貝劇場──哈哈樂園》。〔註79〕

另在華視部分，恐因過往電視布袋戲常引起是非議論，故該台於開播伊
始並未排播類此節目。然兩個月後，基於收視率及廣告的競爭需求，亦加入布
袋戲的製播行列。且為能一舉打響旗號，特邀請黃俊雄的師弟團「黃三雄電
視木偶劇團」先後出演《聖劍春秋》、《三建少林寺》等劇目。且為避免陷入口

〔註75〕木可，〈布袋戲六合三俠傳　新角輩出‧好戲連台〉，《電視周刊》第 520 期
（1972.09.25），頁 18～19。珮瑄，〈台視外記〉，《電視周刊》第 527 期（1972.
11.13），頁 44。珮瑄，〈台視外記〉，《電視周刊》第 532 期（1972.12.18），頁
42。有關當時的方言節目政策演變詳下節說明。

〔註76〕蔡林，〈台視推出全新風貌的雲州大儒俠完結篇〉，《電視周刊》第 536 期
（1973.01.15），頁 10。不著撰人，〈黃俊雄布袋戲六合三俠傳　好戲三度重來
大演完結篇〉，《電視周刊》第 570 期（1973.09.10），頁 9。陳龍廷，〈電視布
袋戲的發展與變遷〉，《民俗曲藝》第 67、68 期，頁 84～85。

〔註77〕本報訊，〈電視合作方案　中視極表贊同〉，《聯合報》，1971.07.16，7 版。

〔註78〕林澤萬，〈進興閣與千面遊俠〉，《中國電視週刊》第 84 期（1971.05.30），頁
24。又，「洲派」與「閣派」的演出形式皆屬「金光戲」，前者源自雲林虎尾
的「五洲園」；後者出自西螺的「新興閣」。呂理政，〈演戲、看戲、寫戲──
臺灣布袋戲的回顧與前瞻〉，《民俗曲藝》第 67、68 期，頁 12、13。

〔註79〕本報訊，〈發揮社教積極性功能　中視決定革新節目　臺視全力支持淨化〉，
《中央日報》，1971.09.10，6 版。本報訊，〈中視布袋戲今天起停播　華視將
推出毒鴛鴦〉，《聯合報》，1971.12.16，7 版。本報記者戴獨行，〈貝貝木偶元
旦出現螢幕〉，《聯合報》，1971.12.31，7 版。按：中央日報將「戰時育樂」誤
植為「戰時康樂」。

舌爭議，並有別台視由黃俊雄一人包辦所有角色口白的演出方式，特別著重節目主題的「健康性」，「旦角」亦以真人女聲呈現，俾爭取觀眾青睞。〔註80〕

　　惟其後華視閩南語戲劇表現逐漸雄踞一方，若就符合當局對方言節目比例的要求，以及電視台節目製作成本和業務等層面研判，該台自然降低對布袋戲的依存度，遂於閩南語連續劇《嘉慶君與王得祿》漸入高潮尾聲之際，暫先停製午間布袋戲而改重播《嘉》劇；〔註81〕1973 年更逕行改變策略方式，嘗試將布袋戲元素融入真人閩南語電視劇中（如《阿西阿西》一劇），進行穿插性的播演。〔註82〕爰形成本研究時期台視於布袋戲節目獨霸的局面。然而，難以逆料的是：台視黃俊雄布袋戲亦對同時期歌仔戲之競爭態勢產生關鍵性的影響。

三、歌仔戲

　　在三台歌仔戲節目競爭的演變方面，台視一方相對於中視和華視就顯具能動性。概言之，所呈現之巨大轉折即 1972 年夏季「定於台視一尊」時代的來臨。

　　在此之前，台視面臨華視即將加入搶食廣告大餅，就歌仔戲節目預先採取一項重大變革，即於 1971 年 9 月 3 日起開始以彩色畫質播送，且為有別過往該類型節目皆是於午後或晚間十時之後播出，這回特別將「台視歌仔戲劇團」的演出安排在每週五晚間八時卅分至九時卅分之黃金時段。而首齣戲碼係由楊麗花領銜主演的《相思曲》登場（描述鄭元和與李亞仙的傳奇故事），除為該劇新製服裝與布景，另一特色則是採「現場播出」以增加臨場感，「可見台視對這個節目的重視」，〔註83〕再加上他團於週間午後兩次的演

〔註80〕廖靜霞，〈華視推出新型俠義布袋戲聖劍春秋〉，《中華電視週刊》第 12 期（1972.01.17），頁 20。中華民國電視學會，《中華民國電視年鑑——民國五十年至六十四年》，頁 136。本報訊，〈布袋戲得天獨厚　華視將推出聖劍春秋〉，《聯合報》，1972.11.03，7 版。

〔註81〕本報訊，〈華視今播步步高　台視推出大劍客〉，《聯合報》，1972.03.05，6 版。

〔註82〕中華民國電視學會，《中華民國電視年鑑——民國五十年至六十四年》，頁 136。據週刊記載：華視邀請長期與台視合作的黃俊雄布袋戲團隊製作《阿西阿西》一劇。燕燕，〈阿西阿西真有趣　人與木偶同台聯演綜合劇〉，《中華電視週刊》第 15 期（1972.02.07），頁 26。

〔註83〕鐵輝，〈台視歌仔戲劇團演出彩色歌仔戲相思曲〉，《電視周刊》第 466 期（1971.09.13），頁 22～23。據內文描述：因應「現場播出」效果，特增加排演天數。

出，〔註 84〕以維繫台視於歌仔戲節目的聲勢。當然，相關舉措乃因應三台競爭似不言而喻。

在中視這廂，其歌仔戲的出演團隊係由「中視歌仔戲劇團」、「金龍歌劇團」、「明霞歌劇團」輪流擔綱，三團陣容除柳青、葉青、小明明、王金櫻外，亦包含黃香蓮、李如麟、許仙姬等名角。〔註 85〕而於播映時段方面，早在華視開播前，即長期於週一至五晚間十時經營，且每日播出長達七十五分鐘。然因受限當局壓抑電視方言節目的影響，自 1972 年 4 月大幅裁減播映時數，僅於每週六播出一小時，〔註 86〕且從過往的各團輪流接演，也機動採取併團聯演的方式。〔註 87〕推測此舉除可強化角色陣容外，亦增加團隊成員演出機會。

又，在三台中最晚成立的華視亦未能「免俗」製播歌仔戲節目，其擁有風格各異的「瑟霞歌劇團」、「新麗園歌劇團」和「華夏歌劇團」三大演出團隊，網羅如洪明雪、廖憶如、沈貴花、洪秀玉、林美照等生旦角。而甫一開播即於週一至六午間開闢每日一小時的帶狀歌仔戲時段，首檔並由「瑟霞團」出演《精忠報國》。〔註 88〕孰料，恐礙於當局對方言節目比例的限制，遂於 1971 年 12 月初停播歌仔戲而改播外國綜藝節目填補時段。〔註 89〕惟其後「經過慎重考慮」下，於次年初的每週一晚間九時至十時恢復播出一小時，〔註 90〕半年後更成功邀聘名角葉青加入「華夏歌劇團」參演，〔註 91〕然與台視相較，無論就播映時數或氣勢而言似已略遜一籌。

幾近同時，三台的歌仔戲正值面臨整併的考驗。即自從華視 1971 年 10 月

〔註 84〕按：台視為符合當局對「方言」節目比例的規定，在華視開播前反而自 1971年 8 月將每週播出四小時的歌仔戲縮減為三小時，並恢復塊狀排播。徐行，〈台視外記〉，《電視周刊》第 466 期（1971.08.23），頁 28。另見「附錄七」。

〔註 85〕柳青、葉青、巫明霞，〈地方藝術〉，《中國電視週刊》第 122 期（1972.02.20），頁 19、20、21。

〔註 86〕本報訊，〈三電視台節目　後天大幅調整〉，《聯合報》，1972.04.14，7 版。中華民國電視學會，《中華民國電視年鑑——民國五十年至六十四年》，頁 27。

〔註 87〕例如 1972 年 7 月中視歌劇團與金龍歌劇團聯合演出《朱洪武與劉伯溫》，即由二團旗下主生柳青、葉青擔綱主角。不著撰人，〈中視、金龍兩團合演朱洪武與劉伯溫〉，《中國電視週刊》第 141 期（1972.07.03），頁 29。

〔註 88〕亞新，〈華視的歌仔戲〉，《中華電視週刊》第 2 期（1971.11.08），頁 20〜21。

〔註 89〕本報訊，〈華視六日起　播快樂中午〉，《聯合報》，1971.12.01，6 版。

〔註 90〕陳彥，〈華視推出閩南語歌劇：天倫劫〉，《中華電視週刊》第 11 期（1972.01.10），頁 10。

〔註 91〕余阿勳，〈歡迎葉青〉，《中華電視週刊》第 40 期（1972.07.31），頁 32、33。

開播後，三台電視歌仔戲除彼此較勁外，廣告業務得需承受布袋戲分食的威脅，特別是台視黃俊雄製作演播的布袋戲。〔註92〕甚至依前文所述，亦有可能來自於閩南語連續劇崛起的因素。〔註93〕而台視本擁有歌仔戲與布袋戲兩張王牌，為避免前者的製作與廣告資源遭稀釋，勢必積極謀求解決之道。

　　當時台視首任總經理周天翔權衡全局，計劃將他台歌仔戲菁英皆邀至台視效勞。於是在說服楊麗花後，結合原有「台視歌仔戲劇團」、「中視歌仔戲劇團」、「華夏歌劇團」和「青青歌劇團」四團要角的「台灣電視聯合歌劇團」於 1972 年 7 月成立。其演員皆為一時之選，包括楊麗花、葉青、柳青、小明明、許秀年、青蓉、王金櫻、黃香蓮、柯玉枝、林美照、洪秀玉、高玉珊、許仙姬等人，「陣容也空前堅強」。且在台視主導下，由楊麗花擔任團長，而當時歌仔戲業界重要的操盤手劉鐘元任策畫；〔註94〕陳聰明、石文戶和蔡天送擔任編導。其後於同年 9 月推出首檔劇目係以民間故事改編的《七俠五義》，時段安排在每週一至五午間緊接於布袋戲後帶狀播映，一上檔即備受矚目，隨後再推出《薛仁貴征東》、《西漢演義》、《碧血晴天》、《三國演義》等多部作品，皆頗為成功。〔註95〕且在此期間，名角柳青和柯玉枝加盟《西》劇演出，故台視將該劇調至每週一至日晚間九時的黃金時段播出，更具凸顯其擁有獨家電視歌仔戲節目而欲擴大閱聽眾的宣傳意圖。〔註96〕

　　惜好景不常，雖當時僅台視一台播映歌仔戲節目，業已擺脫來自外部的

〔註92〕邱莉慧等編著，《劉鐘元與河洛歌子戲團》（台北：台北市立社教館，2011），頁 70。

〔註93〕若依據筆者前述的研究，中視和華視歌仔戲節目每週佔據的時數已大幅縮減，故當時閩南語劇恐亦為分食歌仔戲節目廣告的原因之一。

〔註94〕劉鐘元為「聯通廣告公司」的負責人，該公司具備歌仔戲廣告業務經營與幕前幕後製作事宜的整合能力。而台視得以成立「台灣電視聯合歌劇團」，劉氏從中扮演關鍵角色。邱莉慧等編著，《劉鐘元與河洛歌子戲團》，頁 58、70。

〔註95〕林美璱，《歌仔戲皇帝：楊麗花》，頁 144。邱莉慧等編著，《劉鐘元與河洛歌子戲團》，頁 70。周正，〈台視組成聯合歌劇團推出革新好戲七俠五義〉，《電視周刊》第 517 期（1972.09.04），頁 7～9。

〔註96〕據週刊記載：「如此重大的新調整，必將使目前螢光幕上唯一的台視歌仔戲藝術，受到更熱烈的歡迎」。報紙亦有「目前在電視上，只有台視『一家獨秀』，仍保留著這個節目」的報導。蔡林，〈台視新歌仔戲西漢演義〉，《電視周刊》第 539 期（1973.02.05），頁 6、7。本報記者黃北朗，〈歌仔戲三國演義　明天起言歸正傳〉，《聯合報》，1974.05.19，9 版。又，《西漢演義》播出長達一百○六集，創下電視歌仔戲紀錄。楊馥菱，《臺灣歌仔戲史》（台中：晨星發行，2002），頁 134。

競爭壓力，惟「聯合歌劇團」內部人事的問題和矛盾反而逐漸形成。對此，楊麗花於其回憶錄坦言雖由其與葉青、柳青一同擔任製作人，然實際執掌戲劇架構者多來自他台的編導人員，彼此產生嫌隙實無可避免。且「台灣電視聯合歌劇團」名為「聯合」，然因每一劇團所擅戲路不盡相同，亦各有其表演及製作風格，礙於此等差異，實際真正合作的劇碼屈指可數，之後更改由各團輪流製作、出演。迄 1975 年底楊麗花淡出螢光幕，「聯合歌劇團」亦漸次走向曲終人散的倒數時刻，加上電視歌仔戲已陷入演出瓶頸，又偏逢當局限縮方言節目以及廣告榮景不在等因素，該團於 1977 年正式解散，電視歌仔戲遂一度沉寂，姑且等待 1979 年後再度振翅翱翔的契機。〔註97〕

第三節　影響節目競爭之因素分析

綜觀台灣電視生態雙雄對決時期的節目競爭影響因素，如法規對娛樂與「方言」節目的限制、官控商營下的節目製播和經營問題等，亦於三台鼎足後持續發酵。而隨著華視開始加入競爭行列，以及黨政當局強化對三台節目的制約力道，以下擬依據史料的梳理，以凸顯當時源自企業本身與政策面向的影響因素。

一、企業文化與決策者作風──華視的崛起

以實情而論，當時電視廣告量雖呈上升狀態，但因電視台增至三家，經營反而較前不易。此或許已在台視和中視分別自 1972、1973 年起週間取消午、晚間節目連續播送的舉動顯現徵候（如附錄十、十四）。就組織生態學而言，決定組織存活的最大因素，乃在於組織所處的環境，實迥異於媒體經濟學認為市場競爭是組織間運用策略的直接競爭。惟此，還原其時當局的觀點：以 1974 年為例，該年電視廣告投資額約為九億元（參見前章表 2-3），三台如平均分配，各台營業收入可達三億元或每月二千五百十六萬元，除卻佣金，每月可實收二千一百五十萬元。然因三台月支浩繁，各台每月約需二千萬元左右，若其中一台收入較豐，餘一台或二台即蒙受損失，故在此種經營壓力下，三台需為廣告收入而競爭。〔註98〕

〔註97〕林美璱，《歌仔戲皇帝：楊麗花》，頁 145～146、148、317。
〔註98〕中國國民黨文化傳播委員會黨史館館藏（1975.07.30），附件三：〈有關電視問題及建議改進意見審議報告〉，頁 4，《中國國民黨第十屆中央委員會常務委員會第四三二次會議紀錄》，館藏號：會 10.3/1638。

緣上，據台視何貽謀的看法，華視為三台中最晚成立者，導致「面對台視和中視的交鋒，非得硬拚不可。……由是在節目上，在業務上，甚至在合縱連橫的策略上，也就展開了三台的戰國時代」。〔註99〕從下表可觀察當時三台營收的競爭概況：

表 5-5：1962～1975 年三台營業收支結果一覽表（單位：新台幣／元）

年度	台　視	中　視	華　視	三台合計盈虧	備　註
1962	−3,982,102.49			−3,982,102.49	
1963	−5,615,977.74			−5,615,977.74	
1964	10,439,626.89			10,439,626.89	
1965	12,417,445.89			12,417,445.89	
1966	25,771,560.22			25,771,560.22	
1967	49,407,184.57			49,407,184.57	
1968	80,148,796.01			80,148,796.01	
1969	110,486,723.97	3,892,815.27		114,379,539.24	中視十月成立
1970	70,645,036.14	17,563,836.70		88,208,872.84	
1971	29,696,123.99	577,425.41	−5,374,324.66	24,899,224.74	華視十月成立
1972	−6,150,986.45	−25,497,753.44	23,314,021.19	−8,334,718.70	
1973	37,225,245.43	33,148,802.04	35,683,497.29	106,057,544.76	
1974	29,521,733.00	33,201,010.00	60,304,252.19	123,026,995.19	台中視為當時預估值
1975	38,608,525.00	48,338,262.00	38,901,467.00	125,848,252.00	

出處：由筆者彙整製作
資料來源：中國國民黨文化傳播委員會黨史館館藏（1975.07.30），附件三：〈有關電視問題及建議改進意見審議報告〉，頁 4～6，《中國國民黨第十屆中央委員會常務委員會第四三二次會議紀錄》，館藏號：會 10.3/1638。1975 年盈虧資料源自李瞻等合著，《當前電視的新課題》（台北：行政院文化建設委員會，1985.06），頁 3、5、7。又，華視 1974 年業績佳，播映長壽連續劇《包青天》、《保鑣》應為成因之一。見「表 5-4」。

當台視處於一枝獨秀時期，除最初兩年虧損外，迄後逐年提升。1969 年中視開播後的兩年間，台視盈餘數字下滑，惟二台均無虧損。1971 年，國際

經濟未甚穩定，連帶影響國內消費能力，廣告市場陷入低潮，〔註100〕當年電視廣告成長率僅百分之三點七八，創歷年新低（如表2-3）。同年10月華視開始營運，電視廣告由三家爭食的結果，使1972年台視、中視均告虧損，唯有華視盈餘二千三百餘萬元。屆1973年經濟表現有所進展，三台同時提高部分節目製作費用及廣告價格，電視廣告量亦增加。〔註101〕1974年起，因應國際能源危機，政府限縮電視播出時數，〔註102〕唯有華視業績斐然、睥睨他台，盈餘已幾達台視、中視總和的水準。若自組織文化與行政生態學的視角究實，即每一團體或組織必須建立其最高生存問題的共同概念，通常其核心任務、基本工作或存在理由皆由此而產生；〔註103〕且人的主觀意識雖受到客觀環境影響，惟又具備創造力俾克服環境，〔註104〕故華視的企業文化與決策者作風，似為其後來居上提供了解答。

首先，就公司整體運作而言，依廣告和電視界的後設說法皆公認當時華視最為機動、彈性。此或與該台高層主事者多為軍方將領出身，超過半數以上員工和軍方有關，且大部分的中級主管為高層親信，因此由「服從命令」、「達成任務」而衍生出所謂的「團隊精神」，形成華視特有的企業文化。即「任何事情只要上級首肯，就沒問題」。〔註105〕

再者，若論及決策者的行事風格，以何貽謀於第一線的親身觀察，華視能迅速崛起，並在若干方面後來居上，出身軍方政戰系統且負責「外攻」的

〔註100〕李瞻等合著，《當前電視的新課題》，頁94。

〔註101〕李瞻等合著，《當前電視的新課題》，頁95。又，中視為提高廣告效果並兼顧觀眾收視興味，於1972年6月開始試行減少黃金時段廣告量，此舉亦應是造成該年巨幅虧損的原因之一。洪虎，〈中視試減黃金時段廣告量　加強觀眾服務·提高廣告效果〉，《中國電視週刊》第138期（1972.06.12），頁8。

〔註102〕中國國民黨文化傳播委員會黨史館館藏（1974.03.20），附件二：〈新聞局電視事業管理輔導工作報告　六十三年一月廿九日〉，頁5，《中國國民黨第十屆中央委員會常務委員會第三六八次會議紀錄》，館藏號：會10.3/1632。

〔註103〕Edgar H. Schein著，許嘉政等譯，《組織文化與領導》（台北：五南書局，2008.11），頁68。

〔註104〕彭文賢，《行政生態學》（台北：三民書局，1986.09），頁20。

〔註105〕按引用出處的說法：中視運作風格保守穩健，台視則介於中間。孫曼蘋，〈電視台只贏不輸？〉，《天下雜誌》第47期（1985.04.01），頁125。另，筆者需補充說明的是：以「職位」本身而言，據學者王振寰就1990年代之前廣電媒體的控制權研究，華視董事長和總經理係自1970年代末期開始由軍方政戰系統控制。鄭瑞城等合著，《解構廣電媒體：建立廣電新秩序》，頁101～102、106～107。

首任副總經理蕭政之「居功厥偉」。〔註106〕誠如中視黎世芬之見，電視節目的形成，最主要涉及領導人、演員和作風，而節目的領導人即決策者，其幕後工作乃極為重要。〔註107〕是故，若以「人物」作為探究當時競爭情形的動因，或可自前文敍述華視初期為謀求資源而架構出與他台的競合關係，又進而欲深化與中視的聯繫，以達成「全面交流」的可行性；〔註108〕再至開播後連月虧損，國防部要求華視妥處節目與廣告，於是蕭氏親自修改節目表，並不時南北往返拜訪廣告客戶以徵詢意見，終使業績轉虧為盈，且能超越他台之種種，〔註109〕無疑身處對手方的何貽謀亦對其有「在華視服務不過四年，卻為華視拚下一片江山，堪稱戰國英雄」的評價。〔註110〕

二、「方言」節目於政策與競爭間的拉鋸

1971 年於華視開播之前，國民黨中央曾和三台負責人針對「當前電視節目之檢討與改進」進行溝通，除了就「黃金時段」文教、公益節目和廣告消長，以及電視劇製作主題「下指導棋」外，尤其在方言節目的比率方面明白提示「地方語言節目，到本年底，應逐漸減低至佔播映總時數百分之十六」，台視、中視亦承諾遵辦。〔註111〕

〔註106〕據何貽謀所言：調任自教育部的華視首任總經理劉先雲負責「內守」；原任國防部總政戰部中將副主任的蕭政之主責「外攻」，且當時華視僅一位副總經理，與他台分置二、三位的情形不同，故蕭氏實與第二總經理無異。何貽謀，《台灣電視風雲錄》，頁 142、183。

〔註107〕吳麗婉，〈中視的今天與明天──訪中視總經理黎世芬〉，《中國電視週刊》第 1 期（1969.10.24），頁 8～9。

〔註108〕所謂「全面交流」大意為二台重點節目播出時間力求不針鋒相對；基本演員互借需經雙方節目部門同意；職員轉任則應在其離職三個月後始可與之簽約。本報訊，〈中視華視全面交流　跳槽加盟糾葛不已〉，《聯合報》，1972.11. 11，8 版。

〔註109〕江永亮，蕭政之編著，〈認識蕭政之先生〉，《電視掃黑大審》，頁 315、316、320～321。

〔註110〕何貽謀，《台灣電視風雲錄》，頁 142。筆按：蕭政之係於 1975 年 8 月回任軍職。中華電視台編，《華視四年》，頁 132。本報訊，〈吳寶華將出任華視副總經理〉，《聯合報》，1975.08.14，8 版。

〔註111〕所謂「指導棋」尚包括：廣告避免集中於黃金時間內，且於該時段重新調配文教、公益性質節目；電視劇與地方戲劇內容除歷史情節外，應注意反共意識與現代精神，以結合時代需要等。中國國民黨文化傳播委員會黨史館館藏（1971.09.08），附件（一）：〈當前電視節目之檢討與改進〉，頁 12，《中國國民黨第十屆中央委員會常務委員會第二一四次會議紀錄》，館藏號：會 10.3/1615。

然自華視開播後，三台營業壓力驟升，三台陸續將方言節目比率拉抬至百分之十八至廿四，當局雖然「考量少數中年以上者，仍難聽懂國語，故礙於客觀需要，電視節目中禁止使用閩南語，目前尚非其時，故閩南語在電視節目中採分期漸進步驟，予以減少，應為可行方法」，〔註112〕意即為電視方言政策採逐步減少方式作明確定調。惟關鍵在於三台因競爭緣故，而將閩南語節目大多編排於黃金時段播出，甚至同一時間均為閩南語發音，引發「有識之士及興論界與不懂閩南語觀眾一致之指責」，〔註113〕遂令當局注意，乃於三台競爭甫達半年之際（1972年4月）進一步規定：

> （一）自四月十六日起三家電視台閩南語節目時間，均應降低至各該台每週節目總時間百分之十六以下。（二）各台每晚七時至十時（所謂「黃金時間」）播映之閩南語節目時間均不得超過一小時，並應分為兩個單元，每一單元不得超過卅分鐘（包括廣告在內），兩個單元之間，並應以其他節目加以間隔，避免接連播映。另三台在同一時間內，不得有同時播映閩南語節目情形，如果發生此種現象時，應由最後上映閩南語節目之電台，負責自行錯開。〔註114〕

其意等於在每週總時數外，又為各台晚間黃金時段閩南語節目的時長訂定上限，亦不可作連續播放，甚至同時段僅允准一台播映。

三台為因應此一「變局」，除重新安排黃金時段節目外，台視並縮短布袋戲和閩南語連續劇的播出時間；中視則是停播若干閩南語節目，外加縮減原每週播出四次的歌仔戲為一次；而華視終究「犧牲」頗受廣告客戶支持且尚未播畢的布袋戲與正重播之《嘉慶君與王得祿》，另又縮短《西螺七劍》與《媽祖傳》兩齣連續劇的節目長度，〔註115〕終使三台閩南語節目佔比均降至各該

〔註112〕中國國民黨文化傳播委員會黨史館館藏（1972.05.01），附件（二）：〈電視事業現況與今後發展方向〉，頁5、6，《中國國民黨第十屆中央委員會常務委員會第二六六次會議紀錄》，館藏號：會10.3/1621。

〔註113〕中國國民黨文化傳播委員會黨史館館藏（1972.05.01），附件（二）：〈電視事業現況與今後發展方向〉，頁6，《中國國民黨第十屆中央委員會常務委員會第二六六次會議紀錄》，館藏號：會10.3/1621。

〔註114〕中國國民黨文化傳播委員會黨史館館藏（1972.05.01），附件（二）：〈電視事業現況與今後發展方向〉，頁5、6，《中國國民黨第十屆中央委員會常務委員會第二六六次會議紀錄》，館藏號：會10.3/1621。劃線處為筆者加註。

〔註115〕中視和華視為使自身擁有更多的競爭籌碼，前者「技術性」列入重播的國語連續劇；後者則將教學節目計入國語節目時數內。本報記者黃北朗，〈三電視

台每週節目總時間的百分之十六以下（如下表）。

表 5-6：1972 年 4 月下旬三家電視台方言節目播出比率

項目 台別	台視	中視	華視
每週播出總分鐘數	5129	4770	4915
方言節目時數佔比（%）	15.69	14.15	12.82

出處：由筆者整理製作

資料來源：中國國民黨文化傳播委員會黨史館館藏（1972.05.01），附件（二）:〈電視事業現況與今後發展方向〉，頁 5，《中國國民黨第十屆中央委員會常務委員會第二六六次會議紀錄》，館藏號：會 10.3/1621。

　　就節目製播而言，上述規定不僅限縮閩南語節目於電視媒體的能見度，若以台灣族群結構論之，更不利各台在競爭上對閩南語節目產生的依賴性。如同資深劇作家姜龍昭基於當時國語劇製作環境不佳而投書報刊，直言閩南語連續劇的廣告係多於國語者，特別是醫藥廣告投放於閩南語節目時，產品銷路亦隨之直線上升即為明證。〔註116〕再者，前述規定根本「無助」於對閩南語節目的「封鎖」。畢竟，由於三台各自於黃金時段的不同時間排播閩南語連續劇，故觀眾可藉由「自主轉台」的方式連續觀賞到閩南語節目。茲以 1972 年 11 月 17 日播映情形舉隅如下表：

表 5-7：1972 年 11 月 17 日三家電視台晚間時段閩南語節目播送一覽表

台別 時間	台視	中視	華視
18：30		古城風雲	
19：00	青春鼓王		
19：30			望你早歸

台響應　減少方言節目〉，《聯合報》，1972.04.13，7 版。本報訊，〈三電視台節目　後天大幅調整〉，《聯合報》，1972.04.14，7 版。節目行政組，〈華視節目作政策性調整〉，《中華電視週刊》第 26 期（1972.04.24），頁 11。

〔註116〕姜龍昭，〈各說各話　談談國語連續劇的製作（下）〉，《聯合報》，1972.04.21，9 版。

20：00		英雄膽	
20：10	佛祖		
20：40			鳳山虎
21：00		難忘七號碼頭	

出處：由筆者整理製作

資料來源：王大空，〈各說各話 我看電視方言節目〉，《聯合報》，1972.12.01，12版。

　　當 1972 年 6 月蔣經國升任行政院院長後，對電視媒體亦展現其加強節目輔導管理的施政理念。除要求主管機關逐日實施監看外，亦需經常舉行「廣播電視節目協調輔導會報」，以隨時「糾正不良節目內容」。〔註117〕1972 年 12 月 7 日起，殆因前述現象更強化對方言節目的控管措施，其內容包括：

　　（一）嚴格規定電視節目內容，應具有優良的主題意識，禁止誇張兇殺、狠鬥、誨盜、色情及神怪等情節之演出。（二）電視方言節目（包括廣告）自六十一年十二月七日起，其播映時間，每日最多一小時（分為下午及晚間兩次各半小時），且在晚間六時半至九時半之間，祇有一家電視台播出，每月分由三家電視台輪流各播映十天。

　　（三）嚴格審查閩南語劇本，加強全日監看及糾正制度，遇有違反規定即予糾正。〔註118〕

上述規定使台視收視和廣告俱佳的《青春鼓王》、中視《難忘七號碼頭》於 12 月 6 日期限前被迫喊停，〔註119〕台視亦決定暫緩推出布袋戲《雲州大儒俠》

〔註117〕中國國民黨文化傳播委員會黨史館館藏（1973.02.14），附件三：〈中華民國六十一年九月立法院第五十會期　行政院施政報告〉，頁 59，《中國國民黨第十屆中央委員會常務委員會第二九五次會議紀錄》，館藏號：會 10.3/1623。

〔註118〕中國國民黨文化傳播委員會黨史館館藏（1973.02.14），附件一：〈中華民國六十二年二月立法院第五十一會期　行政院施政報告〉，頁 58，《中國國民黨第十屆中央委員會常務委員會第三一四次會議紀錄》，館藏號：會 10.3/1625。劃線處為筆者加註。緣三台於黃金時段各輪流播映十天窒礙難行，故後經協議輪檔週期自兩週再延長為四週。聶寅，〈臺灣電視業問題之探討〉，《廣播與電視季刊》第 26 期（1974.09.01），頁 22。本報訊，〈連續劇忽閩南語忽國語　四週一輪如此這般〉，《聯合報》，1975.01.04，9 版。又，據報載 1972 年 12 月 5 日國民黨中央文工會舉行「淨化節目協調會議」，會中又「加碼」規定：（一）三台每天只能播出兩首閩南語歌曲。（二）任何節目不可做現場廣告。本報訊，〈淨化電視節目三台共同決議多項〉，《聯合報》，1972.12.06，8 版。

〔註119〕教育部文化局編印，《文化局的第五年暨第六年的上半年》，頁 108。

完結篇，連帶每週日長達九十分鐘的《六合三俠傳》「也不得不暫時停播」。
〔註 120〕不僅壓縮方言節目的演播空間，更同時為三台帶來執行面上的困擾，
〔註 121〕而電視台為競爭考量，亦形成原節目企畫與實際播映樣態的異變。譬
如：華視晚間已上檔的閩南語連續劇《望你早歸》，即廢棄原已錄製完成的內
容，由擅講閩南語的原班人馬重新以國語發音製播。〔註 122〕而台視則以國語
取代閩南語演出布袋戲《濟公傳》，且由平劇演員負責口白。就節目效果而
言，布袋戲演師黃俊雄即憶述道：「節奏很慢，而且有平劇腔，不大受觀眾歡
迎」。〔註 123〕

　　再者，由於當局規定方言節目各台每日至多一小時，且需分為下午及晚
間各半，因此亦長期造成午、晚間兩種截然不同的播映樣態。即午間時段廣
告需賴閩南語節目支撐，因此各頻道幾為閩南語連續劇所據。而晚間黃金時
段因受限各台輪流播映，又需慮及更改播出時間未便觀眾收視，且有可能傷
及業務表現，故「輪值到期」的閩南語劇非但不退離黃金時間，反而採原劇
直接改以國語播映。然因原閩南語節目轉換國語播出的效果不佳，後續各台
多以另起爐灶為策。〔註 124〕總之，以現今視角省察上述諸種，真可謂為不當
方言政策下三台競爭的奇譚。

三、能源危機導致縮減播映時數

　　1972 年，在國際原油的漲價聲中，國內若干生產廠商因成本增加、利潤
降低而減少廣告支出，明顯衝擊電視媒體的廣告經營業務。〔註 125〕翌年，因
中東產油國家不斷進行石油漲價與減產措施，政府為因應此一危機變局，實
施節約能源政策，除籲請民眾自動約制用度外，亦訂頒相關實施要點與須知，

〔註 120〕佩瑄，〈台視外記〉，《電視周刊》第 532 期（1972.12.18），頁 42。
〔註 121〕據報載，三台曾向當局提出執行上的困難之處，希冀輪播週期能自十日直接
　　　　放寬為三個月。本報訊，〈文化局正式通知電視台詳細規定節目準則〉，《聯合
　　　　報》，1972.12.03，8 版。
〔註 122〕谷凡，〈「望你早歸」新的里程〉，《中華電視週刊》第 60 期（1972.12.18），頁
　　　　45。
〔註 123〕王禎和，《電視・電視》，頁 174。
〔註 124〕本報訊，〈連續劇忽閩南語忽國語　四週一輪如此這般〉，《聯合報》，1975.01.
　　　　04，9 版。本報記者黃北朗，〈「圓環阿郎」連續劇　將不改以國語播出〉，《聯
　　　　合報》，1975.01.22，9 版。
〔註 125〕當時廣告品項減少最劇者包括清潔劑、洗衣粉類；汽水、可樂等飲料類；冷
　　　　氣、電視機等家電類。顏伯勤，《二十年來臺灣廣告量研究》，頁 43。

以要求各級公務機關、民間機構遵行。〔註126〕至 1974 年，「為節約能源及加強國民對能源節約之教育」；「節省電力之耗費」，亦協調各電視台自該年元旦起縮減播出總時數，即原則上於每週一至五午間十二時起播出一小時；晚間時段為五時至十一時；週六日則自中午十二時至夜間十一時，俾使各台由原一週平均播送七十四小時驟降至五十二小時。〔註127〕

　　而三台為「響應」政府節約能源計畫，形成每日上午及週間午後皆無法播送節目，亦大幅減少每週播出的總時間（如附錄十六～廿一）。例如中視自 1969 年開播後從每週播映五十七小時，旋增至七十小時，最高曾達八十六小時，迄 1974 年則驟降至五十三小時四十五分，近乎回歸開播初期水準；台視方面則調降為五十三小時四十分；華視因播出教學節目，維持在九十小時。〔註128〕總之，當時三台為配合政府節約能源政策，需約束其節目總體播映時數，並大幅刪減、調動原鋪排節目，〔註129〕實未利廣告量的開展與擴張。惟廣播廣告，特別是小型工商業廣告反而活躍於電視收播時段，〔註130〕應是該政策實施前所始料未及的效應。

四、「國喪」事件對節目製播的約制

　　1975 年 4 月 5 日蔣介石逝世，威權時期政府對「強人」的離世定位為「國喪」，國民黨中央亦藉由對民間娛樂的限縮，以形塑肅穆的社會氛圍：

〔註126〕朱匯森主編，〈中華民國十一月八日　經濟部長孫運璿呼籲全國民眾自動節約能源〉，《中華民國史事紀要　六十二年七月至十二月份》（新北：國史館，1986.06），頁 763。又，譬如當時台灣省政府頒行「台灣省各機關節約能源實施要點」、「節約用電須知」，並呼籲民間節省汽油用量。台灣省政府秘書處編撰，《台灣省政大事紀要　第一冊　民國三十四年十月～民國七十五年六月》（台中：台灣省政府秘書處，1990.05），頁 49。
〔註127〕中國國民黨文化傳播委員會黨史館館藏（1974.03.20），附件二：〈新聞局電視事業管理輔導工作報告　六十三年一月廿九日〉，頁 5，《中國國民黨第十屆中央委員會常務委員會第三六八次會議紀錄》，館藏號：會 10.3/1632。
〔註128〕中華民國電視學會，《中華民國電視年鑑——民國五十年至六十四年》，頁 19、25。
〔註129〕本報記者黃北朗，〈縮短電視播出時間　先從長片卡通下手〉，《聯合報》，1973.12.27，9 版。
〔註130〕顏伯勤，《二十年來臺灣廣告量研究》，頁 63。中國國民黨文化傳播委員會黨史館館藏（1975.10.08），〈附件一：中國廣播公司承擔廣播作戰任務檢討報告〉，頁 4～5，《中國國民黨第十屆中央委員會常務委員會第四四一次會議紀錄》，館藏號：10.3/1639。

自即日起至公祭日止（筆者按：四月十六日），全國各娛樂場所一律停止娛樂。自公祭日之次日起，至五月五日止，影劇、廣播、電視及公眾場所具有社教文化意義而以嚴肅方式表達之節目，可予開放。〔註131〕

上述政策，對當局視為具有公營或黨營性質的三家電視台而言，〔註132〕實撩撥至商業競爭的敏感神經，影響期程亦較前述規定為久。

在討論本主題前，擬預就當時電視劇流行的表現形式之一進行背景說明。即自從台視於1971年7月運用新進之電子特效與畫面合成技術製作台灣電視史上首齣刀光劍影的武俠劇《江湖兒女》，並創造亮麗的收視成績後，因連續劇競爭日烈，自然視戲劇類型設計情節發展所需的武術動作表演風格以吸引觀眾，頓時「神奇武功對上特技武功，各顯神通」。〔註133〕

職是，三台連續劇漸次偏尚武俠、神怪和喜趣題材。以1975年三月份中旬為例共計六檔劇目（如表：5-8-A），除涵蓋國語及閩南語發音；多數盤據晚間黃金時段外，亦不乏部分採每日不中斷連續播出，並以閩南語劇為主，其中華視數量更以三檔居冠。即便電視台主觀以「俠義劇」形容此類題材的戲劇節目，〔註134〕然其對白雖偶有教育意義，但無法排除刀光劍影的動作劇情，於「國喪」期間不僅「未符輿論期待」，〔註135〕其後又被當局視為「分

〔註131〕中國國民黨文化傳播委員會黨史館館藏（1975.04.18），附件二：〈總統　蔣公治喪會第一次會議紀錄〉，頁 1，《中國國民黨第十屆中央委員會常務委員會第四一八次會議紀錄》，館藏號：10.3/1637。

〔註132〕原文為：「而三家電視公司雖各採民營方式，但依其資本結構顯示，三公司之公股、黨股總數，均遠較民股為多，且其主要負責人多為本黨黨員，故實際上具有公營或黨營之性質」。中國國民黨文化傳播委員會黨史館館藏（1975.07.30），附件三：〈有關電視問題及建議改進意見審議報告〉，頁1，《中國國民黨第十屆中央委員會常務委員會第四三二次會議紀錄》，館藏號：會10.3/1638。

〔註133〕胡元輝，《台視四十年》（台北：台灣電視事業股份有限公司，2002.04），頁68～69。石永貴，《台視二十年》，頁25。經查周刊亦報導《江》劇為台視當時「歷年來所播出的電視劇中動作最多的一個劇集」。周正，〈江湖兒女〉，《電視周刊》第458期（1971.07.19），頁9。

〔註134〕例如「表：5-8-A」台視國語連續劇《玉琵琶》於《電視年鑑》係屬「奇情俠義劇」；華視《保鑣》於週刊內文被定位為「古裝俠義劇」。中華民國電視學會，《中華民國電視年鑑──民國五十年至六十四年》，頁116。葉文宗，〈保鑣是怎樣製作的？〉，《中華電視週刊》第165期（1974.12.23），頁11。

〔註135〕本報記者黃北朗，〈遵行遺訓復興文化　三電視台淨化節目〉，《聯合報》，1975.04.19，9版。

量過多與其內容略欠嚴謹」，〔註136〕成為「國喪」期間「輔導管理」的首要
對象。

表5-8：1975年「國喪」期間前後三台連續劇播映情況比較

台別	節目名稱	節目類型	播出時間	時長（分）
A：以1975.03.17～03.23為例				
台視	玉琵琶	國語連續劇	每週一至五　20:00～20:55	55
中視	奪標	國語連續劇	每週一至五　18:50～19:30	40
	傻俠行江湖	閩南語連續劇	每週一至日　21:00～21:30	30
華視	虎尾溪	閩南語連續劇	每週一至日　12:30～13:00	30
	保鑣	國語連續劇	每週一至日　20:00～21:40	100
	五府千歲	閩南語連續劇	每週一至日　21:40～22:10	30
B：以1975.05.01～05.07為例				
台視	聖劍千秋	國語連續劇	每週一至日　20:00～21:00	60
中視	無			
華視	虎尾溪	閩南語連續劇	每週一至日　12:30～13:00	30
	保鑣	國語連續劇	每週一至日　20:00～21:40	100
	忠義門	閩南語連續劇	每週一至日　21:40～22:10	30
C：以1975.06.16～06.22為例				
台視	聖劍千秋	國語連續劇	每週一至日　20:00～21:00	60
中視	王者之劍	國語連續劇	每週一至六　18:30～19:30	60
華視	保鑣	國語連續劇	每週一至六　20:00～21:00	60

出處：由筆者整理製作
資料來源：中國國民黨文化傳播委員會黨史館館藏（1975.07.30），〈附件三：「有關
　　　　電視問題及建議改進意見審議報告」之附件（三）「國喪前後電視事業之
　　　　管理與輔導檢討報告」〉，頁2～3，《中國國民黨第十屆中央委員會常務
　　　　委員會第四三二次會議紀錄》，館藏號：會10.3/1638。

〔註136〕中國國民黨文化傳播委員會黨史館館藏（1975.07.30），〈附件三：「有關電視
　　　　問題及建議改進意見審議報告」之附件（三）「國喪前後電視事業之管理與輔
　　　　導檢討報告」〉，頁2，《中國國民黨第十屆中央委員會常務委員會第四三二次
　　　　會議紀錄》，館藏號：會10.3/1638。

　　承上，由於業績考量，三台原計劃於蔣氏過世的第四天即復播部分娛樂性質節目，然依當局決定延至公祭次日，而攸關廣告業務命脈的連續劇「原則上」亦按當局規定日期（5月5日）再行播出。〔註137〕惟台視與華視皆提前以復播原劇或換檔的方式續映武俠題材連續劇，僅中視恐因隸屬黨營事業「未便執行」（如表：5-8-B）。而台視為配合新劇上檔，甚至欲延長每日播出時數亦未能如願。〔註138〕

　　事實上，就商業經營立場，三台在節目恢復正常播出後，理應為爭取廣告收入籌謀，以期彌補「國喪」期間缺乏廣告收入的虧損。然國民黨文工會於同年五月兩次邀集三台協商，對電視連續劇的播映樣態進行更嚴格的管制措施：

> 即行實施電視業務會議中決定<u>電視連續劇均不得超過一小時之規定</u>，以減少武俠劇份量，……：各台武俠劇僅以一檔為限，每一檔並不得超過六十分鐘。促各台武打劇的播映時間彼此錯開。加強節目監看與劇本大綱之審查工作。新送審之武打連續劇一律暫予擱置……。〔註139〕

上述規定起因於台視和中視原擬增製類似題材劇目以彌補縮減播出時長的廣告損失，惟當局認為此舉恐「變相」增加每日播出的武俠劇集時間，除續規定各電視台僅以一檔為限，且新製作的相關類型連續劇一律暫停受理審查，使三台後續該劇種數量由過往之六檔減為三檔（如表：5-8-C），致使台視不但刪減其播映中的兩檔連續劇並改播影集外，甚至停播擊敗華視長壽劇《保鏢》且收視不惡的《聖劍千秋》。〔註140〕然影響至深的恐怕是連續劇皆不得超過一小時的規定，等同使三台無法依自身營運需求，擴充優勢節目的每日播映時長，俾提升競爭能量，成為威權時期政策與商業電視競爭扞格的又一顯例。

〔註137〕本報訊，〈電視綜藝節目　定十七日恢復〉，《聯合報》，1975.04.09，9版。本報訊，〈三電視台節目　將大幅度調整〉，《聯合報》，1975.04.12，9版。

〔註138〕本報訊，〈台視考慮延長播映聖劍千秋〉，《聯合報》，1975.05.02，9版。

〔註139〕中國國民黨文化傳播委員會黨史館館藏（1975.07.30），〈附件三：「有關電視問題及建議改進意見審議報告」之附件（三）「國喪前後電視事業之管理與輔導檢討報告」〉，頁4、5，《中國國民黨第十屆中央委員會常務委員會第四三二次會議紀錄》，館藏號：會10.3/1638。劃線處為筆者加註。

〔註140〕本報訊，〈三電視台從善如流　積極淨化節目內容〉，《聯合報》，1975.07.15，8版。何貽謀，《台灣電視風雲錄》，頁219。

五、黃金時段連續劇集數的受限

「電視連續劇」，尤其是安排於黃金時段播映的連續劇，係電視台經營重要的生命線，〔註141〕即便威權強人蔣經國亦自承居家生活的重要娛樂就是收看電視連續劇。〔註142〕而其身為觀眾的一員，對三台因競爭採取延長連續劇集數的手法不以為然，因此曾表示「現在有的電視連續劇拖得太長了，給觀眾一種有意拖長的感覺。我認為電視連續劇演到該結束的時候，就應該『適可而止』」。〔註143〕態度顯然和在電視台每日與收視率及廣告業務拚搏的「從業同志」大相逕庭。

1975 年 7 月 30 日蔣氏於國民黨中常會聽取「電視改進專案小組」〔註144〕有關電視問題及建議改進意見的審議報告，因其中內容提到高收視節目「拉長」的現象，遂指示將該案送交行政院成立的「電視節目研究專案小組」參考。〔註145〕同年 9 月 6 日該專案小組與三台負責人商討後，作出以下決議：

（一）<u>連續劇之播出最多不能超過六十集</u>，於同年十一月一日起實施。（二）恢復審查劇本。（三）外國節目不得超過百分之卅。（四）所有打鬥節目均須安排在晚間九時以後，且各台需於晚間九時至九時卅分播映社教節目。此外，建議三台新聞播出時間錯開。〔註146〕

〔註141〕徐鉅昌，《電視理論與實務》，頁 154。
〔註142〕本報記者陳祖華，〈聽蔣院長閒話家常〉，《聯合報》，1975.02.07，3 版。
〔註143〕行政院新聞局輯印，〈在新聞界園遊會中之談話 中華民國六十四年二月六日〉，《行政院蔣院長言論集（五）》（台北：行政院新聞局，1975.09），頁 127。
〔註144〕「電視改進專案小組」於 1973 年 10 月 24 日經國民黨中常會第三四九次會議決議組成，成員由跨黨政人士組成，包含黃少谷、倪文亞、黃杰、蔣彥士、謝東閔、費驊、周宏濤、秦孝儀、吳俊才、錢復等人。中國國民黨文化傳播委員會黨史館館藏（1973.10.24），《中國國民黨第十屆中央委員會常務委員會第三四九次會議紀錄》，頁 2～3，館藏號：10.3/1630。中國國民黨文化傳播委員會黨史館館藏（1975.07.30），〈附件三：「有關電視問題及建議改進意見審議報告」之附件一：「電視改進專案小組歷次會議經過」〉，頁 1，《中國國民黨第十屆中央委員會常務委員會第四三二次會議紀錄》，館藏號：會 10.3/1638。
〔註145〕中國國民黨文化傳播委員會黨史館館藏（1975.07.30），《中國國民黨第十屆中央委員會常務委員會第四三二次會議紀錄》，頁 8～9，館藏號：會 10.3/1638。同註附件三：「有關電視問題及建議改進意見審議報告」，頁 4。
〔註146〕本報訊，〈改進電視事業 擬妥長程計畫〉，《中央日報》，1975.11.06，4 版。中華民國電視學會，《中華民國電視年鑑——民國五十年至六十四年》，頁 27。本報訊，〈十年螢光幕 前後多少事〉，《民生報》，1980.12.22，10 版。劃線處為筆者加註。

其中第一點迫使績效甚佳的台視《金玉緣》與中視《再生花》、《親情》等「長壽劇」於期限前「下台一鞠躬」，[註147] 否則研判這「戲」——還得要繼續看下去。

　　若純以廣告競爭的立場觀之，上述有關「連續劇播出最多不能超過六十集」的規定，實與自由市場競爭的商業模式牴觸。畢竟娛樂性節目乃是電視媒體創造優勢的主力，然因節目會予以經常性的更新，故較不易長期保持此一優勢，亦即當節目換檔後便將引發閱聽眾在收視上的波動。因此當局規定黃金時段連續劇僅能播出六十集時，對電視台業者的負擔在於需徹底實行「見好就收」的措施，即便前一部連續劇收視表現與廣告俱佳，惟換檔後恐面臨觀眾重疊率增減的不確定性。換言之，接檔劇目不見得可保有原先的優勢地位，如此將使其他競爭台的節目得以趁虛而入，形成原時段收視與廣告經營的雙重風險。[註148]

〔註147〕台視《金玉緣》及中視《再生花》、《親情》的播出集數分別為八十、一百六十七、一百八十六集。而台視為延續《金》劇聲勢，翌日推出「續集」《金玉盟》，計播映五十一集。詳「表5-4」。

〔註148〕顏伯勤，《廣告的經營與管理》（台北：台北市新聞記者公會，1977），頁 97～98。

第六章　結　論

　　「電視」，作為現代人類文明重要的傳播載體，包括其接收機、電訊傳輸技術、播送內容等方面的發展歷程，皆隨著時間的長河不斷演進中。廿世紀的電視事業之所以能將大眾傳播活動帶入一個新階段，對人類生活方式產生其他媒體未能造成的重大影響，主要係其身歷其境的效果。〔註1〕換言之，電視因能提供具體的圖像，使觀眾不易遺忘，故可運用場面、刺激情緒的設計與動人的鏡頭來打動閱聽人，具有勸誘與施教上的便利，〔註2〕且宣傳統治對遷台後的國民黨政府甚為重要，〔註3〕考量對內可增強官方文化權力，傳達世界觀；對外又可證明所謂「中華民國在台灣」的進步繁榮，因此電視媒體成為當局掌控社會的重要工具。〔註4〕

　　台灣電視事業成立之初，由於各台的成立過程、資本結構和人事任命皆難脫黨政軍色彩，節目製播除受到「廣播及電視無線電台節目輔導準則」與政府主管機關的約制外，亦無法完全擺脫來自黨政軍的牽掣。唯三台又處於商業體制下，係以收視率及廣告獲取營收及利潤，因此在節目內容製作與排播方面朝向市場靠攏。尤其是當一台變二台、二台又增為三台時，電視廣告大餅自獨食演至分食局面，各台為了顏面與營收亦終須一搏。台灣電視兩強對抗就有如脫韁野馬；於三台競爭時期，由於華視新創，為求出線，策略大

〔註1〕王洪鈞，〈電視潮流激盪世界〉，《文星雜誌》第5卷第6期（1960.04.01），頁9。
〔註2〕李茂政，《大眾傳播新論》（台北：三民書局，1984.03），頁273。
〔註3〕陳美靜，〈國家作為與不作為——1949～2010台灣公眾視聽政策的發展樣貌與分析〉，頁36。
〔註4〕黃新生撰，馬起華編著，〈依附理論與台灣的經濟、電視發展〉，《主義與傳播》（台北：黎明文化事業，1986），頁155。

膽且動作頻頻，促使他台亦有樣學樣。期間官方開始不時劃設紅線介入「輔導」，惟言者諄諄，聽者藐藐，電視台的營運亦反覆在所謂的「自律」及業務需求間左右為難、游移擺盪。

就在本文盡可能還原早期三台應對黨政當局諸多掣肘的迂迴、抵抗和妥協過程中，若干史事亦隨著新史料的面世；或藉深入爬梳既有資料而有了新的論證、解讀或補遺，而源自「電視競爭」的脈絡，實為諸事成因的重要根由。茲將主要研究發現歸納為「政策」與「節目」二大面向撮敘如后：

一、政策面

1970 年代，台灣電視事業的競爭可謂方興日盛，國民黨中央隨之針對「節目編製導播」訂定具體方針，由此得見金鐘獎歷年獲選電視節目所標舉反共愛國、發揚中華文化、固守傳統倫理道德等意識形態的官方範式。而「電視」於「遏制匪播」的間接性功能，亦顯示出其具備新興電化媒介的利基，使政策下的電視事業於「內容文本」及「工具」層面被賦予更積極性之政治和社會功能角色。

（一）發揮戰時育樂功能之使命

當電視事業興起後，即漸次對其他傳播媒體和民間通俗娛樂造成影響，加上台視和中視雙雙仰賴提高娛樂節目比率以獲取營收，對此，國民黨當局先於 1970 年 7 月的中常會確認對大眾傳播與娛樂事業之輔導，應力求「育」與「樂」兩方面正常均衡的發展方向。其後當雙雄對峙日烈、三台即將鼎足之際，「發揮戰時育樂功能」為國民黨中央希冀電視媒體於「節目編製導播」方面達成的使命，具分別承襲自國民黨政府來台後延續的戰時體制；1953 年蔣介石發表三民主義之〈民生主義育樂兩篇補述〉的義涵；以及隨後由「戰鬥文藝運動」領航的文藝政策基調之歷史脈絡，並據此形塑探究電視競爭濫觴時期的研究框架。

（二）遏制匪播的間接性功能

事實上，國民黨政府自 1970 年代起對電視媒體的掌控，除因襲過往商業營利和發揮其教育宣傳功能的目的外，在「遏制匪播」的任務上，「電視」亦有別於「廣播」扮演起間接性的角色——儘管廣播和電視媒體所使用的電波頻率不同，然當局一方面期望藉由電視接收機日漸普及的高覆蓋率，與電視台製播高水準的節目以吸引民眾收視；另為使東部民眾可收看清晰的電視節目，亦

督促三台儘速建設東部電視轉播站，進而與原北、中、南部系統結成全台電視轉播網，俾於兩岸尚處敵對的情勢下，間接抵制中共的廣播統戰攻勢。

二、節目面

台灣電視事業的開展，本為實施學校和社會教育的目標而興。〔註5〕惟純公營的教育電視台受限於經費與設備，發射涵蓋範圍未臻理想，至終遂以「擴充」為名，繼而追隨台視和中視的腳步，轉型為自由企業經營模式的華視。即便當時三台官方資本居多，然「官控商營」的本質，亦使其商業導向的經營性格無所遁形，致三台於節目與廣告業務的競爭態勢幡然顯現。經綜理相關史事後，擬再就「各台競爭態勢的形成」、「節目製播策略的演變」、「優勢節目類型的規劃」、「開拓演藝資源」、「影響節目競爭的因素」等核心面向統整要義如后：

（一）在各台競爭態勢的形成方面

若嚴格論之，台灣電視事業的競爭氛圍並非自中視開播後始形成，甚至可往前追溯至台視自認「電視應當是獨營事業」，對可能有另一家與其競逐市場，即近似「自我防衛」般分別向黨政當局表達反對立場為始。惟中視的設立實有國民黨為維護中廣業務，並結合民間興利與建立「國家位階」電視事業之目的，職是台視見勢不可當，即行調整部分節目策略以為因應。而中視初始則以不師台視為志，迨瞭解該台的播送內容和作業模式後，即行布建自身的節目製作制度與競爭策略。至此，二台競爭態勢業然成形。

而當雙雄對峙未及兩年之際，政府高層又未妥善正視二台從事商業競爭的「殷鑑」，放任華視在披上教育電視外衣、行商營之實的政策矛盾中誕生。而華視在即刻面臨廣告一分為三，尚需擔負電化教育製播成本的現實環境下，明知其開播的競爭條件已處於劣勢，故採取台灣電視史上首次「合縱」政策以圖壯大演藝實力，並擬同步抵銷主要對手——台視。即便日後與中視的合作告終，然此似為三台競爭版圖之確立鳴放歷史性的第一槍。

（二）在節目製播策略的演變方面

一言蔽之，「廣播」於台灣電視競爭的演變脈絡實有其未可抹滅之歷史定位。

〔註5〕中華民國電視學會，《中華民國電視年鑑——民國五十年至六十四年》，頁10。

　　回首二台競逐時期，中視面對已成立七年的台視，勢必需出奇制勝以吸引觀眾眼球。其中最重要的是首任節目部經理翁炳榮承繼源自<u>廣播連續劇</u>的節目製作經驗，並植移了英、美、日等國的電視製播觀念，以「連續性」的節目形式作為競爭法寶。包括創作每日故事和角色人物具關聯性、且情節賡續發展的電視連續劇範式，以及擴大運用「連續」概念，將同一節目於每週重點時段以「帶狀」方式排播，俾能扭轉觀眾過往的收視習慣，並創造新的閱聽體驗。類此節目經推出後收視反應不弱，再加上台視對中視節目的「橫行」有如芒刺在背，亦促使台視援用相似的企畫路徑，先推出每日連續播映並同樣啟蒙自<u>廣播劇</u>的「電視小說」，繼而再全然仿效中視連續劇的製作方式。自此，除形塑台灣爾後八點檔連續劇的製作類型，同時亦顯示台灣電視事業因進入競爭階段，節目排播思維逐漸自過往被動順從一般觀眾作息，變為主動養成其收視習慣；從跳脫「塊狀」思維，轉而納入「帶狀」的節目編排模式。

　　三台中最晚成立的華視，亦未能自外於二台爭鋒時引發的帶狀連續劇競爭風潮。而該台為能突破在演藝人員部分的劣勢，並藉由連續劇達到以劇情培養新演員的目的，特於啟播之初，即將製播能量發揮至極大化，於晚間黃金時段採行「連續劇封鎖策略」，率先開闢四條帶狀戲劇線切入市場，使日後「連續劇」不僅成為三台業務競爭的主戰場與重要籌碼，亦顯示三台節目表排播策略愈向市場靠攏的趨同性。

（三）在優勢節目類型的規劃方面

　　台視於雙雄對陣期間，雖恐因過往長期處於獨家態勢，缺乏競爭的刺激與對觀眾意向變化之醒覺，導致錯失以「連續劇」重寫台灣電視史的先機。然就當台視對中視的「連續」攻勢一籌莫展之際，因緣際會播映黃俊雄製作的金光布袋戲突圍，並得以和楊麗花領銜的歌仔戲於廣告市場互為犄角，甚至成為代表性節目，故當中視開創台灣連續劇市場之餘，亦有感歌仔戲、布袋戲實具吸睛效果，先後於節目鋪排仰賴二者為攻防上的重要武器。此無疑反映出「電視」具備的大眾媒體特性，一方面需考量布袋戲及歌仔戲皆屬富有台灣本土文化色彩的傳統藝術，利於達成聚眾及拉抬收視的目標；二來顯示商業競爭既然成為台灣電視事業發展無法迴避的課題，亦促使業者切實面對台灣人口多為福佬族群，故閩南語發音節目收視率較高，有能力帶動廣告業績的事實。

　　以上取向更投射在華視開播後的起手式，與競爭台隨之跟進的舉措。華視順應市場，先選擇「連續劇」為其重點經營節目類型，輔以具鄉土義涵的民間故事題材為其敲門磚，直接訴諸本地最大宗族群觀眾，使成效具體展現於閩南語戲劇中。再加上前有台視、中視歌仔戲和布袋戲的奠基，以及電視戲劇節目製作技術日趨精進，由「真人」演出的閩南語戲劇節目，又在「擬態」（imitation）性質上，遠較具唱工的歌仔戲和布袋戲更能充分表達「人生」此一戲劇要素，使閩南語戲劇節目於電視收視和廣告的競爭地位徹底翻轉，與同具語言親近性的歌仔戲、布袋戲一併形成三台時代節目競爭之特色圖景。

（四）在開拓演藝資源方面

　　三台皆深切體認節目的永續經營與演藝人才的培育實不可分，除以優惠條件網羅影視界具有高知名度及深富潛力的演藝人員外，亦採取辦理演藝訓練班及透過歌唱比賽方式以挖掘新星簽約旗下。

　　而在跨平台合作部分，例如台視與正聲廣播公司於歌唱節目的合作；中視和中廣公司合辦歌唱新秀選拔及人才訓練活動俾共享資源。另，中視與華視為強化電視劇演員的演技和陣容，均嘗試尋求與外部育成單位協力結盟，且二台彼此又進行基本演員的互惠交流。〔註6〕再者，由於華視股東結構內含國防部外圍資本，因此國防部藝術工作總隊下轄的各級軍種康樂團隊，亦成為華視演藝資源運用上不可或缺的一環。凡以上種種，皆是為因應競爭使然。而演藝人員亦需借助在各節目平台曝光的機會累積知名度，俾與節目績效互為相長。

（五）在影響節目競爭的因素方面

　　事實上，由於當時三家電視台的結構幾乎為官資、官督，亦使台灣電視事業發展的最大特色為「電視事業與國家同命運」，故官方才是幕後真正的「那隻手」，與國家操控密不可分。〔註7〕惟實際上又偏以商業方式經營，以競逐收視率作為換取廣告利潤的報償。然而「廣播及電視無線電台節目輔導

〔註6〕在中視和華視合作之初，華視國語電視劇多借用中視演員，而中視則調借華視閩南語演員為多。本報訊，〈客家語歌劇採茶曲　中視今播出第一齣　嘉慶君與王得祿華視延長八集〉，《聯合報》，1972.02.04，6版。

〔註7〕楊敏芝著，《臺灣全志・卷十二・文化志・文化產業篇》（南投：國史館臺灣文獻館，2009），頁162。

準則」屬於行政法規，缺乏立法基礎，使黨政當局得以於此灰色地帶遂行「自我意志」，而電視台「發揮空間」的大小又視當局掌控力道的強弱而定，遂令三台於商業模式下的競爭無法自由伸展。

其次，以節目型態而言，娛樂類型較社教、藝文節目易獲得收視與廣告商的青睞。尤其當三台陸續開播後，因競爭激烈，使歌仔戲、布袋戲和閩南語劇等「方言」節目亦成為市場主流，致電視台不時「挑戰」政府「國語政策」的問題浮上檯面。當三台迫於部分輿論和當局壓力而限縮前述類型節目比例；抑或以「見招拆招」方式，將布袋戲改為國語發音、原閩南語劇演員的聲腔代以國語，皆可能使觀眾與廣告屬性產生連動改變，進而影響「量」的增減。更有甚者，乃是 1975 年當局對三台生命線——「連續劇」於題材、時長和集數上的管制。若單就競爭視角論之，無疑係與商業精神背道而馳。

總之，筆者透過本論文的研究，亦有感於三台競爭緣營利而起。為了於廣告市場爭得一席之地，節目排播策略花招盡出、窮極奇巧，後人因襲援用，迄今尚時有所聞，影響至為深遠。其中身處研究時間跨度的當事者何貽謀即見證道：「在台視獨家的時候，廣告客戶別無選擇，台視樂得在節目政策上，走全然自主路線。台視初期的節目表，確實不遜於公視。但當中視、華視相繼出現後，業務競爭使得節目的安排全然改觀」。〔註 8〕職是之故，亦導致三台競爭問題叢生，飽受社會批評。〔註 9〕然孰令致此？使三台從事商業競爭變得面露猥瑣？微觀本文相關敘事，咸信威權當局對電視制度面的怠緩，以及莫名且不當之政策措施係造成缺失的根源所在。

惟無論如何，三台競爭對電視生態亦產生若干正面的影響，即自台視一家獨大的賣方市場，轉變為三台角力的買方市場。且為能於激烈的競爭中出線，不僅致力改善電視的製播設備與技術、催生了彩色電視的發展，亦因電視廣告收益重分配的刺激，促進廣電影視人才之間的流動，使爾後電視節目製作方法更為精進，豐富了電視的播送內容。最重要的是，對閱聽人取得電視節目選擇權與頻道主控權應有積極性的作用。以上諸種，不啻為台灣電視競爭濫觴足堪告慰後世的一抹記憶矣！

〔註 8〕 何貽謀，《台灣電視風雲錄》，頁 268。

〔註 9〕 譬如就有學者認為三台既以營利為主，節目經營就需以迎合普羅大眾的喜好為主，並藉收視率進行廣告銷售，對節目品質及觀眾需求自然難以兼顧。黃新生等著，《廣播與電視》，頁 15。

參考文獻

一、史料

（一）公報、檔案及會議紀錄

1. 《總統府公報》第二九八八號，（台北：1976.01.09），頁1～5。

2. 臺灣省議會史料總庫（1967.05.15），《臺灣省議會第三屆第九次定期大會公報》第 17 卷第 16 期，頁 709，典藏號：003-03-09OA-17-6-6-01-01002。

3. 臺灣省議會史料總庫（1967.05.15），《臺灣省議會第三屆第九次定期大會公報》第 17 卷第 24 期，頁 1215，典藏號：003-03-09OA-17-5-3-05-01740-01741。

4. 臺灣省議會史料總庫（1969.12.03～1969.12.05），《臺灣省議會第四屆第四次定期大會公報》第 22 卷第 12 期，頁 440～442，典藏號：003-04-04OA-22-6-3-01-00561。

5. 臺灣省議會史料總庫（1970.05.25），《臺灣省議會第四屆第五次定期大會公報》第 23 卷第 18 期，頁 711～712，典藏號：003-04-05OA-23-6-6-01-01138。

6. 中國國民黨文化傳播委員會黨史館館藏（1959.12.30），〈台（49）央秘字第 001 號陶希聖呈〉，《蔣中正總裁批簽檔案》，檔案號：總裁批簽 49/0001。

7. 中國國民黨文化傳播委員會黨史館館藏（1962.05.15），〈台（51）央秘字第 068 號唐縱、徐柏園呈〉，《蔣中正總裁批簽檔案》，檔案號：總裁批簽 51/0041。

8. 中國國民黨文化傳播委員會黨史館館藏（1967.08.23），〈台（56）中秘字第 168 號谷鳳翔、陳裕清呈〉，《蔣中正總裁批簽檔案》，檔案號：總裁批簽 56/0089。

9. 中國國民黨文化傳播委員會黨史館館藏（1968.12.23），〈台（57）中秘字第 248 號張寶樹、徐柏園呈〉，《蔣中正總裁批簽檔案》，檔案號：總裁批簽 57/0142。

10. 中國國民黨文化傳播委員會黨史館館藏（1967.08.14），《中國國民黨第九屆中央委員會常務委員會第三一五次會議紀錄》，館藏號：會 9.3/480。

11. 中國國民黨文化傳播委員會黨史館館藏（1969.10.04），《中國國民黨第十屆中央委員會常務委員第卅九次談話會紀錄》，館藏號：10.3/1599。

12. 中國國民黨文化傳播委員會黨史館館藏（1970.02.16），《中國國民黨第十屆中央委員會常務委員會第七十六次會議紀錄》，館藏號：會 10.3/1603。

13. 中國國民黨文化傳播委員會黨史館館藏（1970.07.27），《中國國民黨第十屆中央委員會常務委員會第一一五次會議紀錄》，館藏號：會 10.3/1606。

14. 中國國民黨文化傳播委員會黨史館館藏（1970.11.16），《中國國民黨第十屆中央委員會常務委員會第一四〇次會議紀錄》，館藏號：會 10.3/1608。

15. 中國國民黨文化傳播委員會黨史館館藏（1971.09.06），《中國國民黨第十屆中央委員會常務委員會第二一三次會議紀錄》，館藏號：10.3/1615。

16. 中國國民黨文化傳播委員會黨史館館藏（1971.09.08），《中國國民黨第十屆中央委員會常務委員會第二一四次會議紀錄》，館藏號：會 10.3/1615。

17. 中國國民黨文化傳播委員會黨史館館藏（1971.11.24），《中國國民黨第十屆中央委員會常務委員會第二二九次會議紀錄》，館藏號：會 10.3/1616。

18. 中國國民黨文化傳播委員會黨史館館藏（1972.05.01），《中國國民黨第十屆中央委員會常務委員會第二六六次會議紀錄》，館藏號：會 10.3/1621。

19. 中國國民黨文化傳播委員會黨史館館藏（1973.02.14），《中國國民黨第十屆中央委員會常務委員會第二九五次會議紀錄》，館藏號：會 10.3/1623。

20. 中國國民黨文化傳播委員會黨史館館藏（1973.02.14），《中國國民黨第十屆中央委員會常務委員會第三一四次會議紀錄》，館藏號：會 10.3/1625。

21. 中國國民黨文化傳播委員會黨史館館藏（1973.05.16），《中國國民黨第十屆中央委員會常務委員會第三二七次會議紀錄》，館藏號：會 10.3/1628。

22. 中國國民黨文化傳播委員會黨史館館藏（1973.09.12），《中國國民黨第十屆中央委員會常務委員會第三四四次會議紀錄》，館藏號：會 10.3/1629。

23. 中國國民黨文化傳播委員會黨史館館藏（1973.10.24），《中國國民黨第十屆中央委員會常務委員會第三四九次會議紀錄》，館藏號：10.3/1630。

24. 中國國民黨文化傳播委員會黨史館館藏（1974.03.20），《中國國民黨第十屆中央委員會常務委員會第三六八次會議紀錄》，館藏號：會 10.3/1632。

25. 中國國民黨文化傳播委員會黨史館館藏（1975.04.18），《中國國民黨第十屆中央委員會常務委員會第四一八次會議紀錄》，館藏號：10.3/1637。

26. 中國國民黨文化傳播委員會黨史館館藏（1975.07.30），《中國國民黨第十屆中央委員會常務委員會第四三二次會議紀錄》，館藏號：會 10.3/1638。

27. 中國國民黨文化傳播委員會黨史館館藏（1975.10.08），《中國國民黨第十屆中央委員會常務委員會第四四一次會議紀錄》，館藏號：會 10.3/1639。

（二）電視節目研究相關專著

1. 中華電視臺編，《華視一年》（台北：中華電視臺，1972）。

2. 中華電視臺編，《華視二年》（台北：中華電視臺，1973）。

3. 中華電視臺編，《華視三年》（台北：中華電視臺，1974）。

4. 中華電視臺編，《華視四年》（台北：中華電視臺，1975）。

5. 中華電視臺編，《華視五年》（台北：中華電視臺，1976）。

6. 中華民國電視學會，《中華民國電視年鑑——民國五十年至六十四年》（台北：中華民國電視學會，1976.05）。

7. 中華民國電視學會，《中華民國電視年鑑——民國六十五年至六十六年》（台北：中華民國電視學會，1978.05）。

8. 中國廣播公司編輯，《中廣五十年紀念集》（台北：中廣公司空中雜誌社，1978.08）。

9. 王昇等作，《長憶尼洛：李明先生紀念文集》（台北：現代化研究社，2000）。

10. 王唯，《姜龍昭》（台北：行政院文化建設委員會，2006.07）。

11. 王唯，《人與神：王唯編導影視生涯回憶錄》（台北：新銳文創，2014.08）。

12. 王聖文等撰稿，張崇仁總編輯，《五十‧響：廣播電視 金鐘五十》（台北：文化部影視及流行音樂產業局，2015.08）。

13. 石永貴，《台視二十年》（台北：台灣電視公司，1982.04）。

14. 台灣省政府新聞處編印，《新聞業務手冊》（台中：台灣省政府新聞處，1968）。

15. 台視三十年編輯委員會編，《台視三十年》（台北：台灣電視事業公司，1992）。

16. 何貽謀，《台灣電視風雲錄》（台北：臺灣商務印書館，2002.01）。

17. 吳道一，《中廣四十年》（台北：中國廣播公司，1968.08）。

18. 吳疏潭編著，《中華民國廣播事業的回顧與前瞻》（台北：空中雜誌社，1981.03）。

19. 金開鑫總編輯，《華視二十年》（台北：中華電視公司，1991）。

20. 林美璱著，《歌仔戲皇帝：楊麗花》（台北：時報文化，2007）。

21. 胡元輝，《台視四十年》（台北：台灣電視事業股份有限公司，2002.04）。

22. 姜捷，《絕響——永遠的鄧麗君》（台北：時報文化出版，2013.01）。

23. 梅長齡，《中視十年》（台北：中國電視公司出版部，1979.10）。

24. 梅長齡，《中華民國電視事業的回顧與前瞻》（台北：中國電視公司，1981）。

25. 盛竹如，《螢光幕前──盛竹如電視生涯回憶錄》（台北：新新聞文化，1995）。

26. 翁炳榮，《我與廣播電視：兩岸三地廣電推手翁炳榮回憶錄》（台北：就業情報資訊公司；財團法人劉羅柳氏文教基金會，2014.01）。

27. 孫越，《如歌年少》（台北：麥田出版，2014.03）。

28. 教育部文化局編印，《文化局的第一年》（台北：教育部文化局，1968.11）。

29. 教育部文化局編印，《文化局的第二年》（台北：教育部文化局，1969.11）。

30. 教育部文化局編印，《文化局的第三年》（台北：教育部文化局，1970.11）。

31. 教育部文化局編印，《文化局的第四年》（台北：教育部文化局，1971.11）。

32. 教育部文化局編印，《文化局的第五年暨第六年的上半年》（台北：教育部文化局，1973.05）。

33. 張天福主編，《華視十五年》（台北：中華電視臺，1986）。

34. 張廷抒主編，《追求完美：張繼高》（台北：躍昇文化出版，1996）。

35. 張曾澤，《預備，開麥拉！：張曾澤的電影私房筆記》（台北：亞太圖書，2005）。

36. 華視出版社編，《華視十年》（台北：中華電視台，1981.10）。

37. 曾郁雯撰錄，李天祿口述，《戲夢人生：李天祿回憶錄》（台北：遠流出版，1991）。

38. 黃仁編著，《辛奇的傳奇》（台北：亞太圖書，2005）。

39. 傅培梅，《五味八珍的歲月》（台北：四塊玉文創，2014.09）。

40. 趙琦彬紀念文集編輯委員會編，《劇人──趙琦彬紀念文集》（出版地不詳：趙琦彬紀念文集編輯委員會，1992）。

41. 黎世芬，《中國廣播公司大事記》（台北：中國廣播公司，1978.08）。

42. 蔣孝武，《廣播與電視年鑑》（台北：廣播與電視雜誌社，1990.05）。

43. 廣播電視年鑑編纂委員會，《中華民國廣播電視年鑑79～84》（台北：中華民國廣播電視事業協會，1996.05）。

44. 劉先雲口述，遲景德、陳進金訪問，陳進金記錄整理，《劉先雲先生訪談錄》（新北：國史館，1995）。

45. 蕭政之編著，《電視掃黑大審》（台北：大村文化出版，1997）。

（三）報紙

1. 「中央日報五十年全文影像資料庫」。

2. 「聯合知識庫──全文報紙資料庫」（聯合報、經濟日報、民生報）。

3. 《台灣日報》。

（四）期刊

1. 《廣播與電視季刊》第 1～29 期（台北：中國廣播事業協會廣播與電視季刊社，1966.12～1976.03）。

2. 《電視周刊》第 329～690 期（台北：電視周刊社，1969.01～1976.01）。

3. 《中國電視週刊》第 1～218 期（台北：中國電視週刊社，1969.10～1976.01）。

4. 《中華電視週刊》第 1～323 期（台北：中華電視週刊，1971.10～1976.01）。

二、專書

1. 《三民主義》（台北：文化圖書公司，1981.10）。

2. 中國國民黨中央文化工作會主編，《三民主義建設成果專輯》（台北：正中書局，1984）。

3. 王民發行，《廣播・電視・電影》（台北：台北市新聞記者公會，1964.09）。

4. 王禎和，《電視・電視》（台北：遠景出版社，1980.03）。

5. 王震邦撰，簡榮聰、謝嘉梁主修，《臺灣近代史　文化篇》（南投：臺灣省文獻委員會，1997.06）。

6. 王唯，《透視臺灣電視史》（新北市：中國戲劇藝術實驗中心，2006）。

7. 台灣省政府秘書處編撰，《台灣省政大事紀要　第一冊　民國三十四年十月～民國七十五年六月》（台中：台灣省政府秘書處，1990.05）。

8. 尼洛，《王昇：險夷原不滯胸中》（台北：世界文物出版社，1995）。

9. 石永貴，《大媒體現場》（台北：文經社，1997）。

10. 石永貴，《媒體事業經營》（台北：三民書局，2003）。

11. 行政院新聞局輯印，《行政院蔣院長言論集（五）》（台北：行政院新聞局，1975.09）。

12. 行政院主計處編，《中華民國臺灣地區國民所得統計摘要》（台北：行政院主計處，1981.12）。

13. 朱匯森主編，《中華民國史事紀要　六十二年七月至十二月份》（新北：國史館，1986.06）。

14. 江南，《蔣經國傳》（台北：前衛出版社，1997）。

15. 伊莉莎白・貝克曼著，莊信凱譯，《電子媒體管理》（台北：廣電基金，1997）。

16. 成露茜、羅曉南編，《媒體識讀——一個批判的開始》（新北：正中書局，2004）。

17. 宋乃翰，《廣播與電視》（台北：台灣商務印書館，1962.08）。

18. 何貽謀，《廣播與電視》（台北：三民書局，1983.03）。

19. 李茂政，《大眾傳播新論》（台北：三民書局，1984.03）。

20. 李金銓，《大眾傳播理論》（台北：三民書局，1984.08）。

21. 李瞻，《電視制度》（台北：三民書局，1988.08）。

22. 李雲漢主編，《中國國民黨黨章政綱彙編》（台北：中國國民黨中央委員會黨史委員會，1996）。

23. 李天鐸，《台灣電影、社會與歷史》（新北：視覺傳播藝術學會，1997）。

24. 林獻堂著，許雪姬主編，《灌園先生日記（廿六）一九五四年》（台北：中央研究院台灣史研究所／近代史研究所，2001）。

25. 邱莉慧等編著，《劉鐘元與河洛歌子戲團》（台北：台北市立社教館，2011）。

26. 茅家琦，《蔣經國的一生與他的思想演變》（台北：台灣商務印書館，2003）。

27. 若林正丈，《台灣：分裂國家與民主化》（台北：新自然主義出版，2009.08）。

28. 馬起華編著，《主義與傳播》（台北：黎明文化事業，1986）。

29. 馬傑偉，《電視文化理論》（台北：揚智文化公司，1998）。

30. 徐鉅昌，《電視評論》（台北：東方出版社，1970）。

31. 徐鉅昌，《電視理論與實務》（台北：亞太圖書出版，2001.06）。

32. 梅長齡主編，《電視的原理與製作》（台北：黎明文化事業，1992.11）。

33. 張慈涵，《廣播電視廣告》（台北：新聞記者公會，1967）。

34. 張繼高，《必須贏的人》（台北：九歌出版社，1995.05）。

35. 張繼高，《從精緻到完美》（台北：九歌出版社，1995）。

36. 許雪姬撰，台中縣立文化中心編，《中縣口述歷史（第五輯）》（台中：台中縣立文化中心，1998）。

37. 國立政治大學傳播學院編，《台灣電視四十年回顧與前瞻研討會論文集》（台北：國立政治大學，2002）。

38. 陳祖耀，《王昇的一生》（台北：三民書局，2008.08）。

39. 商訊文化、工商時報著，《林挺生傳》（台北：大同公司，2008.11）。

40. 黃新生著，馬起華編，〈依附理論與台灣的經濟、電視發展〉，《主義與傳播》（台北：黎明文化事業，1986）。

41. 黃新生、劉幼琍、關尚仁、吳奇為，《廣播與電視》（新北：國立空中大學，1992.08）。

42. 彭文賢，《行政生態學》（台北：三民書局，1986.09）。

43. 彭懷恩，《中華民國政治體系的分析》（台北：時報文化出版，1987.06）。

44. 彭芸，《各國廣電政策初探》（台北：廣電基金，1994.11）。

45. 彭芸，《「後」電視時代：串流、競和、政策》（新北市：風雲論壇，2015.08）。

46. 普林格爾等著，陳芊圭譯，《電子媒體經營管理》（台北：亞太出版社，1998）。

47. 葉廣海，《收視率的三角習題》（台北：正中書局，1992.01）。

48. 楊仲揆，《實用廣播電視學》（台北：正中書局，1980.06）。

49. 楊秀菁、薛化元、李福鐘主編，《戰後臺灣民主運動史料彙編（八）──新聞自由）》（台北：國史館，2002.12）。

50. 楊秀菁，《臺灣戒嚴時期的新聞管制政策》（台北：稻香出版社，2005.04）。

51. 楊馥菱，《臺灣歌仔戲史》（台中：晨星發行，2002）。

52. 楊敏芝著，《臺灣全志·卷十二·文化志·文化產業篇》（南投：國史館臺灣文獻館，2009）。

53. 董彭年，《文化與傳播》（台北：臺灣商務印書館，1972.05）。

54. 董彭年，《電視與傳播》（台北：臺灣商務印書館，1979.08）。

55. 溫世光，《中國廣播電視發展史》（台北：三民書局，1983.01）。

56. 漆高儒，《蔣經國評傳──我是台灣人》（台北：正中書局，1998）。

57. 廣播與電視叢書編纂委員會編，《電視新貌》（台北：中華民國廣播電視事業協會，1987.03）。

58. 鄭瑞城等合著，《解構廣電媒體：建立廣電新秩序》（台北：澄社，1993）。

59. 鄭貞銘，《百年報人 3 一代新聞宗師》（台北：遠流出版，2001）。

60. 劉幼琍，〈電訊傳播經營管理導論〉，《電訊傳播 CEO 的經營策略》（新北：威仕曼文化，2013.04）。

61. 蔡錦堂編著，《立法院院長劉闊才傳記》（台中：立法院議政博物館，2015.12）。

62. 謝鵬雄，《漫談世界的媒體文化》（台北：文建會，1991）。

63. 陸錦成，《視壇春秋》（台北：順達出版社，1982.06）。

64. 薛化元、陳翠蓮、吳鯤魯、李福鐘、楊秀菁，《戰後台灣人權史》（台北：國家人權紀念館籌備處，2003）。

65. 薛化元著，《臺灣開發史》（台北：三民書局，2013）。

66. 蔡錦堂編著，《立法院院長劉闊才傳記》（台中：立法院議政博物館，2015.12）。

67. 鍾振宏，《臺灣光復卅五年》（台中：臺灣省政府新聞處，1980.10）。

68. 顏伯勤，《廣告的經營與管理》（台北：台北市新聞記者公會，1977）。

69. 顏伯勤，《二十年來臺灣廣告量研究》（台北：台北市廣告代理業公會，

1982）。

70. 顏伯勤，《廣告》（台北：允晨文化實業，1984.03）。

71. D.Strinati 著，袁千雯等譯，《概述通俗文化理論》（新北：韋伯文化國際，2009）。

72. Edgar H. Schein 著，許嘉政等譯，《組織文化與領導》（台北：五南書局，2008.11）。

73. Pierre Bourdieu 著，林志明譯，《布赫迪厄論電視》（台北：麥田出版，2016.03）。

74. Robert Escarpit 著，葉淑燕譯，《文學社會學》（台北：遠流出版，1990.06）。

三、期刊

1. 王洪鈞，〈電視潮流激盪世界〉，《文星雜誌》第 5 卷第 6 期（1960.04.01），頁 9～10。

2. 劉家駿，〈四年來的國立教育資料館教育電視台〉，《教育文摘》第 11 卷第 4 期（1966.04.30），頁 14。

3. 呂錦珍，〈既掌舵又搖槳——石永貴重振台視〉，《天下雜誌》第 25 期（1983.06.01），頁 34～36。

4. 孫曼蘋，〈電視台只贏不輸？〉，《天下雜誌》第 47 期（1985.04.01），頁 124～127。

5. 張綾玲，〈光啟社——電視製作業的長青樹〉，《傳莘雜誌》第 8 期（1989.11.15），頁 18～21。

四、學位論文

1. 王韻儀，〈我國電視連續劇在製作過程中的影響因素分析〉（台北：國立政治大學新聞研究所碩士論文，1985）。

2. 朱心儀，〈台視 1962～1969 節目內容的演變〉（花蓮：國立花蓮師範學院鄉土文化研究所碩士論文，2005）。

3. 何家駒，〈我國電視興起對廣播影響之研究〉（台北：國立政治大學新聞研究所碩士論文，1971）。

4. 汪昇翰，〈電視娛樂節目型態在不同資訊傳輸時代演變之研究〉（彰化：明道大學資訊傳播學系碩士論文，2012）。

5. 吳萬萊，〈台灣電視節目製作業之政治經濟分析〉（新北：輔仁大學大眾傳播研究所碩士論文，1997）。

6. 林雅婷，〈美國影集在台灣——購片與播映的脈絡〉（台北：國立台灣師範大學大眾傳播研究所碩士論文，2011）。

7. 洪平峰，〈我國教育電視之研究〉（台北：國立政治大學新聞研究所碩士

論文，1971）。

8. 夏金英，〈臺灣光復後之國語運動（1945～1987）〉（台北：國立台灣師範大學歷史研究所碩士論文，1995）。

9. 陳龍廷，〈黃俊雄電視布袋戲研究（民國五十九～六十三年）〉（台北：中國文化大學藝術研究所碩士論文，1991）。

10. 陳一香，〈台灣電視節目內容多元化之研究〉（台北：國立政治大學新聞系博士論文，2000）。

11. 陳明輝，〈台灣無線電視產業的政治經濟分析〉（新竹：國立交通大學文化社會政策研究所碩士論文，2003）。

12. 陳美靜，〈國家作為與不作為──1949～2010 台灣公眾視聽政策的發展樣貌與分析〉（台北：世新大學傳播管理學研究所（含碩專班）碩士論文，2010）。

13. 張依雯，〈解構臺灣地區電視經營生態與收視率之關連〉（台北：國立政治大學廣播電視學系碩士論文，2000）。

14. 張倩華，〈金鐘獎對台灣廣播節目的衝擊與影響〉（台北：世新大學廣播電視電影學系（所）碩士論文，2005）。

15. 蘇蘅，〈我國電視節目文化意涵的研究：以方言節目為例〉（台北：國立政治大學新聞研究所博士論文，1992）。

五、專書論文

1. 吳鯤魯著，李永熾、張炎憲、薛化元主編，〈政治自由化的潛流：1970年代威權統治下的台灣人權發展〉，《「人權理論與歷史」國際學術研討會論文集》（新北：國史館，2004.11），頁 345～371。

2. 薛化元、楊秀菁著，李永熾、張炎憲、薛化元主編，〈強人威權體制的建構與轉變（1949～1992）〉，《「人權理論與歷史」國際學術研討會論文集》（新北：國史館，2004.11），頁 268～315。

六、期刊論文

1. 王亞維，〈電視歌仔戲的形成與式微──以製播技術與商業模式為主的探討〉，《戲劇學刊》第 19 期（2014.01），頁 85～114。

2. 江武昌，〈台灣布袋戲簡史〉，《民俗曲藝》第 67、68 期（1990.10），頁 88～126。

3. 呂理政，〈演戲、看戲、寫戲──臺灣布袋戲的回顧與前瞻〉，《民俗曲藝》第 67、68 期（1990.10），頁 4～40。

4. 李瞻，〈國父與總統蔣公之傳播思想〉，《新聞學研究》第 37 期（1986），頁 1～33。

5. 李秀珠，〈市場競爭對無線電視的影響：從節目區位談起〉，《廣播與電

視》第 12 期（1998.07.01），頁 143～160。

6. 林茂賢，〈台灣布袋戲劇目〉，《民俗曲藝》第 67、68 期（1990.10），頁 53～67。

7. 林茂賢，〈台灣的電視歌仔戲〉，《靜宜人文學報》第 8 期（1996.07），頁 33～41。

8. 林麗雲，〈威權主義下台灣電視資本的形成〉《中華傳播學刊》第 9 期（2006.06），頁 71～112。

9. 林果顯，〈日常生活中的反共知識建構——以《廣播雜誌》為中心（1952～1956）〉，《國史館學術集刊》第 14 期（2007.03），頁 181～213。

10. 林淇瀁，〈場域‧權力與遊戲：從舊書重印論台灣文學出版的經典再塑〉，《東海中文學報》第 21 期（2009.07），頁 263～286。

11. 洪瓊娟，〈廣播電視法的演變及其發展趨勢〉《廣播與電視》第 1 卷第 2 期（1993.01），頁 77～85。

12. 柯裕棻，〈電視的政治與論述：一九六〇年代台灣的電視設置過程〉，《台灣社會研究季刊》第 69 期（2008.03），頁 107～138。

13. 陳世慶，〈中廣事業在臺之發展〉，《臺灣文獻》第 21 卷第 4 期（1970.12.27），頁 72～103。

14. 陳世慶，〈新興的電視事業〉，《臺北文獻》第 13、14 期合刊（1970.12.31），頁 9～52。

15. 陳龍廷，〈電視布袋戲的發展與變遷〉，《民俗曲藝》第 67、68 期（1990.10），頁 68～87。

16. 張綾玲，〈光啟社——電視製作業的長青樹〉，《傳莘雜誌》第 8 期（1989.11.15），頁 18～21。

17. 劉幼琍、蔡琰，〈電視節目品質與時段分配之研究〉，《廣播與電視》第 2 卷第 1 期（1995.01），頁 89～123。

18. 蔡琰，〈台灣無線三台電視劇開播四十年之回顧〉，《中華傳播學刊》第 6 期（2004.12），頁 157～192。

19. Dimmick, J. W., In Alexamder, I. O., & Carveth, R. (eds.), "Media Economics: Theory and Practice", *Ecology, economics and gratification utilities*) Hillsdale, NJ: Lawrence Erlbaum Associates, Inc.,1993) ,pp. 135～156。

七、一般論文

1. Yung-Kewei Shih, "*The Problem of Developing ETV in a Developing Country: Educational Television in Taiwan*" (Unpublished Paper, School of Journalism and Mass Communication University of Minnesota, 1966)。

八、網路資料

1. 〈史料開放〉（來源：中國國民黨文化傳播委員會黨史館館藏檔案目錄檢索系統，http://www.archives.kmt.org.tw/cgi-bin/gs32/gsweb.cgi/ccd=qTSa2m/newsresult?search=1&qs0=id=%22N00000023%22&qf0=_hist_，2018.01.10 瀏覽）。

2. 〈關於華視〉（來源：華視官方網站，http://www.cts.com.tw/about/cts/about_a03.htm，瀏覽日期：2018.04.10）。

3. 〈關於民視〉（來源：民視官方網站，http://www.ftv.com.tw/about ftv.aspx，2018.05.20 瀏覽）。

4. 「金鐘獎歷屆得獎入圍名單」（來源：文化部影視及流行音樂產業局，https://www.bamid.gov.tw/informationlist_164.html，2018.06.17 瀏覽）。

5. 中華民國軍人之友社，〈關於我們——使命願景〉（來源：中華民國軍人之友社官網，http://www.fafaroc.org.tw/about.asp?menuid=23，瀏覽日期：2018.08.07）。

6. 行政院新聞局局史，〈魏景蒙——政通人和〉（來源：行政院新聞局，http://www.ex-gio.org/index.php/gio-history/visit-exboss/90-boss-06，2017.09.07 瀏覽）。

7. 廣播電視事業許可家數，〈108 年 4 月廣播電視事業許可家數〉（來源：國家通訊傳播委員會官網，https://www.ncc.gov.tw/Chinese/news_detail.aspx?site_content_sn=2028&cate=0&keyword=&is_history=0&pages=0&sn_f=41419，2019.06.01 瀏覽）。

8. 黃玉蘭，〈反共文學〉，《臺灣大百科全書》（來源：文化部，http://nrch.culture.tw/twpedia.aspx?id=4588，2018.09.02 瀏覽）。

9. TBS（Tokyo Broadcasting System Holdings, Inc.），為「東京廣播電視台控股股份有限公司」的英文簡稱。資訊出處：〈公司概要〉（來源：TBS INTERNATIONAL SITE，http://www.tbs.co.jp/eng/chinese/about/cd_info.html，2017.08.31 瀏覽）。

附　錄

（一）1970～1976 金鐘獎（電視類）獲獎名單〔註1〕

年度	獎　項	獎　別	節目名稱／獲獎者	獲獎單位	主辦單位
1970	社會建設服務獎	無	錦繡河山	台視	教育部文化局
			大同世界		
			新聞分析		
			政府與民眾		
1971	新聞報導及時事評論性節目	優等獎	釣魚台列嶼巡禮	中視	教育部文化局
	教育與文化性節目	優等獎	寧靜的大都市	中視	
	文藝與娛樂性節目	優等獎	春雷	中視	
	社會建設服務獎	無	藍與黑	台視	
			國民生活與禮儀	台視	
			苦兒流浪記（兒童電視劇）	台視	

〔註1〕 具參賽資格者係前一年度播出節目，故本表列至 1976 年。資料來源：梅長齡，《中華民國電　視事業的回顧與前瞻》，頁 296～301。「金鐘獎歷屆得獎入圍名單」，（來源：文化部影視及流行音樂產業局，https://www.bamid.gov.tw/informationlist_164.html，2018.06.17 瀏覽）。石永貴，《台視二十年》，頁 231。廣播電視年鑑編纂委員會，《中華民國廣播電視年鑑 79～84》，頁 224～269。

			兒童學藝競賽	台視	
			生活的藝術	中視	
			八號分機	中視	
			華夏歌聲	中視	
			柳營笙歌	中視	
1972	新聞報導及時事評論性節目	最佳獎	光輝的巨人——衛星轉播巨人少棒隊勇奪一九七一年世界少棒冠軍實況	中視	教育部文化局
		優等獎	一個新的反共國家——高棉共和國	中視	
		優等獎	今日特寫——歲暮天寒探孤兒	華視	
	教育與文化性節目	最佳獎	百家姓	中廣公司電視製作部製作，華視播出	
		優等獎	高中生物	華視	
	文藝與娛樂性節目	最佳獎	長白山上	中視	
		優等獎	毒鴛鴦	華視	
	創新節目獎	無	龍（華慧英）	華視	
	個人技術	採訪獎	一個新的反共國家——高棉共和國（莫乃滇、臺益公）	中視	
	社會建設服務獎	無	國語文教學時間	台視	
			發明天地	台視	
			兒童世界	台視	
			三軍俱樂部	台視	
			星期劇院	台視	
			政府與民眾	台視	
			勝利的歡唱	台視	
			國民生活與禮儀	台視	

			金曲獎	中視	
			上下古今	中視	
			八號分機	中視	
			音樂之窗	中視	
			凱旋門	中視	
			一分一秒	中視	
			華夏歌聲	中視	
			萬福臨門	中視	
1973	新聞報導及時事評論性節目	最佳獎	堅強的金門	華視	教育部文化局
		優等獎	蔣桂琴的故事	中視	
	教育與文化性節目	最佳獎	這一年	台視	
		優等獎	兒童玩具	中視	
	大眾娛樂性節目	最佳獎	萬古流芳	中視	
		優等獎	台視劇場　鎖著心的人	台視	
		優等獎	世界自由日戰鬥晚會	中視	
	創新節目獎	無	超音速英雄（臺益公）	中視	
			從電視看圖識字（潘健行）	中視	
	個人技術獎	製作獎	黃海星（歌星之夜）	台視	
	社會建設服務獎	無	天使樂園	台視	
			嘉言劇集	台視	
			今日農村	中視	
			中興新村	中視	
			一分一秒	中視	
			音樂之窗	中視	
			時事觀察	中視	
			晚安曲	華視	
			兒童樂園	華視	

			三軍慶生會	華視	
1974	新聞報導及時事評論性節目	最佳獎	誓師再北伐　誓師再統一的會議	中視	行政院新聞局
		優等獎	第一屆亞洲田徑錦標賽特別報導	台視	
		優等獎	新聞分析　談小康計畫	台視	
	教育與文化性節目	最佳獎	快樂農家	台視	
		優等獎	高中二年級國文	華視	
		優等獎	英語入門　鵝媽媽教英語	華視	
		優等獎	出版與讀書	中視	
	大眾娛樂性節目	特別獎	萬壽無疆	台中華視播出，欣欣傳播製作	
		最佳獎	台視劇場 吾愛吾師	台視	
	創新節目	無	勇敢的站起來（王曉祥）	中視	
			灸艾圖（華慧英）	華視	
	個人技術獎	導播獎	顧英哲（銀河璇宮）	台視	
	電視廣告	最佳獎	從缺	從缺	
		優等獎	華航無微不至	欣欣傳播	
		優等獎	中國傳統色彩篇	達達電視電影	
		優等獎	嬰兒美奶粉　白鷺篇	大世紀事業	
		優等獎	理想牌流理臺　心願篇	達達電視電影	
		優等獎	新力電視機	創造企劃	
	特別獎	無	趙麗蓮（鵝媽媽教英語）	華視	
1975	新聞報導及時事評論性節目	最佳獎	橫貫公路十五年	華視	行政院新聞局
		優等獎	台視新聞（慶祝總統華誕專輯）	台視	
		優等獎	三冠王的光輝	中視	

		最佳獎	藍天白雲　塘鵝篇	台視	
	教育與文化性節目	優等獎	師專文字學	華視	
		優等獎	五線譜	中視	
		優等獎	出版與讀書	中視	
	大眾娛樂性節目	最佳獎	一代暴君	中視	
		優等獎	包青天	華視	
		優等獎	國慶特別節目（普天同慶）	台視	
	個人技術獎	演技獎	儀銘（包青天）	華視	
	社會建設服務獎	無	偉大的建設（政令宣導）	台視	
			快樂農家（社會服務）	台視	
			中興新村（政令宣導）	中視	
			勝利之路（軍中教育）	華視	
			今天（社會服務）	華視	
			空中教學（社會服務）	華視	
	電視廣告	最佳獎	國際牌合歡冷氣機	台灣松下電器	
		優等獎	資生堂蜂蜜香皂	台灣資生堂	
		優等獎	黑松果汁	創造企劃	
		優等獎	洋洋洗髮精（一）	南僑化工	
		優等獎	理想牌彩色鍋	達達電視電影	
	特別獎	無	中國電視公司工程部研究發明電視立體黑邊字幕播映技術	中視	
			國際獅子會中華民國總會倡導並捐款襄助推廣淨化歌曲	國際獅子會中華民國總會	
1976	新聞報導及時事評論性節目	最佳獎	舉世敬悼總統蔣公特別節目	台視	行政院新聞局
		優等獎	我們是為勝利而生的	中視	

	優等獎	大有為政府	華視
教育與文化性節目	最佳獎	國劇介紹	台視
	優等獎	音樂之窗	中視
	優等獎	我從大陸來　來談大陸事	華視
大眾娛樂性節目	最佳獎	大地風雷（完結篇）	中視
	優等獎	壯士行（完結篇）	華視
	優等獎	五燈獎（暑期兒童才藝競賽）	台視
社會建設服務獎	無	偉大的建設（政令宣導）	台視
		星期劇院（社會服務）	台視
		快樂農家（社會服務）	台視
		芬芳寶島（社會服務）	中視
		嬰兒與母親（社會服務）	中視
		唱唱唱（創作推廣純正歌曲）	中視
		教學節目（社會服務，包括空中教學與政治教學）	華視
		好家庭（社會服務）	華視
電視廣告獎	最佳獎	國際牌立體收音機	台灣松下電器
	優等獎	柯達相機	大世紀事業
	優等獎	可樂膚舒乳液	賓士影視
	優等獎	黑松沙士	創造企劃
	優等獎	聲寶牌 AA 全自動電冰箱	印象有限
	社會教育特別獎	國際牌安全扇	台灣松下電器
特別獎	促進電視節目海外播映	中華電視台	華視

本表由筆者彙整製作

（二）台視 1969.04.07～4.13 節目表 〔註2〕

日期／時間	4/07（一）	4/08（二）	4/09（三）	4/10（四）	4/11（五）	4/12（六）	4/13（日）
1230～1250	檢驗圖／節目報告						
1250	卡通影片						
1300	新聞氣象報告						
1315	世界新聞						新聞分析
1324	魔術大王影集	匹馬單槍影集	國語電視劇霜殘額爾古納河（下）	歌仔戲江山美人（四）	閩南語電視劇三叔公	周末劇場	群星會國語歌曲
1332							
1356	與君同樂	星星之歌					
1426～1428	預報晚間節目				卡通影片	足球大賽影集	1434 電視長片 家園 路迢迢
1440	（下午收播）				時事座談		
1454～1456				預報晚間節目			
1520～1522				（下午收播）	預報晚間節目		
1526					（下午收播）	歡樂周末	
1630						吾愛吾子影集	婦女時間家庭食譜
1700						1702 高爾夫三雄影集	超空人影集 火箭之災
1715	檢驗圖／節目報告						
1728	卡通影片小泰山	兒童電視劇童心	交誼廳	國語文教學時間	美的旋律影集		1730～1830 兒童世界
1800	新聞氣象報告						
1812	黃金時代	兒童智力	兒童時間	兒童智力	政府與	小淘氣	

〔註2〕因4月1日適逢週二，考量業內排播節目以「週一」為始，故本表係採4月7日當週資料。又，為利進行節目表版面研究，凡節目名稱前所列播出時間係引用資料出處之實際標示者（以下各表皆同）。〈節目表〉，《電視周刊》第339期（1969.04.07），頁93～97。

日期 時間	4/07 （一）	4/08 （二）	4/09 （三）	4/10 （四）	4/11 （五）	4/12 （六）	4/13 （日）
1830	介紹陸軍第一士校	測驗	大家畫	測驗	民眾	影集	1830 星期劇院 子欲養而親不在
1844	卡通影片	1841 卡通影片	認識友邦	1839 小英雄影集	錦繡河山	時人訪問	
1853		電視樂府台南神學院聖樂團演唱會					
1856	妙叔叔影集						1900 神仙家庭影集
1906				卡通影片			
1911				天韻歌聲		1810 卡通影片	
1916			卡通影片		1918 溫暖人間電視劇許老師	1918 三軍俱樂部 中製新聞	
1928	彩虹之歌	1925 岳父大人影集	群星會國語歌曲	1933 大同世界			1930 大千世界
1950							
2000	新聞氣象報告						
2025	世界新聞						世界新聞集錦
2034	邊城風雲影影集	諜海傳奇影影集	平劇將相和	蕩寇誌影集	你喜愛的歌	2032 芝城警網影集	新聞評論
2042							
2106	打擊魔鬼影集			國語電視劇別後	飛堡戰史影集	2104 平劇桑園會	2104 法網恢恢影集
2136		三騎士影集					
2146			紐約警探影集				
2208	閩南語電視劇阿依娜戀歌（一）	卡通影片		2209 名星劇場影集	卡通影片		2206 閩南語電視劇茉莉花
2219		歌仔戲光武中興（六）	2218 閩南語電視劇黑暗的一夕		2220 歌仔戲鄭元和與李亞仙（下）	風塵鐵漢影集	
2234							
2308	藝文夜談			2309 應用英語			2306 圍棋
2318			象棋				
2334						新聞氣象報告	2336 新聞氣象報告
2338	新聞氣象報告	2339 新聞氣象報告	新聞氣象報告	2339 新聞氣象報告	2340 新聞氣象報告		
2348	國歌	2349 國歌	國歌	2349 國歌	2350 國歌	2344 國歌	2346 國歌

本表由筆者整理製作

（三）台視 1969.10.13～10.19 節目表 〔註3〕

日期 時間	10/13 （一）	10/14 （二）	10/15 （三）	10/16 （四）	10/17 （五）	10/18 （六）	10/19 （日）
1200～ 1228	輕音樂／檢驗圖／午間節目預報						
1228	卡通影片						
1240	新聞氣象報告						
1255	世界新聞						新聞分析
1304	馬戲神童 影集	1303 名探尼克 影集	1300 閩南語 電視劇 大地黃金	1300 歌仔戲 （劇名 未示）	我為你 歌唱	周末劇場	群星會 國語歌曲
1312							
1335	歌仔戲 西廂記 （中）	星星之歌			1336 南海豪俠 影集		
1400			輪椅神探 影集				
1405		輕歌妙舞 影集				1406 高球對抗 賽影集	
1414							電視長片 諜海飛梟
1430				少年偵騎 影集			
1435		歌仔戲 喜氣滿堂 （下）			1438 時事座談		
1500			國語文 時間			平劇 孝子傳 董永	
1507	古屋誌異 影集						
1530			女丑劇場 影集	閩南語 電視劇 麥克風前 （下）	奇異世界 影集		
1535	電視樂府 鋼琴 演奏會						
1600		海底探險 影集			合家歡 猜謎現場 來賓猜獎	奇異世界 影集	
1605	艾琪小姐 影集						
1620							小飛諜

〔註3〕　筆者考量10月10日（週五）適逢國慶日，台視於當日改播若干特別節目，為能明確顯示常態節目排播情況，故本表擇取10月13日至10月19日者俾與「附錄（二）、（四）」比較。〈電視節目時間表〉，《電視周刊》第366期（1969.10.13），頁104～108。

日期 / 時間	10/13（一）	10/14（二）	10/15（三）	10/16（四）	10/17（五）	10/18（六）	10/19（日）
1630	1631 藝文沙龍		婦女時間	奇異世界影集	體育天地影集	香檳曲影集	影集
1652							兒童世界
1700	1702 珍惠曼劇場影集	兒童時間 圖畫故事	鐵面無私影集	勞萊與哈地影集			
1730	紀錄影片 科學報導	兒童電視劇 好兄弟	生日快樂 祝壽歌舞表演	大同世界		七色橋	
1800	新聞氣象報告						1754 神仙家庭影集
1812	兒童時間 兒童鋼琴比賽	政府與民眾	兒童時間 大家畫	小英雄影集	美的旋律影集	小淘氣影集	
1826							星期劇院
1844	卡通影片		認識友邦	卡通影片	錦繡河山	時人訪問	
1856	小騎士影集	太空仙女戀影集		歡樂宮影集			1858 蘇利文劇場影集
1906					卡通影片		
1916			卡通影片		1918 國語電視劇 初出茅廬	1918 三軍俱樂部	
1928	彩虹之歌 台視基本歌星演唱	大千世界 三朵花歌唱比賽	群星會 國語歌曲				
1950						中製新聞	
2000	新聞氣象報告						
2025	世界新聞						世界新聞集錦
2034	邊城風雲影集	亞當探案影集	2036 平劇 紅鸞禧	獨行俠影集	你喜愛的歌	飛車勇士影集	
2042							新聞評論
2106	妙賊影集			國語電視劇 蘇武	飛堡戰史影集	歡樂周末歌舞表演	2107 法網恢恢影集
2138		2136 三騎士影集	戲劇春秋影集				
2208	閩南語	國語	2210	電視長片	歌仔戲		2209

時間＼日期	10/13 （一）	10/14 （二）	10/15 （三）	10/16 （四）	10/17 （五）	10/18 （六）	10/19 （日）
2238	電視劇 成功的 演員 （上）	電視劇集 陶姑媽	名星劇場 影集		皆大歡喜 （下）	洋場私探 影集	閩南語 電視劇 第一次 休假
2308	航空警網 影集	2310 諜戰大觀 影集	2312 奇異世界 影集		新聞氣象 報告		2309 格蘭警官 影集
2318					國歌		
2338	新聞氣象 報告	2340 新聞氣象報告		新聞氣象 報告	——	新聞氣象 報告	2339 新聞氣象 報告
2348	國歌	2350 國歌		國歌		國歌	2349 國歌

本表由筆者整理製作

（四）中視 1969.11.03～11.09 節目表〔註4〕

時間＼日期	11/03 （一）	11/04 （二）	11/05 （三）	11/07 （四）	11/08 （五）	11/09 （六）	11/10 （日）
1210～ 1230	檢驗圖 午間節目 預報					檢驗圖 午間節目預報	
1230	中國人 的手					電視影片 廿一世紀	電視影片 飛天神俠
1240		檢驗圖／午間節目預報					
1300	新聞及氣象						
1315	卡通影片					今日台灣	安迪威廉 劇場
1325	歌仔戲：三笑姻緣					女人世界	

〔註4〕本表由筆者整理製作。中視甫開播之常態重點節目皆自 11 月 3 日星期一起首播，故本表未納入 10 月 31 日至 11 月 2 日者。〈電視節目表〉，《中國電視週刊》第 2 期（1969.11.01），頁 84～87。〈電視節目表〉，《中國電視週刊》第 3 期（1969.11.09），頁 83。

日期 時間	11/03 （一）	11/04 （二）	11/05 （三）	11/07 （四）	11/08 （五）	11/09 （六）	11/10 （日）
1425	今晚節目預報					國語長片	
1430	（下午收播）						
1530							
1555						今晚節目預報	
1600						（下午收播）	
1740	檢驗圖／晚間節目預報						
1800	生活的藝術	兒童世界	看電視學英語	萬福臨門	中興新村	小天使	電視影片彩色世界
1830	柳營笙歌	音樂世界	海行奇遇記	飛天奇士	糊塗情報員	電視影片世界風光	
1900	上上下下	蒙面俠	馬戲大觀	碧海丹心	猜猜看	羅勃先生	電腦娃娃
1930	新聞及氣象						
1945	超級市場						卡通影片
1950	晶晶連續劇						
2000							萬紫千紅（翁倩玉之聲）
2010	每日一星						
2030	電視影片露西喜劇	國劇	電視影片慧童與海豚	電視影片洛城警探	電視影片客串農夫	電視影片少年音樂會	歌聲舞影
2100	國語電視劇八號分機		國語電視劇藝術劇場	電視影片時光隧道	閩南語電視劇珊瑚戀	電視影片傲慢與偏見	電視影片聯邦調查局
2130							
2200	新聞及氣象						
2220	電視影片諜海女傑	電視影片荒野鏢客	電視影片無敵警探網	電影長片	電視影片復仇者	電視影片地球保衛戰	電視影片鐘樓怪人
2250							紀錄影片

日期\時間	11/03（一）	11/04（二）	11/05（三）	11/07（四）	11/08（五）	11/09（六）	11/10（日）
2320	新聞及氣象				新聞及氣象		
2330	明天節目預報				明天節目預報		
2400				新聞及氣象			
2410				明天節目預報			

本表由筆者整理製作

（五）台視 1970.11.02～11.08 節目表 〔註5〕

日期\時間	11/02（一）	11/03（二）	11/04（三）	11/05（四）	11/06（五）	11/07（六）	11/08（日）
1100							節目報告
1105							足球大賽影集
1135							英語時間
1200	檢驗圖／節目報告						新聞氣象報告
1215							新聞分析
1225	新聞氣象報告						1230群星會
1240	世界新聞						
1249	布袋戲：雲州大儒俠					周末劇場來賓現場表演	好萊塢影院拳王艷史
1300							
1322						格蘭警官影集	

〔註 5〕 為利進行「雙雄對峙時期」節目表比較，筆者擬以中視開播日（10 月 31 日）為選材基準參考日。惟考量當時各台於該日皆製播若干「蔣介石祝壽特別節目」，為能明確顯示常態節目排播情況，並順應電視界「週一至週日」之單位慣例，故本表擇取 11 月 2 日至 11 月 8 日者。〈中華民國各電視台節目時間表〉,《電視周刊》第 421 期（1970.11.02）,頁 109～115。

日期／時間	11/02（一）	11/03（二）	11/04（三）	11/05（四）	11/06（五）	11/07（六）	11/08（日）
1347						歡樂宮影集	
1400	歌仔戲：吳三桂與陳圓圓				卡通影片		
1415					迷離浮生影集		
1441						平劇戰宛城（上）	大熊和我影集
1500							
1516	電視小說：碧雲秋夢（重播）						
1538	電視樂府	名畫欣賞	1542 婦女時間 家庭食譜	韓國紀錄影片 跳水大賽	巴士站影集		1530 兒童世界
1546						古屋誌異影集	
1558		漁島風雲影集					神仙家庭影集
1610			國語電視劇 妙姻緣	1608 鐵騎雄風影集		1618 新聞評論	
1633	娘子軍影集	獨行俠影集		珍惠曼劇場影集			
1641						太空天使卡通影集	
1658	藝文沙龍	圖畫故事		小淘氣影集	1700 四海獵奇影集	1700 小英雄影集	1700 星期劇院
1706			發明天地				
1728	太空超人卡通影集	兒童時間 學藝競賽		國語文時間成語	1726 錦繡河山	1732 時人訪問	
1738	英語時間		1734 星星王子卡通影集				
1747				勝利的歡唱	中製新聞		
1758	兒童劇場			電視猜謎以小見大	合家歡猜謎 安全島猜謎比賽	1756 三軍俱樂部	1800 蘇利文劇場影集
1827	萬能保母影集	麗的歌聲	1828 認識世界			1828 七色橋	
1900	新聞氣象報告						
1925	世界新聞						
1935	電視小說：藍與黑						

日期 時間	11/02 （一）	11/03 （二）	11/04 （三）	11/05 （四）	11/06 （五）	11/07 （六）	11/08 （日）
2010	彩虹之歌	大千世界	群星會	2000 洋場私探 影集	2000 勇士們 影集	2005 青蜂俠 影集	2000 神射手
2040	妙賊影集	海底探險 記影集	平劇 寶蓮燈			2038 歡樂週末	虎膽妙算 影集
2100							
2110				國語 電視劇 （劇名未 示）	歌仔戲 玉珊瑚		
2142	太空仙女 戀影集	折箭為盟 影集	2144 法網邊緣 影集				
2200				輪椅神探 影集		2212 鬼探影集	2211 閩南語 電視劇 歡樂假期
2216	閩南語 電視劇 （劇名未 示）	國語 電視劇 黑馬一號	黑鷹探長 影集				
2234					音樂之夜		
2302						新聞氣象 報告	
2314	新聞氣象報告						2311 新聞 氣象報告
2322						國歌	
2334	國歌						2331 國歌

本表由筆者整理製作

（六）中視 1970.11.02～11.08 節目表〔註6〕

日期 時間	11/02 （一）	11/03 （二）	11/04 （三）	11/05 （四）	11/06 （五）	11/07 （六）	11/08 （日）
1100							國中英語
1115							看電視 學英語
1145							理想之家
1210	檢驗圖						
1230	午間節目預報						1225 新聞及 氣象

〔註6〕〈電視節目表〉,《中國電視週刊》第54期（1970.11.01）, 頁84～89。

日期 時間	11/02 （一）	11/03 （二）	11/04 （三）	11/05 （四）	11/06 （五）	11/07 （六）	11/08 （日）
1235	國語連續劇：春雷（重播）						1240 歡樂假期
1300	新聞及氣象						
1325	小小 動物園	通俗工藝	席克卡通	小小 動物園	體育辭典	洛城警探 影片	
1330	電視影片 騙婚記	迷離幻境 影片	馬戲大觀 影片	軍人魂 電視影片	糊塗情報 員影片		美國 1970 年 職業棒球 大賽 實況錄影
1340							
1400	閩南語歌劇：玉潔冰清					玉潔冰清	
1500							
1505						我們的 世界	
1515	今晚節目預告						
1520	（下午收播）					快活谷	
1535						生活的 藝術	
1605						時兆之聲	
1615							今日台灣
1630	檢驗圖					1635 從軍樂 影片	1625 天韻歌聲
1650	晚間節目預報						1645 青春 旋律影片
1655	卡通						
1700	地方藝術：金簫客				歐洲風情 畫影片	兒童 電視劇	龍虎雙傑 影片
1730					木偶劇場 西遊記	柳營笙歌	
1800	今日台北	星球歷險 影片	蠻荒神醫 影片	人猿泰山 影片	萬福臨門 影片	家家唱 歌唱比賽	綜藝節目 歡天喜地
1830	華夏歌聲				閩南語 電視劇 鄉下姑娘		
1900	新聞及氣象						

日期 時間	11/02 （一）	11/03 （二）	11/04 （三）	11/05 （四）	11/06 （五）	11/07 （六）	11/08 （日）
1915	每日一星						銀色廣場
1930	國語連續劇：鳳凰樹						
1940							你我他
2000	閩南語連續劇：玉蘭花						萬紫千紅
2030	露西喜劇影片	上上下下	八號分機	猜猜看	國語電視劇大江南北	慧童與海豚影片	蒙面俠影片
2100	國劇打鼓罵曹	綜藝節目大家歡	鳳凰爭輝歌唱對抗	彩色世界影片		綜藝節目合家樂	聯邦調查局影片
2200	原野英豪影片	復仇者影片	鐵馬金戈影片	國語電視劇霍小玉（上）	名片欣賞喋血杏林	篷車西征記影片	莽原風雲影片
2300	新聞及氣象						新聞及氣象
2310	明天節目預報						明天節目預報
2330					新聞及氣象		
2340					明天節目預報		

本表由筆者整理製作

（七）台視 1971.11.01～11.07 節目表〔註7〕

日期 時間	11/01 （一）	11/02 （二）	11/03 （三）	11/04 （四）	11/05 （五）	11/06 （六）	11/07 （日）
0900～ 0925							檢驗圖
0925							節目報告

〔註7〕　為利進行三台年度節目表比較，筆者擬以華視開播日（10 月 31 日）為基準參
考日。惟考量當時各台於該日皆製播若干「祝壽特別節目」，為能明確顯示常
態節目排播情況，並順應電視界「週一至週日」之單位慣例，故本表擇取 11
月 1 日至 11 月 7 日者（前述原則適用下列各表）。〈中華民國各電視台節目時
間表〉，《電視周刊》第 473 期（1971.11.01），頁 109～115。

日期 時間	11/01 （一）	11/02 （二）	11/03 （三）	11/04 （四）	11/05 （五）	11/06 （六）	11/07 （日）
0930							日本職業 棒球賽 實況錄影
1100							大千世界
1200	音樂／檢驗圖						日正當中
1225	節目報告						
1230	新聞氣象報告／世界新聞						
1250	布袋戲：大儒俠					週末劇場	新聞分析
1310						電視周刊 幸運讀者 贈獎	1305 群星會
1320						浮生錄 影集	
1350	麗的歌聲	歌仔戲 癡情女 （上）	國語 電視劇 （劇名未 示）	歌仔戲 金不換 （上）	平劇 摘櫻會		布袋戲 大儒俠
1405							
1420	戶外運動						
1440						國語 電視劇 欽差大人	
1450	小城風雨影集						
1520	婦女時間						
1540	電視樂府	單身女郎 影集	冷暖人間 影集	鐵腕明鎗 影集	海底探險 記影集	1535 新聞評論	1535 兒童世界 超越障礙
1555						醫門滄桑 影集	
1610	太空歷險 記影集	藝文沙龍					
1640		鐵漢影集	小白獅王 卡通	認識世界 影集	柯城故事 影集		西洋歌曲 青春旋律
1650						青春樂	
1710	發明天地	兒童時間 學藝競賽	國語文 時間 詩經選讀	時事座談	錦繡河山		星期劇院
1720						時人訪問	
1730					中製新聞		

日期 時間	11/01（一）	11/02（二）	11/03（三）	11/04（四）	11/05（五）	11/06（六）	11/07（日）
1740	兒童劇場	兒童劇場	國民生活與禮儀	勝利的歌唱	政府與民眾	英倫金盃保齡球比賽	湯姆瓊斯之歌影集
1810	妙叔叔影集	七色橋	三軍俱樂部	電視猜謎	我為你歌唱		
1840	新聞氣象報告／世界新聞						新聞氣象報告
1905							綜藝節目翠笛銀箏
1915	第六屆亞洲盃男子籃球賽特別報導						
1930	閩南語連續劇：秀玲						電視小說大地長青
2000	電視小說：大地長青						閩南語喜劇全家福
2030	國語歌曲彩虹之歌	田邊俱樂部歌唱擂台	國語歌曲群星會	國語喜劇喜臨門	歌仔戲母子會	綜藝節目歡樂週末	葡萄樂園十美獻壽
2100	歌唱節目香蕉船	閩南語歌劇西廂記	平劇嫦娥奔月	電視歌劇花月良宵			虎膽妙算影集
2130	太空仙女戀影集				電視猜謎古事今斷	怪客影集	
2200	閩南語劇集俠骨柔情	國語電視劇錦繡年華	閩南語電視劇寶劍親情	輪椅神探影集	太平洋之狐影集		閩南語電視劇（劇名未示）
2230						音樂之夜	
2300	新聞氣象報告						
2320	國歌					好萊塢影院	國歌
0100						國歌	

本表由筆者整理製作

（八）中視 1971.11.01～11.07 節目表〔註8〕

日期 / 時間	11/01（一）	11/02（二）	11/03（三）	11/04（四）	11/05（五）	11/06（六）	11/07（日）
1000～1010							今日台灣
1010							商用英文
1025							看電視學英語
1055							新聞集錦
1125	檢驗圖 節目預報						皆大歡喜
1155	今日農村					檢驗圖 節目預報	
1205		檢驗圖 / 節目預報					
1225	新聞及氣象						
1240	每日一星					閩南語猜謎劇霧夜港都	歡樂假期
1255	彩鳳曲 連續劇（重播）						
1325	影片基爾遊艇大賽	卡通一根骨頭	馬戲大觀影集	今日婦女影片	體育世界影片		
1340				科學櫥窗影片	音樂集錦影片		王貞治與巨人軍影片
1355	地方藝術：千面遊俠			糊塗情報員影集			
1405						莊敬自強國語電視劇相如報國	
1455	晚間節目預報						
1500	（下午收播）						
1510						1505 中興新村	快樂兒童
1540						1535 凱旋門電視劇松花江畔	電視運動場拳擊爭霸賽

〔註8〕〈電視節目表〉，《中國電視週刊》第 106 期（1971.10.31），頁 50～53。

日期／時間	11/01（一）	11/02（二）	11/03（三）	11/04（四）	11/05（五）	11/06（六）	11/07（日）
1605						時兆之聲影片	
1640						1635 影城傳奇影集	天韻歌聲
1700	檢驗圖／晚間節目報告					影城傳奇影集	蝙蝠俠影集
1730	影片鏡錶	金銀島影集	華夏歌聲	鐵金剛歌劇	萬福臨門電視劇	1735 國語電視劇八號分機	
1740	影片越南武裝部隊的展示						
1800	閩南語電視劇 我的女婿	衝浪樂影集	快樂仙子影集		世界之窗		歡天喜地
1830	新聞及氣象						1840 新聞及氣象
1900	每日一星　歌劇					每日一星	
1910							歌唱節目（名稱未示）
1925	地方新聞						
1930	國語連續劇：母親						
1940							你我他
2000	閩南語連續劇：金獅村						萬紫千紅
2030	翁倩玉之聲（重播）	彩色世界影集	歌舞菁華錄影集	猜猜看	閩南語喜劇 妙人妙事	合家樂 幸運輪遊戲	全神貫注
2100	聯邦調查局影集			無敵突擊隊影集	金曲獎		閩南語俠義劇 四海遊俠
2130		虎穴英雄影集	閩南語音樂劇 愛的故事			閩南語俠義劇 鐵劍情深	
2200	閩南語歌劇：桃園三義						國劇
2230						名片欣賞	
2315	新聞及氣象						
2330	明天節目預報						

日期 時間	11/01 （一）	11/02 （二）	11/03 （三）	11/04 （四）	11/05 （五）	11/06 （六）	11/07 （日）
2400						新聞及氣象	
2415						明天節目預報	新聞及氣象
2430							明天節目預報

本表由筆者整理製作

（九）華視 1971.11.01～11.07 節目表〔註9〕

日期 時間	11/01 （一）	11/02 （二）	11/03 （三）	11/04 （四）	11/05 （五）	11/06 （六）	11/07 （日）
0530～0600	檢驗圖／輕音樂						
0600	英文（一年）	歷史（高一）	英文（一年）	歷史（高一）	英文（一年）		英文（三年）
0620	國文（一年）				地理（高一）		國文（大學）
0640	數學（一年）			生物（高一）			0650 中國近代史（大學）
0700	簿記（商一）			珠算（商一）		護理（一年）	
0720	新聞及氣象						
0730	英文（二年）	數學（二年）	英文（二年）	數學（二年）	英文（二年）	數學（二年）	英文（二年）
0750	英文（三年）	數學（三年）	英文（三年）	數學（三年）	英文（三年）	數學（三年）	憲法（大學）
0810	（上午收播）						
0820							經濟學（大學）

〔註9〕華視開播時之常態節目自 11 月 1 日週一起首播。〈中華民國各電視台節目表〉，《中華電視週刊》第 1 期（1971.10.31），頁 92～105。

日期\時間	11/01（一）	11/02（二）	11/03（三）	11/04（四）	11/05（五）	11/06（六）	11/07（日）
0850							企業組織管理（大學）
0920							市場學（大學）
0950							普通教學法（大學）
1020							教育概論（大學）
1200	檢驗圖及節目預報						
1210	地方戲曲：精忠報國						歌唱節目真善美
1310	新聞及氣象						
1330	重播教學課程	實用英語	重播教學課程	實用英語	重播教學課程	重播教學課程	熱門歌曲優美的旋律
1400		重播教學課程		重播教學課程			星期座談
1430			（下午收播）		（下午收播）		
1440	（下午收播）			（下午收播）			（下午收播）
1615	檢驗圖及節目預報						
1630	愛的教育影集誨人不倦	夏威夷之眼影集	國語電視劇集女教師	文教節目心理與生活	原野奇俠影集	閩南語電視劇集阿公與我	婦女家庭時間
1700				工商服務節目行行出狀元			兒童樂園
1730	卡通影集摩登原始人	綜藝節目青年園地	卡通影集強尼冒險記	社教節目百家姓	七小福影集	兒童歌舞劇西西歷險記	

日期\時間	11/01（一）	11/02（二）	11/03（三）	11/04（四）	11/05（五）	11/06（六）	11/07（日）
1800	新聞及氣象						
1830	偉大的領袖					同心圓環	綜藝節目勝利之路
1900	國語連續劇：大將軍郭子儀						
1930	閩南語古裝劇：燕雙飛					綜藝節目錦繡世界	電視猜謎劇追蹤
2000	國語歌唱劇：萬家生佛						
2030	閩南語連續劇：大地之春						
2100	綜藝節目歡樂滿人間	綜藝節目街頭巷尾	歌星之歌周璇之歌	小人物劇場	綜藝節目半斤八兩	平劇包公傳	世界奇觀彩色影集
2130	綜藝節目百年好合	天龍地虎影集	這一家影集	八勇士影集	國語電視劇丈夫回家時	非洲牛仔影集	電視長片洛水神仙
2200							
2230	英文法講座	實用英語（重播）	英文法講座	實用英語（重播）	英文（大學）		台製新聞
2250							
2300	新聞及氣象						
2320	明日節目預報						

本表由筆者整理製作

（十）台視 1972.11.06～11.12 節目表〔註 10〕

日期\時間	11/06（一）	11/07（二）	11/08（三）	11/09（四）	11/10（五）	11/11（六）	11/12（日）
0950～0958							音樂／檢驗圖
0958							節目報告

〔註 10〕〈中華民國各電視台節目時間表〉，《電視周刊》第 526 期（1972.11.06），頁 109～115。

時間	11/06（一）	11/07（二）	11/08（三）	11/09（四）	11/10（五）	11/11（六）	11/12（日）
1000							奇異的世界影集
1030							綜藝節目大千世界
1200	輕音樂／檢驗圖						綜藝節目日正當中
1208	節目報告						
1210	新聞氣象報告						
1230	閩南語連續劇：紅粉鐵拳						新聞氣象報告
1245							綜藝節目和氣生財
1300	歌仔戲：七俠五義					笑話擂台	
1330	婦女時間					1340 123劇場婦友俱樂部	1320 群星會
1400	連續劇：晚歸（重播）					1410 電視周刊讀者贈獎	
1430	晚間節目報告					1420 藝文沙龍	1420 布袋戲六合三俠傳
1435	（下午收播）						
1445						社教節目電腦	
1500						新聞評論	
1520						新星劇場	
1550						平劇	兒童世界
1640	澳洲紀錄短片	貓鼠卡通					
1650	兒童時間：天使樂園					我為你歌唱	青蜂俠影集

日期 時間	11/06 （一）	11/07 （二）	11/08 （三）	11/09 （四）	11/10 （五）	11/11 （六）	11/12 （日）
1720	錦繡河山	國語文 時間 散文欣賞	時事座談	兒童學藝 競賽	政府與 民眾		星期劇院
1740	小城風雨 影集					1730 時人訪問	
1750						英倫金盃 保齡球 比賽	綜藝節目 喜相逢
1820	1810 新聞氣象 報告	新聞氣象報告				1830 新聞氣象報告	
1845	新聞分析						
1900		閩南語連續劇：青春鼓王				青春鼓王	青春鼓王
1930	儲蓄與 投資	綜藝節目 金玉滿堂	魔鬼剋星 影集	巧織世界	幸福家庭		綜藝節目 翠笛銀箏
2000		閩南語連續劇：佛祖				佛祖	田邊 俱樂部
2030		國語連續劇：一八〇封鎖線					虎膽妙算 影集
2100	電腦遊戲	洋場私探 影集	幸福家庭	歌唱節目 可口樂園	群星會	綜藝節目 大同之夜	
2115			最佳服裝 比賽				
2130	綜藝節目 莫忘今宵			綜藝節目 葡萄樂園	歌唱節目 歌星之夜	歌唱家庭	歌唱節目 快樂頌
2200		妙賊影集		鐵馬英豪 影集	電影街 一周電影 評介	國語 電視劇 （劇名 未示）	國語長片 羅門四虎
2230	甜蜜丫頭 影集		歌唱節目 星光燦爛		星際戰爭 影集		鐵馬英豪 影集
2300	新聞氣象報告						
2330	連續劇：女子公寓（重播）				新聞氣象報告		
2400	國歌						

本表由筆者整理製作

（十一）中視 1972.11.06～11.12 節目表 〔註11〕

時間 \ 日期	11/06 (一)	11/07 (二)	11/08 (三)	11/09 (四)	11/10 (五)	11/11 (六)	11/12 (日)
0820							檢驗圖 節目報告
0845							國語長片
1020						檢驗圖／節目報告	1025 看電視學英語
1045						總統嘉言錄	
1055							留學生時間
1120	檢驗圖／午間節目預告					1115 新聞集錦	
1140	總統嘉言錄					1145 新聞及氣象	1145 新聞及氣象
1200						我愛白蘭	
1210	貝貝劇場						我愛白蘭
1230						寶島假期	
1240	科學報導 阿波羅七號	科學報導 復健新趨勢	科學報導 十年有成	科學報導 難以置信的機器	科學報導 水災研究		歡樂假期
1255	新聞及氣象			新聞及氣象	新聞及氣象		
1315	卡通				卡通	1310 閩南語猜謎劇（劇名未示）	
1330	爵士樂府影集	電視影片一把土	電視影片紐約全貌	音樂大師影集	國語電視劇（劇名未示）		
1340							星期電影院 拳王滄桑史
1400	看電視學英語（重）		凱旋門（重）	家有嬌妻（重）			
1430	留學生時間	醫學新知	音樂集錦影集	今日婦女	體育世界		

〔註11〕〈電視節目表〉，《中國電視週刊》第 159 期（1972.11.06），頁 100～106。本文「表 5-7」。

日期 時間	11/06（一）	11/07（二）	11/08（三）	11/09（四）	11/10（五）	11/11（六）	11/12（日）
1445	今日台灣	中興新村	卡通集錦	遊蹤萬里影集	電視長片（片名未示）	1440 包公案影集	
1500	國民生活須知						
1515	國劇 玉堂春	國劇 秦瓊	國劇 得意緣	國劇 龍鳳呈祥		1510 王貞治與巨人隊	1510 國劇伍子胥（上）
1630							時兆之聲
1645	晚間節目預報						
1650	檢驗圖／晚間節目報告						
1700						音樂之窗	貝貝劇場 小瓜呆 歷險記
1715	時事觀察	音樂之窗	時事觀察	新聞集錦（重）	凱旋門		
1730						萬福臨門	
1745	連續猜謎：一分一秒						
1800	新聞及氣象						
1830	閩南語俠義連續劇：義魄				閩南語猜謎連續劇：古城風雲		
1900	聯邦調查局影集	彩色世界影集	私梟煞星影集	檀島警騎影集	新公園	巨星之夜影集	歡樂滿人間影集
1930					今日農村		你我他
1945							幸福家庭
2000	閩南語連續劇：英雄膽						薔薇劇場
2030	國語連續劇：大路						中興新村
2100	閩南語連續劇：難忘七號碼頭						
2130	猜猜看	遊蹤萬里影集	家有嬌妻電視劇	真善美歌聲	夢幻曲影集	綜藝節目誰來挑戰	星星點點歌唱節目
2200	閩南語連續劇：怪客					金像獎名片欣賞湯姆瓊斯	怪客
2230	綜藝節目：今夜			美國高等教育介紹			午夜驚魂影集
2300	新聞及氣象						

日期 時間	11/06 （一）	11/07 （二）	11/08 （三）	11/09 （四）	11/10 （五）	11/11 （六）	11/12 （日）
2315	國語連續劇 龍江恩仇		國語連續劇：海燕（重）				
2330							新聞及 氣象
2400						新聞及 氣象	
2415						海燕 （重）	
2345	明天節目預報						海燕 （重）
2415							明天節目 預報
2445						明天節目 預報	

本表由筆者整理製作

（十二）華視 1972.11.06～11.12 節目表〔註12〕

日期 時間	11/06 （一）	11/07 （二）	11/08 （三）	11/09 （四）	11/10 （五）	11/11 （六）	11/12 （日）
0510	檢驗圖／輕音樂						
0540	國文（一年）				製圖（工一）		西洋 近代史
0600	英文（一年）				電工原理（工一）		0610 國文
0620	數學（一年）			物理（一年）			
0640	會計（商一）			簿記（商一）			哲學概論
0700	英文（二年）				珠算（商一）		0710 心理學
0730	新聞及氣象						
0735	數學（二年）			珠算 （商二）	經濟學（商一）		0740 新聞及 氣象

〔註12〕週日上午為大學課程。〈全國電視節目表〉，《中華電視週刊》第 54 期
（1972.11.06），頁 108～114。

日期 時間	11/06 （一）	11/07 （二）	11/08 （三）	11/09 （四）	11/10 （五）	11/11 （六）	11/12 （日）
0755	地理（二年）		生物（一年）			英文 （三年）	0750 保險學
0820	晨間節目：今天（11/06 首播）						國際貿易 實務
0850	（上午收播）						商事法
0920							行政學
0950							電子計算 概論
1020							英文速記
1050							（上午 收播）
1210	新聞及氣象						
1230	閩南語連續劇 俠士行		閩南語連續劇：俠士行			閩南語 連續劇 俠士行	毛衣皇后 選拔
1300							正記劇場
1315			短片				
1320	實用美語	麵食教學 燒賣	重播英 （一） 電工 （一） 製圖 （一）	重播 電工 （一） 製圖 （一）	中醫臨床 漫談		
1330					充滿希望 的時代		
1350	重播英（一） 數（一）						
1400				實用美語			夏威夷 之眼
1420			（下午 收播）				
1430	（下午收播）			（下午收播）			
1500							摩登原始 人影集
1530							星期座談
1600							兒童樂園
1700							動物的 奧妙影集

日期 時間	11/06 （一）	11/07 （二）	11/08 （三）	11/09 （四）	11/10 （五）	11/11 （六）	11/12 （日）
1730	百家姓	吳炳鍾時間	趙麗蓮時間	吳炳鍾時間	趙麗蓮時間	國貨櫥窗	實業世界
1800	新聞及氣象						
1830	慶祝總統華誕特別節目清流	慶祝總統華誕特別節目舐犢情深	重播歌唱劇七世夫妻		同心圓環	綜藝節目電影世界	綜藝節目海馬之夜
1900			國語連續劇：燕南飛			青春之歌	電視影集馬戲精華
1930	閩南語連續劇：雨中鳥						
2000	國語連續劇：生龍活虎					現場綜藝青春谷	汽車天地
2030	閩南語連續劇：鳳山虎						
2100	國語連續劇：我愛老大			國語連續劇我愛老大		國劇欣賞關羽傳	歌唱節目生之歌
2130				盲探靈犬影集	神探影集		電影欣賞會叛艦喋血記
2140	閩南語電視劇幸福家庭	維他露俱樂部親善公主決賽	杏林春暖影集				
2200	2155小人物影集					太空爭霸影集	
2230		糊塗警伯影集			環球觀光影集		
2240			偉大的領袖	音樂短片			
2300	歌唱節目晚安曲		歌唱節目晚安曲		新聞及氣象		
2330	新聞及氣象						新聞及氣象

本表由筆者整理製作

（十三）台視 1973.11.05～11.11 節目表〔註13〕

日期＼時間	11/05（一）	11/06（二）	11/07（三）	11/08（四）	11/09（五）	11/10（六）	11/11（日）
0927							音樂／檢驗圖
0947							節目報告
0950							進步中的台灣
1000							歌唱節目日月爭輝
1030							綜藝節目大千世界
1137						音樂／檢驗圖	
1157						節目報告	
1200						歌唱節目星光燦爛	綜藝節目日正當中
1208	音樂／檢驗圖						
1228	節目報告						
1230	新聞氣象報告						
1250	歌仔戲：隋唐演義						
1320	晚間節目報告					1316 歌唱節目金色年代	1325 歌唱節目群星會
1325	（下午收播）						
1344						歌唱節目金唱片	
1411						穿的藝術	
1425							準媽媽時間
1431						鄉下佬影集	
1450							兒童世界
1500						新聞評論	

〔註13〕〈中華民國各電視台節目時間表〉，《電視周刊》第 578 期（1973.11.05），頁 109～114。

日期＼時間	11/05（一）	11/06（二）	11/07（三）	11/08（四）	11/09（五）	11/10（六）	11/11（日）
1520						平劇	
1550							午後電影（片名未示）
1625						歌唱節目 我為你歌唱	
1650							家庭食譜
1720						時人訪問	星期劇院
1645	卡通影片						
1655	兒童時間：天使樂園						
1725	錦繡河山	民生櫥窗	時事座談	星星劇場	政府與民眾		
1740						歌唱天地 葡萄樂園	
1755	綜藝節目：分秒世界						綜藝節目 喜相逢
1820	新聞氣象報告					1830 新聞氣象報告	
1855	大力水手卡通影片						
1900	全國青年才藝競賽	綜藝節目 藍天白雲	綜藝節目 歡樂今宵	歌唱節目 歌唱全壘打	歌唱節目 群星會	西洋歌曲 青春旋律	翠笛銀箏 蜜斯佛陀 假期
1930	國語連續劇：野狼谷					歌唱節目 歌唱家庭	歌唱擂台 田邊俱樂部
2000	綜藝節目 歌中謎	綜藝節目 我的世界	綜藝節目 星星星	冒險專家 影集	綜藝節目 全家福	綜藝節目 銀河璇宮	功夫影集
2030	電腦遊戲		歌唱節目 綺麗屋	綜藝節目 和氣生財	歌唱節目 歌星之夜		
2045						幸福家庭	
2100	閩南語連續劇：不平凡的愛						
2130	國語電視單元劇：韓老爹				綜藝節目 青溪山莊	綜藝節目 安全島	工業世界
2200	突破戰俘營影集	霹靂神探影集	輪椅神探影集	第二屆最佳服裝比賽	電影街一周電影報導	台視劇場	電視長片（片名未示）

時間＼日期	11/05（一）	11/06（二）	11/07（三）	11/08（四）	11/09（五）	11/10（六）	11/11（日）
2230					少年偵騎影集		
2300	新聞氣象報告						
2315				歌唱節目群星會			
2325	愛的世界影集	電視樂府	鳳凰于飛影集		2330 新聞氣象報告		2330 國歌
2345				新聞氣象報告			
2400	國歌						

本表由筆者整理製作

（十四）中視 1973.11.05～11.11 節目表〔註14〕

時間＼日期	11/05（一）	11/06（二）	11/07（三）	11/08（四）	11/09（五）	11/10（六）	11/11（日）
0855							檢驗圖／節目報告
0905							今日台灣
0915							國中英語
0930							留學生時間
0945							看電視學英語
1000							蓬萊仙島
1130							金童獎
1140	檢驗圖／午間節目報告						
1200	大偵探卡通				新聞及氣象		
1210	閩南語連續劇：珊瑚潭之戀				今日農村		
1240	國語連續劇：長白山上（重）				歡樂假期		

〔註14〕〈全國各電視台節目表〉，《中國電視週刊》第 211 期（1973.11.05）。

時間＼日期	11/05（一）	11/06（二）	11/07（三）	11/08（四）	11/09（五）	11/10（六）	11/11（日）
1305	新聞及氣象					1300 諜海亡魂影集	
1325	電視英語講座				國中英語	1330 猜謎劇場	珊瑚潭之戀
1340	晚間節目預報				留學生時間		
1345	（下午收播）						
1355					看電視學英語		
1410					（下午收播）	巨星巨片	國劇宇宙鋒（上）
1430							
1530							貝貝劇場
1600						出版與圖書	
1630						霹靂艇影集	時兆之聲
1655	檢驗圖／午間節目報告						1700 乖乖米老鼠
1715	霹靂艇影集						
1730						萬福臨門	卡通
1745	乖乖米老鼠						
1800	國內外新聞氣象						
1830	一分一秒：連續猜謎					星對星	綜藝節目味味味
1845	歌之林						
1900	國語連續劇苦情花	國語連續劇：明日又天涯				美力擂台	我該怎麼辦
1930	聯邦調查局影集	彩色世界影集	安迪威廉劇場	檀島警騎影集	吾愛吾家影集	家有嬌妻電視劇	你我他
1945							鳳凰台
2000						金像獎名片欣賞	
2015							電腦123
2030	元寶樂園	媽媽樂園	花花世界	頭痛時間	螢光星座		
2045							證券投資

日期 時間	11/05 （一）	11/06 （二）	11/07 （三）	11/08 （四）	11/09 （五）	11/10 （六）	11/11 （日）
2100	閩南語 連續劇 巡按大人	風流醫生 俏護士 影集	美蘭開獎 特別節目	水上假期	中興新村		綜藝節目 中國功夫
2130	家庭 高爾夫	閩南語連續劇：巡按大人					巡按大人
2200	迷你連續劇（劇名未示）			綜藝節目	國語電視 劇集 愛的天地	巡按大人	一週一劇
2230	亡命追蹤 影集	邊城風雲 影集	復仇者 影集	音樂之窗 （重）		美國籃球 大賽	
2300				新聞及氣象			
2315				明天節目預報			
2330	新聞及氣象						新聞及 氣象
2345	明天節目預報						明天節目 預報
2430						明天節目 預報	

本表由筆者整理製作

（十五）華視 1973.11.05～11.11 節目表〔註15〕

日期 時間	11/05 （一）	11/06 （二）	11/07 （三）	11/08 （四）	11/09 （五）	11/10 （六）	11/11 （日）
0530	物理	電工原理 （工二）	通訊電學 （工二）	物理	電工原理 （工二）	通訊電學 （工二）	物理
0550	力學 （工二）	製圖 （工一）	機構學 （工二）	力學 （工二）	製圖 （工一）	電工原理 （工二）	機構學 （工二）
0610	銀行會計 （商三）	數學 （一年）	統計 （商三）	數學 （一年）	銀行會計 （商三）	數學 （一年）	統計 （商三）
0630	英文 （一）	數學 （二年）	英文 （一）	數學（二年）		英文（一）	

〔註15〕「（大）」指大學課程。〈全國電視節目表〉，《中華電視週刊》第 54 期（1973.11.
05），頁 108～114。

日期 時間	11/05（一）	11/06（二）	11/07（三）	11/08（四）	11/09（五）	11/10（六）	11/11（日）
0650	商業簿記（商一）	會計（商二）	商業簿記（商一）	會計（商二）	商業簿記（商一）	會計（商二）	
0710	成本會計（商三）	英文（二年）	成本會計（商二）	英文（二年）	成本會計（商三）	英文（二年）	商事法（大）
0730				新聞及氣象			
0745	英文（二年）	英文（三年）		中國文化基本教材（二年）	英文（三年）		教育概論（大）
0755							
0805	化學（高三）	數學（三年）	化學（高三）	化學（高三）	數學（三年）	數學（一年）	
0825	國文（二年）	國文（二年）	國文（二年）	數學（三年）	數學（二年）		貿易實務（大）
0845	晨間節目：今天						
0915	（上午收播）						
0855							普通教學法（大）
0925							商用英文法（大）
0950							綜藝節目特別假期
1135							中文速讀
1150	電視影集						
1220	閩南語連續劇：無情海						
1250	新聞及氣象						
1305	實用美語			吳炳鍾時間		中醫臨床漫談	綜藝節目毛衣皇后選拔
1315				台灣新貌			
1330	（下午收播）					週末電影	世界名片
1500						兒童樂園	星期座談
1530							國貨櫥窗

日期 時間	11/05 （一）	11/06 （二）	11/07 （三）	11/08 （四）	11/09 （五）	11/10 （六）	11/11 （日）
1600						國劇欣賞	
1640	點心世界	百家姓	軍訓 （師專）	趙麗蓮時間			
1700	課程教材 教法通論					作家劇場	
1710		國民小學 行政 （師專）	國文 （師專）	中國 近代史 （師專）	中國 文化史 （師專）		古今中外
1730							音樂花束
1740	古今中外						
1800	新聞及氣象						
1830	軍中音樂 時間	勝利之路					奇妙時間
1855	國語連續劇：胭脂虎					綜藝節目 中興劇場	
1910							追追追
1945	勞工服務 生產線	農村曲	綜藝節目	綜藝節目 追根究柢	歌唱節目 三朵花	綜藝節目 喜從天降	1940 一刻千金
2000							幸福家庭
2015	國語連續劇：婚姻的故事					太太 俱樂部	綜藝節目 多才多藝
2055	綜藝節目	薇薇夫人 時間	巧織世界	電影世界	海上驚魂 影集		2050 歌壇新星
2100						汽車天地	
2130	閩南語連續劇：雲海						
2200	七彩園					華視劇展	電影 欣賞會 十二怒漢
2215	法網恢恢 影集	勇士們 影集	繁星滿天	杏林春暖 影集	高爾夫球 賽影集		
2300				新聞及氣象			
2315	新聞及氣象						
2330						新聞及 氣象	
2345			新聞及 氣象				新聞及 氣象

本表由筆者整理製作

（十六）台視 1974.11.04～11.10 節目表 〔註 16〕

日期 時間	11/04 （一）	11/05 （二）	11/06 （三）	11/07 （四）	11/08 （五）	11/09 （六）	11/10 （日）
1200	進步中的 台灣	卡通影片：啄木鳥				貓鼠卡通 影片	卡通影片 啄木鳥
1210	歌仔戲：唐三藏救母						新聞氣象 報告
1240	新聞氣象報告						綜藝節目 彩色人生
1300	（下午收播）					綜藝節目 花開富貴	綜藝節目 大千世界
1330						綜藝節目 近水樓台	
1400						綜藝節目 幸福人生	
1430						杏林趣事	
1450						初生之犢 影集	
1500							歌唱節目 群星會
1540						平劇	
1600							兒童世界
1635						歌唱節目 我為你 歌唱	
1700						錦繡河山	家庭食譜
1715						說說唱唱	1720 星期劇院
1725						民生櫥窗	
1750						綜藝節目 金曲世界	綜藝節目 喜相逢
1800	卡通影片：大力水手						
1805	綜藝節目：分秒世界						

〔註 16〕 〈中華民國各電視台節目時間表〉，《電視周刊》第 630 期（1974.11.04）。

日期 時間	11/04 （一）	11/05 （二）	11/06 （三）	11/07 （四）	11/08 （五）	11/09 （六）	11/10 （日）
1815	卡通集錦 寶馬王子	電影街 一周電影 報導	綜藝節目 藍天白雲	美麗寶島	安全島		
1830						西洋歌曲 青春旋律	翠笛銀箏 蜜斯佛陀 之夜
1845	閩南語連續劇：在世華陀						
1900						在世華陀	歌唱節目 五燈獎
1915	政府在為你做什麼						
1930	新聞氣象報告						
2000	洋場私探 影集	第六感 影集	警網鐵金 剛影集	迷幻人間 影集	偉大的 建設	台視劇場	千面警探 影集
2025				綜藝節目 貴賓世界	快樂農家		
2055	國語連續劇：伐紂						
2100							名片精華
2150	綜藝節目 綺麗世界	綜藝節目 您想的 時間	綜藝節目 金歌銀律	歌唱節目 歌星之夜	電影街		
2200						綜藝節目 銀河璇宮	
2220	大同世界	綜藝節目 麗影清歌	綜藝節目 小夜曲	綜藝節目 晚安曲	服裝配色 比賽		
2250	綜藝節目：良辰星光						
2300	新聞氣象報告						

本表由筆者整理製作

（十七）中視 1974.11.04～11.10 節目表 〔註17〕

日期 時間	11/04 （一）	11/05 （二）	11/06 （三）	11/07 （四）	11/08 （五）	11/09 （六）	11/10 （日）
1150	檢驗圖／節目預報						
1200	學英語	美式英語	留學英語	電視英語 講座	新聞集錦	新聞及氣象	

〔註17〕〈全國各電視台節目表〉，《中國電視週刊》第 263 期（1974.11.04），頁 102
　　～108。

日期＼時間	11/04（一）	11/05（二）	11/06（三）	11/07（四）	11/08（五）	11/09（六）	11/10（日）
1215	新聞及氣象					電影介紹	今日農村
1230	哈哈舞台			閩南語劇場（劇名未示）	閩南語劇場情懷何處	閩南語劇場（劇名未示）	
1245							綜藝節目輕歌妙劇
1300	晚間節目預報					蓬萊仙島	
1305	（下午收播）						1315歡樂假期
1430						吾愛吾家影集	
1445							工業世界
1515							復仇者影集
1530						貝貝劇場	
1600						中興新村	點心世界
1625						今日台灣	
1630						萬福臨門	時兆之聲
1700						音樂之窗	卡通影集小猩猩
1730						卡通影片	
1800	卡通：勞萊哈台、頑皮豹					綜藝節目十字路口	幸福家庭
1805	綜藝節目						
1835	卡通：勞萊哈台					1830綜藝節目華燈初上	1830約會時間
1850	國語連續劇：青天白日						
1900						電視劇家有嬌妻	你我他食髓知味
1915	政府在為你做些什麼						
1930	國內外新聞及氣象						
2000	閩南語連續劇：新娘與我						
2030	國語連續劇：愛心					金像獎名片欣賞玉樓春劫	國語連續劇：愛心
2115	聯邦調查局影集	彩色世界影集	無敵金剛009影集	檀島警騎影集	特種任務影集		國語電視劇名星劇場

日期 時間	11/04 （一）	11/05 （二）	11/06 （三）	11/07 （四）	11/08 （五）	11/09 （六）	11/10 （日）
2215	綜藝節目	綜藝節目	綜藝節目	夜之歌	音響世界		綜藝節目
2230						世界風情 畫影集	
2245		夜之歌	歌唱節目	新聞及氣象			夜之歌
2300	新聞及氣象						

本表由筆者整理製作

（十八）華視 1974.11.04～11.10 節目表〔註18〕

日期 時間	11/04 （一）	11/05 （二）	11/06 （三）	11/07 （四）	11/08 （五）	11/09 （六）	11/10 （日）
0520	通訊電學 （工二）	力學 （工二）	通訊電學 （工二）	力學 （工二）	機構學 （工二）	電工原理 （工二）	熱機學 （工三）
0540	電磁測定 （工二）	輸電配學 （工三）	電磁測定 （工二）	輸電配學 （工三）	熱機學 （工三）	機械設計大意 （工三）	
0600	英文 （職一）	數學 （職一）	英文 （職一）	數學 （職一）	英文 （職一）	數學 （職一）	電工原理 （工二）
0620	英文 （職二）	數學 （職二）	英文 （職二）	數學 （職二）	英文 （職二）	數學 （職二）	機構學 （工二）
0640	企業管理 （商二）	經濟學 （商一）	貨幣銀行 （商二）	經濟學 （商一）	企業管理 （商二）	貨幣銀行 （商二）	會計 （商二）
0700	會計 （商二）	簿記 （商一）	會計 （商二）	簿記 （商一）	會計 （商二）	簿記 （商一）	統計 （商三）
0720	新聞氣象報告						
0740	成本會計 （商三）	銀行會計 （商三）	成本會計 （商三）	銀行會計 （商三）	成本會計 （商三）	統計 （商三）	教育 心理學 （大）
0755	企業管理 （商二）		貨幣銀行 （商二）				
0810							教育與 職業指導 （大）
0820	晨間節目：今天						

〔註18〕「（大）」指大學課程；「（師）」指師專課程。〈中華民國各電視台節目表〉，《中華電視週刊》第158期（1974.11.04），頁64～76。

日期 時間	11/04（一）	11/05（二）	11/06（三）	11/07（四）	11/08（五）	11/09（六）	11/10（日）
0840							國文（大）
0910	政治教學				（上午收播）		貿易實務（大）
0940							商用英文（大）
1200	新聞及氣象						
1220	綜藝節目：我和你						中醫臨床漫談
1230	國語連續劇：中國式戀愛						
1300	（下午收播）	政治教學			（下午收播）	綜藝節目追根究柢	世界名片欣賞 泥中女
1400		（下午收播）	（下午收播）	（下午收播）		週末影展 錯中錯	
1500							郵迷俱樂部
1530						中興劇場	兒童樂園
1600						國劇欣賞	
1620							生產線
1630	實用美語						
1645			兒童發展與輔導（師）			1650 國產天地	1650 太空動物園
1700	教育社會學（師）	實用美語		1655 實用美語	國學概論（師）		
1715			教育社會學（師）				1720 毛衣皇后選拔
1730	文字學（師）	現代教育思潮		1725 國學概論（師）	兒童發展與輔導（師）	1725 影片	
1750							綜藝節目 電視夜總會
1800	綜藝節目 農村曲	卡通世界			電影世界	1755 女兒心	
1820							綜藝節目 美
1830	閩南語連續劇：土地公						
1850							土地公

日期\時間	11/04（一）	11/05（二）	11/06（三）	11/07（四）	11/08（五）	11/09（六）	11/10（日）
1915	政府在為你做些什麼					卡通影片	
1930	新聞及氣象						
2000	國語連續劇：保鑣						
2130	國語連續劇：愛我親愛的						
2200	美國式戀愛影集	大煞星影集	綜藝節目千里單騎	杏林春暖影集	世界歌舞精華	綜藝節目快樂星期六	2150 步步驚魂影集
2230			追追追				
2300	英文（職三）	國文（三年）	英文（職三）	國文（三年）	英文（職三）	國文（三年）	中國文化基本教材（三年）
2320	數學（三年）	化學（高三）	數學（三年）	化學（高三）	數學（三年）	化學（高三）	電工原理（工一）

本表由筆者整理製作

（十九）台視 1975.11.03～11.09 節目表 〔註 19〕

日期\時間	11/03（一）	11/04（二）	11/05（三）	11/06（四）	11/07（五）	11/08（六）	11/09（日）
1150	檢驗圖						
1200	卡通影集						
1210	國語連續劇：忠肝義膽						綜藝節目精打細算
1240	新聞氣象報告						
1300	晚間節目預報					綜藝節目歌唱全壘打	綜藝節目日正當中
1305	（下午收播）						
1330						老少雙雄影集	綜藝節目大千世界

〔註 19〕〈中華民國各電視台節目時間表〉，《電視周刊》第 682 期（1975.11.03），頁 106～110。

日期 時間	11/03（一）	11/04（二）	11/05（三）	11/06（四）	11/07（五）	11/08（六）	11/09（日）
1420						醫門滄桑影集	
1450							歌唱節目群星會
1510						文化劇場	
1540						國劇介紹	兒童節目兒童世界
1600						國劇董小宛（1）	
1630							大超人影集
1700						進步中的台灣	家庭食譜
1710						說說唱唱	
1720						萬能醫生影集	星期劇院
1745						錦繡河山	1750綜藝節目喜相逢
1800	文教節目：分秒世界			匪情分析	兒童電視劇：傘	綜藝節目兩個圈圈	
1820		卡通樂園					
1830	卡通影片：小獅王	綜藝節目你的頻道	綜藝節目大家開心	綜藝節目安全島	西洋歌曲青春旋律	蜜絲佛陀假期翠笛銀箏	
1900	閩南連續劇：好阿伯						綜藝節目五燈獎
1930	新聞氣象報告						
2000	國語連續劇：金玉盟						旋風大偵探影集
2100	社會服務	偉大的建設	動物奇譚影集	快樂農家	綜藝節目家家小康	綜藝節目皆大歡喜	呂良煥時間
2105	名片精華戎馬闖關山						
2127		神威勇探影集	2122全國青年歌唱比賽	警網鐵金剛影集	綜藝節目金玉滿堂	2130台視劇場	2130綜藝節目銀河璇宮

日期 時間	11/03 （一）	11/04 （二）	11/05 （三）	11/06 （四）	11/07 （五）	11/08 （六）	11/09 （日）
2222		綜藝節目 美的旋律	歌唱節目 晚安曲	綜藝節目 幸福花園	綜藝節目 美麗世界		2230 街頭巷尾
2250	歌唱節目：麗影清歌						
2300	新聞氣象報告						

本表由筆者整理製作

（廿）中視 1975.11.03～11.09 節目表 〔註 20〕

日期 時間	11/03 （一）	11/04 （二）	11/05 （三）	11/06 （四）	11/07 （五）	11/08 （六）	11/09 （日）
1150	檢驗圖／午間節目預報						
1200	韻律體操影集					新聞集錦	新聞及 氣象
1215	新聞及氣象						今日農村
1230	閩南語連續劇：一枝草一點露　第二部　素心蘭						素心蘭
1245							
1300	晚間節目預報					蓬萊仙島	
1305	（下午收播）						1315 歡樂假期
1430						點心世界	文化劇場
1500						國劇	金像獎 名片欣賞 驅魔人
1600						中興新村	
1625						今日台灣	
1630						萬福臨門	
1700						貝貝劇場	時兆之聲
1730						綜藝節目 齊樂園地	頑皮豹
1750	檢驗圖／晚間節目預報						騎術大賽

〔註 20〕〈全國各電視台節目表〉，《中國電視週刊》第 315 期（1974.11.03），頁 76～
82。

時間＼日期	11/03 （一）	11/04 （二）	11/05 （三）	11/06 （四）	11/07 （五）	11/08 （六）	11/09 （日）
1800	婦女天地	法律知識	國劇介紹	唱唱唱	時事論壇	64年度 全國歌唱 比賽	
1820	卡通						
1830	輕歌妙劇	吃吃看	霓裳曲	頭痛時間	懷念的 旋律	綜藝節目 華燈初上	
1850							卡通
1900	閩南語連續劇：不了情						
1930	國內外新聞及氣象						
2000	國語連續劇：陌生人						南海偵騎 影集
2100	大陸真相	音樂之窗	十字路口	芬芳寶島	唱唱唱	家有嬌妻	霹靂小組 影集
2130	國語連續劇：親情						
2230	工業世界	唱唱唱	嬰兒與 母親	電影介紹	綜藝節目 焦點	街頭巷尾	綜藝節目
2300	新聞及氣象						
2315	明天節目預報						

本表由筆者整理製作

（廿一）華視 1975.11.03～11.09 節目表〔註21〕

時間＼日期	11/03 （一）	11/04 （二）	11/05 （三）	11/06 （四）	11/07 （五）	11/08 （六）	11/09 （日）
0520	通訊電學 （工二）	電磁測定 （工三）	通訊電學 （工二）	電磁測定 （工三）	機構學 （工二）	熱機學 （工三）	
0540	力學 （工二）	輸電配學 （工三）	力學 （工二）	輸電配學 （工三）	電工原理 （工二）	機械設計 （工三）	電工原理 （工二）
0600	數學 （職二）	數學 （職一）	數學 （職二）	數學 （職一）	數學 （職二）	數學 （職一）	機構學 （工二）

〔註21〕「（大）」指大學課程；「（師）」指師專課程。〈中華民國各電視台節目表〉，《中華電視週刊》第 210 期（1975.11.03），頁 101～107。

日期／時間	11/03（一）	11/04（二）	11/05（三）	11/06（四）	11/07（五）	11/08（六）	11/09（日）
0620	英文（職二）	簿記（商一）	英文（職二）	簿記（商一）	英文（職一）	簿記（商一）	電工原理（工三）
0640	會計（商二）	經濟學（商一）	會計（商二）	經濟學（商一）	會計（商二）	中國文化基本教材（職一）	熱機學（工三）
0700	企業管理（商二）	統計（商三）	企業管理（商二）	統計（商三）	貨幣銀行（商二）		機械設計（工三）
0720	新聞及氣象						
0740	銀行會計（商三）	成本會計（商三）	銀行會計（商三）	成本會計（商三）		（上午收播）	法文（大）
0800	（上午收播）			國防線上			
0810				政治教學			數學分科教材教法（大）
0840				（上午收播）			國文（大）
0910							英文分科教材教法（大）
1200	新聞及氣象						
1220	閩南語連續劇：三線路						1215 三線路
1240							綜藝節目 金歌獎
1250	匪情報導					中醫臨床漫談	
1300	（下午收播）			軍教影片	（下午收播）	農村曲	1305 世界名片欣賞 酒綠花紅
1330				政治教學（重）		綜藝節目 逍遙樂	
1400				（下午收播）		綜藝節目 喜相逢 才藝競賽	

日期　時間	11/03（一）	11/04（二）	11/05（三）	11/06（四）	11/07（五）	11/08（六）	11/09（日）
1430						綜藝節目歌唱樂園	
1450							匪情報導
1500							兒童樂園
1530						綜藝節目錦繡華年	
1600							國劇欣賞
1610							國劇
1630						中興劇場	
1700	自然科學（師）	軍訓（師）	政治學（師）	視聽教育（師）	中國現代史（師）	國產天地	毛衣皇后
1730	政治學（師）	科學新知（師）	中國現代史（師）	科學天地	自然科學概論（師）	追根究柢	萬象奇觀影集
1800	卡通世界：小蜜蜂				女兒心		
1830	國語連續劇：壯士行						軍歌大賽
1900	閩南語連續劇：阿娟與阿福						
1930	新聞及氣象						
2000	國語連續劇：洪熙官與方世玉						
2100	好家庭	藝文天地	發展中的社會	世界奧秘	談天下事	週末電影步步驚魂	劇藝走廊
2130	國語連續劇：瑤華公主						
2200							第二次世界大戰秘史（下）
2230	綜藝節目生產線	綜藝節目電影眼	綜藝節目電影世界	綜藝節目輕歌妙舞	綜藝節目千里單騎	綜藝節目街頭巷尾	
2300	英文（職一）	英文（職三）	英文（職一）	英文（職三）	英文（職一）	英文（職三）	中國文化基本教材（商二）
2320	國文（職二）			國文（職一）	國文（職二）	國文（職一）	

本表由筆者整理製作

（廿二）三台競爭大事年表——以本論文為中心

年別	國內重大史事		記事大要
1965	◆美國停止對台經濟援助。	10 月 10 日	繼北部後，台視中南部電視訊號發射系統正式啟用，帶動業績顯著提升。
1966	◆蔣介石、嚴家淦就任第四任正副總統。	10 月 24 日	中廣公司總經理黎世芬列席國民黨中常會，建議授權該公司主導開辦彩色電視，獲得當局裁可同意，為日後中視創建的先聲。
1968	◆頒布國民生活須知。 ◆實施九年一貫義務教育。	09 月 03 日	台灣第二家商營電視台——中國電視公司成立，為首家由國人自力創建且獨資經營的電視台。
		12 月	時任國防部長的蔣經國與教育部長閻振興就合作擴充教育電視台取得共識，為日後華視創設之先聲。
1969	◆推行家庭計畫。 ◆蔣經國出任行政院副院長。 ◆政府辦理首次增額中央民意代表選舉。	04 月 22 日	台視試行外國影片以國語配音播映。
		06 月	中視與中廣公司合辦「明日之星」歌唱比賽。
		08 月	台視大舉網羅五十位基本演員、歌手及平劇演員，使該台簽約藝人達到一百五十九名。
			台灣電視史上首齣連續劇《晶晶》由中視發想企劃完成。
		09 月 07 日	台視開始試播彩色影片節目，台灣跨入彩色電視時代。
		10 月	台視因應中視開播，自本月起節目正式啟播時間提前自十二時卅分播出。歌仔戲節目數量由三個增至四個，其中三者挪至午間時段。旗下演藝人員增至一百八十名。
		10 月 03 日	台視播出與正聲廣播公司合作的《我為你歌唱》節目。
		10 月 04 日	台視成立專屬的「台灣電視公司歌仔戲劇團」，由該台基本演員楊麗花出任團長。
		10 月 06 日	台視實施每週七天午晚間節目不中斷的播映政策。
		10 月 09 日	中視試播彩色電視。
		10 月 31 日	中視北部電視訊號發射系統啟用，同日正式開播，台灣電視事業開始進入競爭階段。

		11 月 03 日	《晶晶》於中視頻道首播，自此開創後續台灣電視界所謂「八點檔」的連續劇節目類型。同日推出的歌仔戲《三笑姻緣》亦以「單元連續劇」形式播映；《每日一星》則為台灣電視史上第一個幾近每日播出的歌唱節目。
		11 月 07 日	享譽國際的歌手鄧麗君每週五主持中視帶狀歌唱節目《每日一星》，成為台灣電視史上最年輕的節目主持人。
		11 月 30 日	中視與日本 TBS 廣播電視台合作的歌唱節目《翁倩玉之聲》首播。
		12 月 07 日	台視《群星會》為台灣電視史上首個以彩色電視試播的現場節目。
1970	◆推行社會福利措施四年計畫。 ◆外交部聲明釣魚台列嶼主權隸屬我國。 ◆行政院發起國民儲蓄運動。 ◆公布國民禮儀範例。	01 月 01 日	台視「電視小說」《清宮殘夢》首播，為該台首部以彩色電視播出的連續劇。
		02 月 16 日	中視中南部電視訊號發射系統正式啟用。
		03 月 02 日	台視播出黃俊雄製作的布袋戲節目《雲州大儒俠》，收視率曾高達百分之九十七，開啟「金光電視布袋戲」走紅的時代。
		04 月 01 日	中視開始播出自製彩色電視節目。
		05 月 01 日	台視出版的電視節目指南刊物《電視周刊》發行量突破十萬本。
		05 月 11 日	中視以《地方藝術》為名製播布袋戲，首部為鍾仁祥、鍾仁壁製作的《小神童李三保救世記》。
		06 月	台視舉辦第四屆歌唱比賽選拔新星。
		06 月 04、11、20 日	部分立法委員於立法院教育委員會大肆抨擊二台節目競爭，引發當局關注。
		07 月 05 日	針對中視的連續劇攻勢，台視推出相似製播方式的「電視小說」系列劇集應戰，首部為《風蕭蕭》。
			台視宣稱「退出電視節目競爭」，布袋戲自每週播出五天削減為四天，從原播出七十分鐘減為一小時；歌仔戲自原每次九十分鐘減為七十五分鐘。
		07 月 06 日	中視布袋戲自每週播出六天削減為五天，並調整時段至下午五時播出。

		08 月 01 日	中華電視台籌備委員會正式成立，作為創台決策機構。
		08 月 03 日	中視挪調國語連續劇時段俾與台視「電視小說」同時間播映，引發輿論責難。
		10 月 02 日	台視每週五晚間輪播的音樂節目《交響樂時間》、《您喜愛的歌》調離黃金時段，改播彩色外國影集與歌仔戲。
		10 月 12 日	台視播出布袋戲《雲州大儒俠》續集。
		10 月 15 日	台視、中視就連續劇取得雙時點輪播協議，播期不得超過四十五天，每次時長以半小時為準。
		10 月 17 日	台灣電視史上首齣閩南語連續劇《玉蘭花》於中視頻道播映。
		11 月 09 日	台視播映該台首部閩南語連續劇《春風秋雨》。
1971	◆因釣魚台事件引發保釣運動。 ◆蔣政權宣布退出聯合國，中華民國代表「中國」的法統地位為中華人民共和國取代。	01 月 12 日	台視播出台灣電視史上首部彩色閩南語連續劇《風雨夜歸人》。
		03 月 01 日	中視推出多人配音的「改良」版布袋戲《無情劍》。
		03 月 25 日	電視節目正式納入本年度金鐘獎評比項目內。中視在台視缺席狀況下，囊括「新聞報導及時事評論性節目」、「教育與文化性節目」、「文藝與娛樂性節目」等主要獎項。
		04 月 19 日	台視播出首部國語配音的彩色外國影集《妙叔叔》。
		05 月	時任行政院副院長的蔣經國指示華視由原計畫的公營改為商營電視台，對該台後續經營影響深遠。
		05 月	台視舉辦第五屆歌唱比賽選拔新星。
		05 月 29 日	中視重回「金光戲」路數，推出由「西螺進興閣掌中劇團」出演的《千面遊俠》。
		06 月 28 日	為培育演藝新血輪，華視與國防部藝術工作總隊合辦的「中華演藝人員訓練班」開訓。
		07 月	華視向台視、中視提出「電視合作方案」，但因台視有異議而功敗垂成。
		07 月 19 日	中視播出該台首部彩色國語連續劇《神龍》。

07 月 21 日	台視運用新進之電子特效與畫面合成技術製作台灣電視史上首齣武俠劇《江湖兒女》。	
08 月	台視為符合當局對方言節目比例的規定，將每週播出四小時的歌仔戲縮減為三小時，並恢復塊狀排播。	
09 月 03 日	台視歌仔戲節目開始以彩色畫質播送，首齣戲碼為《相思曲》，由「台視歌仔戲劇團」演出，時段並安排於每週五晚間八時卅分的黃金時段。	
09 月 08 日	國民黨中常會有鑑二台競爭激烈，提出電視媒體於「節目編製導播」方面應發揮「戰時育樂功能」。	
09 月 12 日	台視《翠笛銀箏》首播。其後成為台灣電視史上首個外景錄製的歌唱節目。	
09 月 30 日	台視創辦「台灣電視訓練中心」，以培養電視人才。	
10 月 03 日	台視布袋戲開始以彩色畫質播出。首齣劇目《大儒俠》續由黃俊雄製作播演。	
10 月 10 日	華視試播彩色電視。	
10 月 31 日	華視北中南部電視訊號發射系統正式同步啟用，並於同日開播，台灣電視事業步入三台競爭局面。	
11 月 01 日	華視於晚間黃金時段播出四個帶狀連續劇節目，國語和閩南語發音劇目各半，明顯異於他台開播時作為。	
11 月 15 日	中視、華視簽訂演藝人員交流協議。	
11 月 22 日	中視播映由專業歌仔戲演員柳青和王金櫻主演的閩南語連續劇《大鑼大鼓》。	
11 月 29 日	中視推出台灣電視史上首個帶狀猜謎節目《一分一秒》。	
12 月 04 日	中視播映台灣電視史上首個電視講古節目《龍山古譚》，由廣播人許影人主講。	
12 月 06 日	華視閩南語連續劇《嘉慶君與王得祿》首播。因收視表現佳，使民間鄉土題材備受各台關注。	
12 月 11 日	台視、中視原於 1970 年 10 月達成連續劇雙時點輪播協議，因中視宣稱自華視開播後無法履行而中止。	

		12月16日	中視停播布袋戲節目。自翌年1月起嘗試推出國語發音木偶戲《貝貝劇場─哈哈樂園》。
1972	◆蔣介石、嚴家淦連任第五任正副總統。提出「莊敬自強、處變不驚、慎謀能斷」口號勗勉國人。 ◆蔣經國出任行政院院長。統整已啟動及繼續規劃各項國家級基礎建設，總稱十大建設。 ◆推行十項行政革新。 ◆台日斷交。 ◆實施小康計畫。 ◆省府推動客廳即工場、屋頂即農場，以提升民間生產力。	01月03日	華視復播歌仔戲（1971年12月初曾停播），縮減為每週一晚間九時播出一小時，首部劇目為《天倫劫》。
		01月06日	台視放棄製播「電視小說」系列劇集，原時段改播仿效中視連續劇表現形式的國語連續劇《滬江煙雨》。
		01月15日	華視舉行記者會宣布前半年戲劇節目製播計畫，消息一出，反而引發他台競播風潮。
			華視首度播映布袋戲節目，係由「黃三雄電視木偶劇團」出演《聖劍春秋》。
		01月23日	台視播出由歌仔戲名角楊麗花擔任女主角的閩南語電視劇《請問芳名》。
		02月21日	台視即日起每週一至六皆提早半小時播出，使每週總播出時數達八十四小時。
		03月03日	台視歌仔戲播演《七世夫妻》，較同題材之華視國語連續劇《七世夫妻》早播近一月餘。
			中視以「媽祖」為企劃題材的閩南語連續劇《聖女林默娘》首播，較華視《媽祖傳》提早五日。
		03月06日	為競爭考量，台視布袋戲節目於週間每日午間開播後播出一小時，即時新聞延至下午一時播出。
		03月08日	台視搶播本土題材，閩南語連續劇《甘國寶過台灣》首播。
			華視閩南語連續劇《媽祖傳》首播。
			華視《西螺七劍》首播，共播映二百二十一集，曾維持閩南語電視連續劇集數最多紀錄達十年之久。
		03月26日	第八屆金鐘獎舉行頒獎典禮。華視節目首次參選就於一般節目競賽的九個得獎者中佔據五席，中視得四席。而台視連續第二年未主動報名參賽。
		04月16日	華視國語連續劇《七世夫妻》首播，邀請亞洲影后凌波自港來台反串演出男主角。
			華視開播後三台競爭壓力驟升，當局規定各台閩南語節目時數應降至該台每週節目總時間百分之十六以下。每晚七時至十時播映之閩南語節目不

			得超過一小時，並應分為兩個單元，每一單元不得超過卅分鐘，兩個單元之間，並應以其他節目間隔避免接連播映。三台不得於同時段播映閩南語節目。
		04 月 17 日	台視迫於方言節目比例限制，將布袋戲自每次播出一小時減為四十分鐘。
		04 月 22 日	中視裁減歌仔戲播映時數，僅於每週六播出一小時。
		05 月 01 日	中視、華視續履行演藝人員交流協議，共新簽九項原則。
		06 月	中視為提高廣告效果並兼顧觀眾收視興味，開始試行減少黃金時段廣告量。
		07 月	台視結合「台視歌仔戲劇團」、「中視歌仔戲劇團」、「華夏歌劇團」、「青青歌劇團」四團要角組成「台灣電視聯合歌劇團」，由楊麗花擔任團長。三台漸呈台視一家播映歌仔戲節目的態勢。
		07 月 10 日	台視首播由黃俊雄製作、楊麗花飾演史艷文的閩南語連續劇《雲州英雄傳》。
		09 月 04 日	台視「台灣電視聯合歌劇團」推出首檔歌仔戲《七俠五義》，由楊麗花、葉青製作演出。
		11 月 06 日	華視推出台灣電視史上第一個晨間綜合性節目《今天》，由薇薇夫人主持。
		12 月 07 日	政府當局強化控管方言節目，嚴格規定電視節目內容應具有優良主題意識，禁止誇張兇殺、狠鬥、誨盜、色情及神怪等情節之演出。電視方言節目播映時間每日至多一小時（分為下午及晚間兩次各半小時），且在晚間六時半至九時半之間祇得允准一台播出，每月分由三台輪流播映十天。嚴格審查閩南語劇本，加強全日監看及糾正制度，遇有違反規定即予糾正。
			華視因應當局管控方言節目，「首創」將閩南語連續劇《望你早歸》改以國語演播。
1973	◆發生第一次能源危機。 ◆施行節約能源政策。	01 月 20 日	台視播映布袋戲《雲州大儒俠》完結篇。
		02 月 05 日	由台視「台灣電視聯合歌劇團」出演的《西漢演義》首播。該劇長達一百○六集，創下電視歌仔戲紀錄。

		03 月 26 日	本屆金鐘獎舉行頒獎典禮。中視於一般節目競賽十個得獎者中佔有六席，台視首次參賽以三席居次。
		07 月 01 日	中視納入國民黨直屬黨營文化事業。
		07 月 17 日	華視為培養電視人才，特開辦「華視訓練中心」。
		08 月 01 日	教育部文化局遭裁撤，廣電輔導業務再度劃歸行政院新聞局主責，主管三台的行政主管機關隨之更迭。
		08 月 31 日	台視播映布袋戲《六合三俠傳》完結篇。
		12 月 01 日	行政院新聞局規定自該日起三台晚間新聞統一於七時卅分至八時播報；節目廣告每卅分鐘僅得播出五分鐘；嚴審電視劇劇本，研訂「劇本審查辦法」；加強檢查電視影片與錄影帶；強化現場節目管理，限制節目廣告化；全日監看電視節目。
		12 月 22 日	華視國語連續劇《朱洪武與劉伯溫》首播。因收視佳，翌年 3 月 22 日更名《朱洪武開國記》續映。
1974	◆台日斷航。 ◆石油危機造成經濟衰退。	01 月 01 日	因應政府實施節約能源計畫，行政院新聞局規定三台縮減播出時數。即每週一至五午間十二時起播出一小時；晚間時段為五時至十一時；週六日則自中午十二時至夜間十一時。
		02 月 27 日	華視閩南語連續劇《豪傑亡秦錄》首播。其與同年三月上檔的中視國語連續劇《一代暴君》引發各台製作中國歷史劇的風潮。
		03 月 17 日	中視國語連續劇《一代暴君》首播，為該台第一部播出一小時的連續劇。
		03 月 19 日	中視為培育電視人才，開設「中國電視公司附設電視人員訓練班」。
		03 月 26 日	第十屆金鐘獎舉行頒獎典禮。台視於一般節目競賽獲獎五席領先，中視、華視各得三席，另由三台合製的特別節目《萬壽無疆》獲頒「特別獎」。
		04 月 01 日	台視國語連續劇《宋宮秘史》首播。期間因華視《包青天》收視不弱，亦於劇中編入包拯問案情節。
		04 月 08 日	華視為與中視《一代暴君》抗衡，「緊急」推出《包青天》因應，共播出三百五十集。若單以「集數」計，曾創下國語連續劇播出集數最多紀錄。

		06 月 01 日	緣三台競爭日烈，中視和華視的演藝人員交流協議廢止。
		06 月 17 日	台視亦以戰國時期秦國為背景，推出連續劇《十君子》。
		08 月 01 日	華視宜蘭電視訊號發射台正式啟用。
		08 月 05 日	中視國語連續劇《武聖關公》首播。排播方式仿效華視《包青天》作為，將該劇置於晚間新聞前後播映。
		08 月 26 日	華視花蓮電視訊號發射台正式啟用。
		09 月 06 日	華視國語劇《保鑣》首播。播映期達九個月半月，為當時歷時最久的連續劇。
		09 月 28 日	三台台東電視訊號發射台同日正式啟用。
		12 月 09 日	台視閩南語連續劇《傻女婿》首播。計播出二百四十集，為當時該台集數最長的連續劇。
1975	◆蔣介石逝世（188～1975）由嚴家淦繼任總統。 ◆蔣經國出任中國國民黨黨主席一職。 ◆石油危機造成出口衰退。	01 月 12 日	台視宜蘭電視訊號發射台正式啟用。
		01 月 15 日	中視宜蘭電視訊號發射台正式啟用。
		03 月 08 日	中視花蓮電視訊號發射台正式啟用。
		03 月 26 日	本年度金鐘獎舉行頒獎典禮。一般節目競賽共計十一個得獎名額，中視和華視各得四席。中視工程部另因研究「電視立體黑邊字幕播映技術」成功獲頒「特別獎」。
		04 月 03 日	台視花蓮發射台正式啟用，三台電視訊號完全覆蓋台灣全島。
		04 月 05 日	蔣介石去世。次日起三台皆以黑白畫質播映一個月，至 5 月 5 日前僅能播出社教文化且以嚴肅方式表達的節目。
		04 月 21 日	中視國語連續劇《親情》首播。計一百八十六集，為當時該台播映集數最長的劇集。
		05 月 01 日	台視國語連續劇《聖劍千秋》首播，邀請電影紅星李麗華擔任女主角。
		05 月 05 日	中視連續劇《再生花》首播。共播映一百六十七集，為當時該台播映集數最長的閩南語連續劇。

		05 月 06 日	行政院新聞局實施電視連續劇不得超過一小時的規定，並加強節目監看與劇本大綱之審查工作。新送審之武俠連續劇一律暫予擱置。各台武俠劇僅以一檔為限，促各台類此劇型的播映時間相互錯開。
		05 月 26 日	中視播映閩南語連續劇《一枝草一點露》。因收視反應佳，於同年 9 月 8 日製播該劇的第二部《素心蘭》。
		07 月 28 日	台視播出國語連續劇《金玉緣》。因收視反應不弱，於同年 10 月 29 日推出該劇的第二部《金玉盟》。
		09 月 06 日	行政院電視節目研究專案小組做出決議：包括連續劇播出集數不得超過六十集，並於同年 11 月 1 日起實施；恢復審查劇本；外國節目不得超過百分之卅；所有打鬥節目均須安排在晚間九時以後；晚間九時至九時卅分需播映社教節目。另建議三台新聞播出時間錯開。
		10 月 06 日	華視率先順應行政院電視節目研究專案小組決議，於週間晚間九時黃金時段播映社教節目《好家庭》、《藝文天地》、《發展中的社會》、《世界奧秘》、《談天下事》。
		11 月 01 日	在行政院電視節目研究專案小組監督下，三台連續劇自當日起播映集數不得再超過六十集。
1976	◆政府開放民眾出國觀光。	01 月 08 日	「廣播電視法」公布實施，廣電事業邁入法治境地。
		03 月 26 日	為獎勵 1975 年製播的優良廣電節目，第十二屆金鐘獎舉行頒獎典禮。在一般節目競賽項目中，三台平分秋色各獲三個獎額。而華視又因「促進電視節目海外播映」績效卓著，獲頒「特別獎」鼓勵。

本表由筆者整理製作